PORNIFICADOS

Pamela Paul

PORNIFICADOS

Como a pornografia está transformando
a nossa vida, os nossos relacionamentos
e as nossas famílias

Tradução
GILSON CÉSAR CARDOSO DE SOUSA

EDITORA CULTRIX
São Paulo

Título original: *Pornified.*

Copyright © 2005 Pamela Paul.

Todos os direitos reservados. Nenhuma parte deste livro pode ser reproduzida ou usada de qualquer forma ou por qualquer meio, eletrônico ou mecânico, inclusive fotocópias, gravações ou sistema de armazenamento em banco de dados, sem permissão por escrito, exceto nos casos de trechos curtos citados em resenhas críticas ou artigos de revistas.

A Editora Pensamento-Cultrix Ltda. não se responsabiliza por eventuais mudanças ocorridas nos endereços convencionais ou eletrônicos citados neste livro.

Dados Internacionais de Catalogação na Publicação (CIP)
(Câmara Brasileira do Livro, SP, Brasil)

Paul, Pamela
  Pornificados : como a pornografia está transformando a nossa vida, os nossos relacionamentos e as nossas famílias / Pamela Paul ; tradução Gilson César Cardoso de Sousa. — São Paulo : Cultrix, 2006.

  Título original: Pornified
  ISBN 85-316-0932-1

  1. Cultura popular 2. Pornografia — Aspectos sociais I. Título.

06-2076   CDD-306.77

Índices para catálogo sistemático:
1. Pornografia : Sexualidade : Cultura popular : Sociologia 306.77

O primeiro número à esquerda indica a edição, ou reedição, desta obra. A primeira dezena à direita indica o ano em que esta edição, ou reedição, foi publicada.

Edição	Ano
1-2-3-4-5-6-7-3-9-10-11	06-07-08-09-10-11-12-13

Direitos de tradução para o Brasil
adquiridos com exclusividade pela
EDITORA PENSAMENTO-CULTRIX LTDA.
Rua Dr. Mário Vicente, 368 — 04270-000 — São Paulo, SP
Fone: 6166-9000 — Fax: 6166-9008
E-mail: pensamento@cultrix.com.br
http://www.pensamento-cultrix.com.br
que se reserva a propriedade literária desta tradução.

Impresso em nossas oficinas gráficas.

Sumário

Nota da Autora 7

Introdução: Um Mundo Pornificado 9

1. Coisa de Rapazes: Por Que os Homens Vêem Pornografia 19
2. Como Chegamos Aqui: A Vida na Senda da Pornografia 53
3. Eu e a Minha Pornografia: Como a Pornografia Afeta os Homens 73
4. Estrelas Pornôs, Amantes e Esposas: Como as Mulheres Vêem a Pornografia 105
5. Eu, Você e a Pornografia: Como a Pornografia Afeta os Relacionamentos 133
6. Nascidas na Pornografia: As Crianças numa Cultura Pornificada ... 165
7. Fantasia e Realidade: A Compulsão Pornográfica 200
8. A Verdade Sobre a Pornografia 226

Conclusão: A Solução Censura-Não-Censor 246

Notas 261

Agradecimentos 271

Para M. S.

Nota da Autora

Neste livro, gravei e reproduzi as palavras dos entrevistados. Decidi usar as gírias, as descrições vívidas e o linguajar chulo dessas pessoas porque essas coisas refletem com precisão a maneira como elas concebem e discutem a pornografia. O emprego de um linguajar grosseiro e sexualmente explícito faz parte da história sobre como a pornografia está mudando a nossa vida; se evitasse esse jargão neste livro, eu não transmitiria uma imagem acurada do problema.

Introdução:
Um Mundo Pornificado

"Por que uma moça bonita como você está escrevendo sobre pornografia?"

Essa foi a primeira pergunta que os editores me fizeram quando lhes propus o presente livro. E ela se repetiu muitas vezes. Depois de dois meses de pesquisas, estava eu debruçada sobre um volume gasto, fazendo anotações miúdas à margem, num banco defronte ao Independence Hall, na Filadélfia, quando percebi pelo canto do olho um senhor bem-vestido sentado ao lado, inclinando-se curioso para o livro aberto em meu colo. "Por que você está lendo um livro sobre pornografia?", perguntou ele com um forte sotaque do Meio-Oeste. Sua esposa elegantemente penteada ergueu os olhos: "Um livro sobre *o quê?*"

Eu nunca havia conversado sobre pornografia com septuagenários antes. Vi-me pela ótica deles e perguntei-me o que estariam pensando de uma jovem concentrada num livro sobre pornografia em plena luz do dia — e em público! "Estou escrevendo um texto sobre isso", expliquei, um tanto envergonhada. "É apenas uma pesquisa", concluí, percebendo muito bem que me punha na defensiva.

"Há fotos de mulheres peladas nesse livro?", perguntou o homem, virando as páginas. Eu lhe disse que se tratava de uma coleção de ensaios, e ele franziu a testa.

"Essa coisa está arruinando o país", resmungou a mulher. "Horrível. Pornografia por toda parte. Não havia nada de parecido quando éramos jovens." Remexeu-se no banco, suspirou e, de repente, ficou mais animada. "Sabe o seu tio Joe?", perguntou ao marido, cutucando-lhe as costelas. "Ele tinha um baralho especial de pôquer com garotas nuas, lembra-se? Era assim a pornografia em nossa juventude."

"Cartas com sacanagem", respondeu o marido com um risinho lento, contente com a lembrança. "Eram chamadas assim. Cartas com sacanagem."

"Algo bem mais leve do que hoje em dia", continuou a esposa. "Nada parecido com o que se vê na *Playboy* e em outras revistas do gênero. Isso não existia. Atualmente, as crianças ficam expostas a tantas coisas pavorosas!" E correu os dedos pelo colar de pérolas, mirando o fecho.

"E então?", disse o marido, virando-se de novo para mim. "A favor ou contra? Refiro-me ao seu livro. O que você vai dizer sobre a pornografia?"

• • •

Por muito tempo ignorei a pornografia. Não era algo que eu julgasse importante para mim ou — em meio a tantos e graves problemas sociais, culturais e políticos — perigoso para o país. A pornografia desempenhava um papel insignificante em minha vida e, a meu ver, afetava muito pouco a vida das pessoas à minha volta. Como a maioria dos americanos, eu achava que a pornografia não era um bicho de sete cabeças. Entretanto, ao ser contratada para escrever sobre o assunto na revista *Time*, abri os olhos. Ao longo das semanas que passei pesquisando para o artigo, conversei com dezenas de homens e mulheres para saber até que ponto a pornografia os afetava. Falei com usuários de pornografia masculina, fãs de pornografia feminina e namoradas de apreciadores de pornografia, viciados em sexo e suas companheiras, psicólogos infantis e terapeutas de casais.

Uma mulher de vinte e quatro anos, de Baltimore, confidenciou-me: "Acho que essa onda de pornografia faz com que eu me sinta pouco à vontade em meus relacionamentos. Quer se trate de DVDs e revistas espalhados pela casa, montes de arquivos pornográficos baixados no computador ou mesmo escapadas para clubes de *strip-tease*, quase todos os rapazes com que saio — e quase todos os meus amigos homens — gostam de pornografia. Por causa disso, a imagem que eu tenho do meu corpo sofre tremendamente... Pergunto-me se sou insegura ou se as imagens que os rapazes vêem diariamente fizeram isso comigo." Depois, ela admitiu que não conseguia falar sobre suas preocupações com ninguém: "Se você se queixa disso, está por fora. Desde que a Internet tornou fácil o acesso, a pornografia deixou de ser um estigma."

Uma mulher de trinta e oito anos, moradora de um subúrbio de Chicago, assim descreveu o comportamento do marido, viciado em pornografia: "Ele volta do trabalho, janta às pressas, brinca com as crianças por mais ou menos meia hora, corre para o escritório, tranca a porta e navega durante horas pelos sites pornográficos... Eu sei disso — e ele sabe que sei. Instalei um filtro em seu *browser* que me envia um e-mail toda vez que uma imagem pornográfica é capturada... Sempre o chamo às falas por causa disso. Já fiquei furiosa, já chorei muito, dizendo-lhe como me sinto magoada... Hoje, ele nem sequer se dá ao trabalho de disfarçar. É como se dissesse: 'Sei que você sabe e não ligo a mínima. E então?'"

Passando para o outro lado, ouvi de dezenas de homens que algo antes divertido estava provocando efeitos colaterais inesperados. Um morador de Nova York, de vinte e oito anos, mandou-me o seguinte e-mail: "Eu costumava ver pornografia pela Internet, mas comecei a ficar menos excitado ao fazer sexo com uma mulher de carne e osso. Essa é uma reação curiosa porque, antigamente, antes de fazer sexo, eu via filmes pornográficos e, se tinha dificuldade de ereção por algum motivo (beber demais, por exemplo), visualizava as cenas e isso ajudava. Mas mais tarde, durante uma fase de 'carência', descobri a pornografia virtual e a facilidade de acesso tornou tudo sem graça — a ponto de agora, passada a tal fase, o sexo real ter perdido muito de sua magia. Isso é triste."

Boa parte do que ouvi não foi só novidade; foi revelação. Havia uma história sobre a pornografia que ainda não fora contada, uma história que muitos americanos, homens e mulheres, não percebem que está em curso — diante de seus olhos, dentro de suas mentes, no computador da família — neste exato instante.

No entanto, em vez dessa história, ouvimos falar da mais recente autobiografia de uma atriz pornô e dos últimos lançamentos de filmes, programas de TV e websites eróticos. Ninguém se manifesta. Homens e mulheres que se tornaram adultos nas décadas de 60, 70 e 80, ou cujas experiências com pornografia datam dessa época, associam o assunto a pôsteres de garotas bem-comportadas, à sexualidade exuberante, à libertação feminina e ao estilo de vida do fundador da *Playboy*, Hugh Hefner. Naquele tempo, a linha que separava a pornografia leve da pornografia pesada era muito clara, muito fácil de distinguir. As revistas tradicionais de nudismo diferiam radicalmente dos interiores espalhafatosos das lojas para adultos e mesmo das páginas da revista *Hustler*. Você poderia, com facilidade, limitar o seu consumo escolhendo a publicação desejada. De igual modo, a linha entre forças pró-pornografia e antipornografia também era clara. Ser a favor da pornografia era o mesmo que defender os direitos do cidadão, a libertação feminina e a ciência. A oposição à pornografia passava por atitude repressiva, reacionária, inimiga do sexo. A repugnância ou a rejeição frente à obscenidade podia simplesmente ser reduzida a alguma forma de superstição religiosa, pudor ou medo.

Remontemos aos anos 50, quando a pornografia era relegada aos cantos empoeirados das bancas de revistas ou a teatrinhos escusos para adultos, no lado errado da cidade. Ou mesmo aos anos 80, quando a pornografia era adquirida às ocultas em fitas de vídeo pelo correio ou vista nos fundos das locadoras de vídeo. As pessoas se sentiam envergonhadas ou, pelo menos, intimidadas ante a perspectiva de serem surpreendidas vendo pornografia. Simplesmente, não era considerado correto contemplar imagens obscenas. (Sem dúvida, a natureza secreta da pornografia contribuía para o seu fascínio.) Quando confinada a cenários masculinos — despedidas de solteiro, casernas, garagens, dormitórios escolares —, a pornografia se tornava aceitável, mas ainda assim causava algum embaraço.

Hoje, a pornografia está tão integrada à cultura popular que o embaraço e o segredo já não fazem parte da equação. Quantos garotos e garotas de onze anos sentiriam vergonha ou espanto ao descobrir um exemplar de *Penthouse* ou *Hustler*, quando a Internet veicula regularmente anúncios de filmes pornográficos, as caixas de entrada de e-mails se enchem de mensagens assinaladas com XXX e Christina Aguilera canta as delícias de ser "suja"? Terá a *Playboy* o poder de chocar, assustar ou confundir uma pré-adolescente hoje em dia? Terá mesmo o poder de excitar um pré-adolescente exposto às capas de revistas masculinas do tipo "tudo, menos" que acenam das bancas — revistas que outrora seriam consideradas pornografia leve, mas hoje atulham a mídia comum? Seria isso de surpreender num mundo em que os pré-adolescentes lêem *CosmoGirl!* em vez de *Young Miss*? Num mundo em que Monica Lewinsky, e não Mary Lou Retton, foi manchete? Num mundo em que séries como *Friends* fazem referências diretas à pornografia, eco distante do humor ocasionalmente grosseiro — mas velado — de *Laverne & Shirley*?

A mentalidade pornográfica está por toda parte na cultura pornificada de hoje — não apenas no mundo virtual e na revista *Playboy*. Está nas capas da revista *Maxim*, onde até mulheres que querem ostensivamente ser levadas a sério como atrizes posam à maneira das "gatas" da *Penthouse*. Está nas revistas femininas, nas quais as leitoras são instadas a imitar as *strippers*, os artigos ensinam posições de sexo tais quais aparecem nos filmes pornôs e os colunistas aconselham as jovens entediadas ou insatisfeitas a ver fitas eróticas com os seus parceiros, a fim de "esquentar" a vida sexual. Está em *shows* do VH-1 como *The 100 Hottest Hotties*, onde "especialistas" femininas — que escolhem as pessoas mais sensuais do mundo — são página dupla da *Playboy* (os especialistas masculinos são astros da música *pop* ou jornalistas) e os especiais de horário nobre Victoria's Secret que, em 2003, chegaram ao recorde de nove milhões de telespectadores. A pornografia leve já é parte integrante da mídia comum. A maioria dos homens entrevistados para este livro não considerava a *Playboy* — antes, epítome do gênero — sequer uma publicação pornográfica porque não mostra atos sexuais reais. A "verdadeira" pornografia, hoje, é a pornografia pesada.

A música *pop* está intimamente ligada à indústria pornográfica, pois os artistas procuram e exaltam as delícias do erotismo. Eminem, Kid Rock, Blink 182, Metallica, Everclear e Bon Jovi imitam atores pornôs em seus vídeos musicais. A fim de não ficar para trás, Britney Spears, Lil' Kim e Christina Aguilera rivalizam com as atrizes pornôs tanto em vídeos quanto em concertos ao vivo. A pornografia não apenas se insinuou nos vídeos musicais mostrados na televisão como os músicos invadiram a indústria de filmes adultos. Roqueiros têm encontros com atrizes pornôs, convidam-nas para participar dos seus filmes e chamam-nas para os camarins. A *Rolling Stone*, que dificilmente se pode chamar de publicação séria, comenta: "Até há pouco tempo, confraternizar publicamente com uma atriz pornô não era nada bom; hoje, isso confere aos músicos uma aura de ousadia e intriga."[1] Artistas do *rap* e do *hip-hop* como Snoop Dogg ("Snoop Dogg's Doggystyle"), Ice T ("Ice T's Pimpin") e Lil Jon & The East Side Boyz produziram vídeos pornográficos. O VH-1 promove um espetáculo chamado *Porn to Rock and Rap* no qual, conforme explica sem meias-palavras o seu website,

> os mundos da música e da pornografia se encaixam perfeitamente. No mundo do *rock*, as estrelas pornôs são vistas como troféus que valorizam a imagem do cantor. No mundo do *rap*, a pornografia é mais uma maneira de os artistas serem empresários e ganharem dinheiro. Os astros, em cada um desses gêneros musicais, fazem as coisas de modo diferente, mas todos sabem que a pornografia e as atrizes pornôs são uma BOA coisa. Examinaremos a história desse casamento, a ascensão dos músicos envolvidos e os bastidores desse cenário interessante.

Segundo uma reportagem da Black Entertainment Television, "The Making of Sex Hop", a ligação entre *hip-hop* e pornografia começou há uma década, quando o *disk jockey* Yella, da NWA, fez um filme pornográfico em 1994. "Eu queria mudar as coisas", explicou com realismo Yella para *Adult Video News*. "Assinando embaixo e associando-a com o *rap*, estou pondo a pornografia em voga."[2]

A pornografia não está apenas em voga — está na vanguarda. Há pouco, por ocasião do qüinquagésimo aniversário da *Playboy*, Hugh Hefner, de setenta e sete anos, foi tratado como um venerável estadista da mídia, com perfil na primeira página do caderno de Artes do *New York Times* e um leilão de seus objetos pessoais na Christie. Um livro de mesa com fotos de estrelas pornográficas, publicado no outono de 2004, exibia ensaios de luminares literários como Salman Rushdie e A. M. Homes, seguindo-se-lhe um documentário especial na HBO. A onda de pornografia está competindo com o entretenimento familiar. Canais a cabo como a HBO oferecem séries do tipo *G-String Divas* e *Cathouse*. Um *reality show* apresentado pela atriz pornô e candidata ao governo da Califórnia, Mary Carey, *Can You Be a Porn Star?*, foi lançado em 2004 na InDemand da Time Warner. Na Bravo, outro *reality show*, com o título de *Private Stars*, mostra cinco homens trancafiados numa casa em companhia de cinco atrizes pornôs. Os homens são julgados segundo o seu desempenho sexual e o vencedor assina contrato com uma produtora de filmes pornográficos; o programa cruzou o Atlântico depois de grande sucesso no Reino Unido e na Europa continental.[3]

A pornografia está chegando também a Hollywood. No filme *The Girl Next Door* [Show de Vizinha], da Regency Pictures (2004), desenrola-se uma história de amor entre um adolescente e uma atriz pornô, sua vizinha, interpretada por Elisha Cuthbert — que fez o papel, ela própria, de uma adolescente na série de grande sucesso da Fox TV, *24*. O filme exalta a pornografia — produtores, fãs, a sua própria existência — ainda que mostre a estrela ansiosa por escapar à vergonha e degradação dessa atividade. As estrelas continuam se candidatando a papéis em filmes pornográficos de Hollywood, que anseia por repetir o sucesso de *Boogie Nights*, de 1997. Jeff Bridges, recentemente, juntou-se ao elenco da comédia *The Moguls*, que mostrará uma cidadezinha unindo esforços para fazer um filme pornô — atualização de *The Full Monty* [Ou Tudo ou Nada]? Como explica Brian Grazer, cujo documentário *Inside Deep Throat* (2005) aborda o primeiro filme pornográfico a entrar no circuito normal de exibição, "Estamos vivendo, numa escala muito maior, o pornô chique. Creio que esse estilo começa a se disseminar, de um modo bem mais consistente que o passageiro *Deep Throat* [Garganta Profunda]. Se você resolver gastar tempo e dinheiro num filme de sexo, terá de ir mais longe porque, de algum modo, tornamo-nos sexualmente insensíveis. Cartazes, anúncios, sites estão carregados de pornografia. Acho que, se um cineasta quiser causar impacto — e é isso o que se espera de um filme —, precisará encontrar imagens originais, que choquem".[4]

Enquanto isso, os pornógrafos invadiam a mídia convencional. Hugh Hefner, há pouco, apareceu em comerciais de sanduíches da cadeia Carl's. Jenna Jameson, a atriz pornô que teria ganho mais de um milhão de dólares em 2002, escreveu um livro de sucesso intitulado *How to Make Love Like a Porn Star* a quatro mãos com o ex-repórter do *New York Times* Neil Strauss. Afora o seu próprio website, Jenna aparece regularmente na televisão e em vídeos musicais, quando não em filmes de Hollywood como *Analyze That* [A Máfia Volta ao Divã] e — surpresa, surpresa! — *Private Parts* [O Rei da Baixaria], de Howard Stern. Ron Jeremy, astro de mais de mil e oitocentos filmes para maiores, tornou-se figura de destaque fora do universo pornô. Ele estrelou o *reality show* da WB *The Surreal Life* e o seu próprio documentário, *Porn Star — The Legend of Ron Jeremy*, além de fazer pontas em filmes convencionais como *The Rules of Attraction* [Regras da Atração], *Detroit Rock City* e *Killing Zoe* [Parceiros do Crime]. Atualmente, Ron percorre *shopping centers* e faz palestras em universidades, onde é saudado por milhares de adoradores, muitos deles adolescentes fascinadas por seu estilo moderno-retrô à "Starsky e Hutch". Ele aparece também em concursos de camisetas molhadas, concertos de *rock* e outros eventos ao vivo ou televisionados. As crianças o adoram. Em maio de 2004, o ex-astro pornô foi recebido como figurão na Disney World em Orlando, onde se viu cercado por uma multidão de "honrados papais e mamães que, com os filhos, revezaram-se o dia inteiro para fotografá-lo", segundo reportagens locais.[5]

Se a pornografia invadiu a cultura tradicional, as imagens ainda confinadas ao mundo pornô tornaram-se cada vez mais vívidas. Antigos defensores da pornografia talvez não se sintam à vontade com o rumo que essa atividade tomou na era da Internet e do DVD. Talvez não se apercebam das infinitas possibilidades oferecidas pela pornografia virtual e dos efeitos intoxicantes do anonimato, da acessibilidade e da disponibilidade da Internet. Provavelmente, não viram vídeos recentes de sexo pesado como *Gag Factor 15*, o último de uma série muito popular na qual a ação se passa num quarto apinhado de homens mascarados, com albornozes e mostrando fotos de tortura de Abu Ghraib. É de crer que não ouviram a trilha sonora desse filme, na qual um homem grita freneticamente, ao que se supõe em árabe, enquanto outro traduz: "Faremos com as suas mulheres o que vocês fizeram com os nossos homens. Vocês degradaram o nosso povo e agora vamos degradar o seu. As ruas vão ficar alagadas de esperma!" É de crer, ainda, que desviariam os olhos quando os homens aparecessem em cima de uma mulher de uniforme militar e placa de identificação ao pescoço, gritando "Eu estava apenas cumprindo ordens!". Ou quando, na penúltima cena, um dos "árabes" brande a cimitarra e ameaça decepar a cabeça da garota, antes do clímax verdadeiro, uma sarabanda de sexo oral em que a jovem aparece sufocada por genitais e sêmen.[6]

A pornografia, em si, mudou radicalmente nos últimos vinte anos, mas idéias superadas sobre o assunto permanecem as mesmas: as "verdades eternas" se perpetuaram sem protesto. Nos anos 70 e 80, a pornografia era tema muito discutido.

Homens e mulheres debatiam os seus méritos e riscos, a sua legalidade e moralidade, a sua inevitabilidade e conseqüências; mas, no final da década de 90, a polêmica esfriou. Nos cantos e enclaves cristãos da Direita social, às vezes alguém esbraveja ainda, mas os outros o ignoram por considerá-lo um puritano em busca da próxima Salem. Em outros lugares, quando se fala em pornografia, ouvem-se desculpas e certezas como estas:

- "A pornografia é inofensiva. Não passa de imagens. Que há de errado com a fantasia?"
- "Se nós, mulheres, queremos ficar nuas e ter orgulho do nosso corpo, qual é o problema? É direito nosso, nossa escolha."
- "Todos os homens gostam de pornografia. Está na natureza humana: os machos foram biologicamente programados para excitar-se visualmente."
- "Se você acredita nos direitos do cidadão e na liberdade de imprensa, tem de estar a favor da pornografia."
- "As mulheres se tornam objeto em toda parte — na publicidade, no cinema, na moda. A pornografia não é diferente e, de qualquer modo, nada se pode fazer a respeito."
- "Só tarados recorrem à pornografia. Quem se importa com um bando de pervertidos?"

Ouvimos esses argumentos o tempo todo. Ouvimo-los de homens que não vêem pornografia e de mulheres que ficariam perplexas ao saber que o namorado, viajando a negócios, assiste a filmes pornôs nos hotéis. Ouvimo-los de pais que estremeceriam ao descobrir que os filhos, em vez de fazer os deveres de casa, costumam entrar em sites pornográficos da Internet.

Os americanos, entretanto, estão convictos de que sabem tudo o que é possível saber sobre a pornografia. Afinal a pornografia, de um modo ou de outro, anda por aí há tanto tempo quanto "a mais antiga das profissões" na esfera do trabalho. Cavalheiros sempre espiaram imagens de senhoras nuas. As mulheres, por seu turno, sempre tentaram dar uma olhadinha em homens nus (embora mais por espírito de aventura). E casais costumam observar outros casais nus fazendo coisas que talvez nem queiram fazer — ou lamentam nunca ter feito.

É, pois, difícil examinar um assunto como a pornografia de uma perspectiva nova. Tanto os homens quanto as mulheres têm lá os seus preconceitos: a pessoa é contra ou a favor da pornografia, puritana ou folgazã, fanática religiosa ou feminista radical, Larry Flynt ou Andrea Dworkin. Não existe meio-termo no campo dos viciados e dos abstinentes, dos liberais e dos conservadores. No entanto, enquadrar o debate no âmbito de polaridades distorcidas é ignorar o vasto espaço central onde a pornografia desempenha um papel significativo e cada vez mais notório. Não é preciso ser puritano ou fanático religioso para sentir repulsa diante de certas cenas de pornografia, nem pervertido ou ativista de Esquerda para apreciá-las.

O fato é que nenhuma das opiniões correntes reflete a maneira como a pornografia realmente afeta as pessoas e os seus relacionamentos — e aferrar-se a elas significa ignorar um problema que está transformando a vida de muitos americanos. Em vez de apoiar-me em posturas políticas e argumentos abstratos, busquei respostas a algumas perguntas simples. Quem usa pornografia e por quê? O que os homens vêem nela? As mulheres estão cada vez mais indulgentes a respeito? Até que ponto a pornografia afeta as pessoas? Ver pornografia *on-line* com a idade de nove anos prejudicará meninos e meninas quando atingirem a maturidade sexual? Qual o impacto de uma cultura pornificada nos relacionamentos e na sociedade como um todo?

Inúmeros livros já trataram da questão do fornecimento — do assunto em si da pornografia: as imagens e a indústria, os agentes e as vítimas, os valores e a lucratividade da produção. O presente livro não tratará disso, e só quando for pertinente comentarei as particularidades da pornografia propriamente dita. Ao contrário, discutirei a demanda — quem usa pornografia e por quê — e como o assunto interessa até mesmo àqueles que se abstêm de material pornográfico. Esta é a história de como o crescimento, a ubiqüidade e a aceitação da pornografia estão afetando a sociedade americana, contada pelas palavras e a vida de quem mais conhece o problema: os consumidores de pornografia. A fim de atinar com as histórias secretas de que as pessoas suspeitam, mas nunca se inteiram, que vivenciam, mas nunca comentam, entrevistei mais de cem delas (aproximadamente 80% homens) sobre o papel que a pornografia desempenha em suas vidas. Fato porventura surpreendente, os homens se mostraram mais dispostos a abrir-se sobre um assunto que raras vezes chegam a discutir de maneira séria e minuciosa. Mas tanto homens quanto mulheres muitas vezes se confessaram aliviados por ter a oportunidade de discutir problemas que, quase sempre, ficam ocultos sob os lençóis.

Embora essa pesquisa qualitativa, em termos de alcance, jamais possa dizer-se representativa de todos os americanos, as pessoas entrevistadas foram cuidadosamente escolhidas para propiciar um espectro amplo. Em idade, vão de vinte e um a cinqüenta e nove anos; a maioria está na casa dos vinte e dos trinta. Todos são heterossexuais (um livro inteiro poderia ser escrito sobre pornografia *gay*, oportunidade que deixo para outros). Os homens e as mulheres entrevistados, afora isso, diferenciam-se étnica, geográfica e socioeconomicamente. Têm formação, religião e educação variadas. Não obtive nenhum "perfil" do usuário de pornografia porque ela permeia todas as camadas da sociedade.

Além disso, encomendei a primeira pesquisa nacionalmente representativa com americanos a tratar, primordialmente, da pornografia. Ao contrário de outras pesquisas referidas no livro, muitas das quais *on-line*, esta reflete de fato o que os americanos em geral pensam; ela foi embasada demográfica e geograficamente para representar a verdadeira composição étnica, etária e socioeconômica da América. Trata-se da primeira pesquisa a fazer perguntas importantes como: a pornografia melhora a vida sexual das pessoas que a usam? Ver pornografia é iludir-se? Você acha que todos os homens vêem pornografia? Até que ponto a pornografia afeta as crianças expostas a ela? A pesquisa, conduzida pela Harris Interview, será citada no livro como pesquisa *Pornified*/Harris.

Não é minha intenção esboçar uma visão abrangente dos usuários de pornografia na América, e sim aproveitar histórias individuais para ilustrar temas ou tendências importantes, esteando-as em sólidos dados quantitativos. Os comentários de um entrevistado às vezes eram repetidos por outros; mas, em vez de reiterar exaustivamente o que ouvi, optei por ressaltar os temas que se destacaram numa amostra de relatos individuais considerados típicos ou representativos. Poucos assuntos são mais pessoais que a sexualidade, e a pornografia é, sem dúvida, um assunto delicado. Por esse motivo, todos os meus entrevistados receberam pseudônimos e as características capazes de identificá-los foram disfarçadas nas páginas que se seguem; as palavras, porém, são deles.

Mostrarei, por meio de experiências e provas da vida real, como e por que todos nós — homens e mulheres, usuários e não-usuários, defensores e inimigos — devemos repensar a maneira de encarar a pornografia. A pornificação da cultura americana está não apenas remodelando o entretenimento, a publicidade, a moda e a cultura popular como, também, modificando pela base a vida de mais cidadãos, de modo mais variado do que nunca. Vivemos numa cultura pornificada e não fazemos idéia do que isso significa para nós mesmos, nossos relacionamentos e nossa sociedade.

1

Coisa de Rapazes: Por Que os Homens Vêem Pornografia

Se a sabedoria dominante é verdadeira, então todos os homens vêem pornografia. Num ensaio para a revista *Glamour*, intitulado "Por que os bons rapazes gostam de pornografia *on-line*", o autor anônimo "Jake" pondera: "O mundo é constituído de duas espécies diferentes de rapazes: aqueles que se excitam com pornografia e aqueles que realmente, *realmente* se excitam com ela. Se algum lhe diz ser imune à obscenidade, o fato é que, por razões morais, religiosas ou masoquistas, ele decidiu nunca ver essas coisas; tem medo da própria sexualidade... ou está mentindo".[1] Como Jake, a maioria dos homens que vêem pornografia acredita que todos — liberais, conservadores, rebeldes, casados ou místicos — vêem também. E, até certo ponto, quase todos os americanos sem dúvida viram alguma vez.

Mas é mesmo verdade que todos os homens vêem pornografia, ao menos ocasionalmente, durante toda a vida? Ethan, um executivo de música de vinte e sete anos, é o típico consumidor de material pornográfico. Quando indagado sobre a sua opinião sobre o assunto, ele imediatamente diz com um sorriso: "Adoro pornografia. Acho-a fantástica". Começou a vê-la quando estava na sétima série, ao deparar com um monte de revistas pertencentes ao pai divorciado de um colega. A partir daí, ocupou-se regularmente de pornografia, começando por material impresso, passando para o vídeo, em seguida para o DVD e daí para a Internet, especialmente depois de instalar banda larga em casa. Atualmente, Ethan navega todos os dias pelo menos vinte minutos, quando o trabalho o aborrece ou não tem nada para fazer. Ele e um grupo de cerca de dez rapazes — "um bando de sacanas do pedaço" — mandam uns aos outros o melhor material pornográfico que vão gravando durante as suas incursões pela Internet. Sites divertidos, garotas espetaculares, celebridades pornôs, brincadeiras. Coisas estranhas podem ser descobertas quando se navega. Trabalhando no ramo da música — não em uma empresa tradicional, explica ele —, ter cenas pornográficas no monitor não é nada demais. Certa vez, uma colega entrou na sala de Ethan e deu com pornografia explícita na tela do computador. "Eu disse 'Curta um pouco!', e ela riu. Achou muito divertido", lembra-se ele. Em casa, assiste a um DVD pornográfico ao menos três vezes por semana. Toda manhã, ouve Howard Stern e gosta quando estrelas pornôs comparecem ao espetáculo. Para Ethan, a pornografia é parte natural da vida. Os homens, sustenta ele, são animais visuais e francamente eróticos. Nasceram para a pornografia.

Números confiáveis são difíceis de obter porque muitas pessoas relutam em admitir o seu gosto pela pornografia mesmo com o anonimato de um telefonema ou de uma pesquisa *on-line*. Entretanto, algumas estatísticas dão um vislumbre. Apesar da discrição, a pornografia é comprovadamente um passatempo popular. Numa pesquisa *on-line* com 10.543 americanos, feita pelo Kinsey Institute, somente 3% dos entrevistados responderam nunca ter visto material pornográfico*. Somente 20% confessaram tê-lo visto antes, mas nem uma vez no mês anterior. Isso dá 77% de entrevistados que vêem pornografia pelo menos uma vez num período de trinta dias. Desses, 88% afirmaram ver pelo menos uma vez por semana e 19%, pelo menos uma vez por dia. Quando vêem, em geral gastam nisso muito tempo. Um quarto dos que viram no mês anterior gastaram no mínimo seis horas. Diversas pesquisas concentraram-se na pornografia pela Internet. Uma pesquisa de âmbito nacional da Zogby, em 2000, relatou que 32% dos homens e 11% das mulheres confessaram ter visitado um site erótico**. Tratava-se, em sua maioria, de jovens: 37% de dezoito a vinte e quatro anos, contra 22% de trinta e cinco a cinqüenta e quatro. Dos que visitaram sites eróticos, quase metade mantinha relacionamentos sólidos.

---

* Essa pesquisa Kinsey, com voluntários *on-line*, fornece resultados interessantes e válidos, mas não representativos nacionalmente. Eles não refletem o pensamento da população dos Estados Unidos, ecoando com mais probabilidade o dos usuários da Internet interessados em conversar com o Instituto Kinsey sobre pornografia.
** Embora antiga sobretudo para a era da Internet, essa pesquisa Zogby é nacionalmente representativa e, portanto, mais válida em termos de método do que uma consulta *on-line* como a do Instituto Kinsey.

As mulheres perguntam freqüentemente: "Por que os homens gostam *tanto* de pornografia? Sei que muitos rapazes entram nessa onda e até alguns adultos, mas não compreendo qual é o atrativo". Só quem vê pornografia entende os motivos para tal e, mesmo assim, nem todos conseguem explicar por quê. Mas, quando têm a oportunidade de refletir a respeito, abrem-se e explicam o atrativo — como e por qual motivo começaram a ver pornografia, a maneira como respondem a diferentes tipos de pornografia, os benefícios físicos e emocionais que extraem dela e de que forma se sentem. Muitos nunca tiveram a oportunidade de discutir livremente o que possa estar por trás de suas preferências pornográficas e apenas quando se conversa a respeito é que começam a atinar, eles próprios, com as respostas.

Para Ethan, a pornografia consiste em assistir àquilo que ele gostaria de fazer na vida real: não é uma fantasia abstrata. Uma vez que está "ligado" à sua sexualidade, Ethan sabe muito bem do que gosta. Principalmente mulheres jovens, entre os dezoito e os vinte anos, louras. "Sou grande admirador do visual colegial e das meias no meio das coxas, que sempre associo a esse visual", diz ele. Aprecia mulheres atléticas, não excessivamente magras. Vira "bicho" quando o assunto é esse. "Ah, Jenna!", suspira. "Amo Jenna." Faz uma pausa e acrescenta: "Jenna Jameson, é claro".

Sexo entre mulheres, uma das especialidades de Jameson, é algo que Ethan gostaria de ver ao vivo. Esmiúça também sexo oral, sobretudo "com ejaculações". O encanto da pornografia consiste em mostrar mulheres excitadíssimas com sexo. "As mulheres, na pornografia, tendem a agir como se o sexo provocasse terremotos, embora não seja assim o tempo todo na realidade. Infelizmente...", lamenta Ethan. Como outros homens parecidos, Ethan não busca apenas diversão na pornografia, quer também que ela lhe abra novos horizontes, dê-lhe lições sobre sexo e sobre como deve responder a ele, propicie-lhe meios para aliviar-se, para fantasiar em torno de oportunidades eróticas que não lhe é dado usufruir na vida real, e um cenário seguro, amistoso, onde possa se auto-afirmar. Porém, o que é mais notório, Ethan discute pornografia como a maioria dos homens: é uma coisa divertida.

Ao que parece, mais e mais homens estão se divertindo assim. Houve uma verdadeira explosão na atividade sexual *on-line*. Uma pesquisa de 2004 com 15.246 homens e mulheres, conduzida pela MSNBC.com e a revista *Elle*, documentou que três quartos dos homens confessaram ter visto ou baixado arquivos de filmes e vídeos eróticos da Internet* (41% das mulheres disseram o mesmo). Um em cada

---

* Como a do Instituto Kinsey, essa pesquisa contou com voluntários *on-line*. Os resultados também são interessantes e válidos, mas não representativos nacionalmente. Refletem antes o pensamento dos leitores da revista *Elle* e dos usuários do site MSBNC.com.

cinco homens espiou ou interagiu sexualmente com alguém por *webcams* ao vivo. Três em cada dez admitiram entrar na rede com a intenção de "trair a namorada ou a esposa", quer via pornografia, marcação de encontros *on-line* ou salas de bate-papo eróticas. Segundo a mesma pesquisa, um em cada cinco dos homens que afirmaram abster-se de pornografia pela Internet aventou as seguintes razões para o seu desinteresse: um terço declarou não precisar procurar mulheres na rede, pois já tinha vida sexual satisfatória; um em quatro achava que recorrer à pornografia pela Internet os fazia sentir-se desleais para com a parceira; mais um em quatro garantiu que a pornografia pela Internet violava os seus princípios morais; quanto aos restantes 27%, o pragmatismo os norteou: a pornografia pela Internet atulhava os seus computadores com *pop-ups* e *cookies*. Não valia a pena.

Várias companhias rastreiam o uso de pornografia *on-line* para obter números mais realistas do que os proporcionados pelas consultas. Todo mês, a Nielsen Net// Ratings faz essa varredura; por exemplo, em outubro de 2003, um em cada quatro usuários da Internet acessou um site adulto, gastando uma média de setenta e quatro minutos mensais — o que, porém, não inclui o tempo gasto em sites amadores. (A Nielsen admite que só detecta uma fração do consumo real de pornografia.) Segundo a comScore, um serviço de mensuração de tráfego da Internet, 70% dos homens entre dezoito e vinte e quatro anos visitam mensalmente um site pornográfico — ou seja, 39% a mais do que o usuário médio. Esses jovens representam cerca de um quarto de todos os visitantes de pornografia *on-line*.[2] Os números para quem está nas casas dos vinte e dos trinta são parecidos: 66% de todos os homens de dezoito a trinta e quatro anos vêem pornografia pela Internet todos os meses.

Como se Aprende a Gostar de Pornografia

Quase todos os homens se lembram da primeira vez que viram pornografia. Para os meninos à beira da puberdade, a pornografia é um rito de passagem, um ponto de acesso à idade adulta, um vislumbre do mundo das mulheres. Na era pré-Internet, os meninos pelo menos faziam circular pornografia de mão em mão nos acampamentos de férias ou nos vestiários da escola. Ela era passada de tio para sobrinho, de primogênito para caçula, de pai para filho, usualmente na época em que o garoto atingia a idade de onze ou doze anos. Quer essa primeira experiência deleite ou repugne, a maioria dos homens é rapidamente socializada para ver pornografia na adolescência.

No caso de homens agora na casa dos trinta, a iniciação se deu por meio das páginas de uma revista. "Caramba, como foi legal!", exclama um homem de trinta e um anos ao lembrar-se de quando encontrou a sua primeira pilha de *Playboy* no sótão de um amigo, na idade de doze. "Nós imediatamente dividimos o tesouro e eu fiquei com a minha quota por muito tempo." Outro homem, hoje com trinta e cinco, recorda: "Eu costumava freqüentar a casa de meu primo mais velho aos nove anos. Ele tinha essas revistas de sexo explícito, as mais 'cabeludas' que você possa imaginar. Pensei: 'Que sujeira!', mas logo eu próprio mergulhava gostosamente naquele mundo selvagem". Para quem está na casa dos vinte, a primeira experiência deveu-se quase sempre à Internet. Um estudante de física de uma grande universidade do Estado de Nova York, hoje com vinte anos, lembra-se de ter conhecido a pornografia quando tinha quinze. "Foi *on-line*, no computador de casa. Descobri logo coisas 'quentes' — sexo grupal, masoquismo, voyeurismo, exibicionismo. E muitas mulheres — brancas, asiáticas, hispânicas. Pude determinar qual é o 'meu tipo' navegando pela rede — mulheres esguias de seios opulentos e longos cabelos negros. A pornografia me ensinou o que rola por aí e expôs-me ao tipo de atividade que aprecio na vida real. Aquilo me abriu os olhos, me instruiu."

A pornografia é, com freqüência, a primeira instância na qual os meninos aprendem sobre sexo e começam a compreender a própria sexualidade, as fantasias, as preferências e as predileções. Ali, têm os seus desejos filtrados e moldados pelo que a pornografia vista lhes oferece. Adolescentes aprendem por intermédio da pornografia a direcionar os seus impulsos sexuais para o sexo oposto, a perceber a fonte dos próprios desejos e os meios de satisfazê-los — lições tradicionalmente suplementadas pela educação sexual, a orientação dos pais, as conversas entre amigos e a experiência da vida real. Mediada ou não por fontes externas, a lição pornográfica é direta; boa parte dela visa à mente do adolescente: simples, primordial, agitadora de hormônios, voltada para resultados, enfim, um jogo que se pode vencer. A pornografia pinta o sexo como uma atividade fácil, pronta a proporcionar uma fuga bem-vinda às complicações da política sexual que os adolescentes enfrentam no mundo concreto.

Criado no Alabama, Sandeep conheceu a pornografia da maneira mais americana possível: com os escoteiros. Tinha doze anos quando uma experiência de acampamento revelou-se mais interessante que as anteriores. Ele logo descobriu que havia um bom meio de obter pornografia — nos acampamentos de férias, das mãos de colegas do segundo grau. Não era difícil quando se sabia o que procurar. Depois Sandeep foi fazer o curso superior numa universidade da Ivy League*.

---

* Prestigiosa associação de universidades da região Nordeste dos Estados Unidos. (N. E.)

Mas, de repente, a pornografia saiu de moda. Até folhear a edição de roupas de banho da *Sports Illustrated* era considerado indício de neanderthalismo no início dos anos 90. "Realmente, a pornografia parecia *gauche* na época", lembra-se Sandeep. "Acho que eu também passei a vê-la assim desde então", diz sorrindo. "Era como ver as coisas do alto de uma torre de marfim. Ridículo!"

Após esse tempo sem pornografia na Ivy League, Sandeep voltou para o sul e começou a cursar Medicina numa grande universidade, quando então recaiu no velho hábito. A faculdade era das mais conservadoras e, em conseqüência, os professores se esforçavam para convencer os alunos de que, além do "sexo matrimonial comportado", havia inúmeras variações. Sandeep ficou perplexo ao descobrir quão pouco os seus colegas sabiam. Nas aulas de comportamento sexual, os professores exibiam para os alunos um amplo leque de vídeos eróticos. "Os médicos", explica Sandeep, "precisam inteirar-se do que as pessoas fazem." Sandeep, é claro, já conhecia bem essas lições.

Após o curso, durante o período de residência, Sandeep trabalhava horas a fio a semana inteira. Nesses três anos, masturbava-se o tempo todo. "Devia ser o *stress*." Saía pouco. As enfermeiras não se interessavam pelos jovens residentes e ele tinha uma vida sexual pobre, para não falar da romântica, que se resumia a contatos espaçados com uma namorada distante. Em vez disso, via pornografia quase diariamente. Os seus gostos iam de "sacanagem leve" — as boas garotas nuas de antigamente — a atividades mais fetichistas de sadismo e masoquismo. Por algum tempo, assistiu ao canal a cabo Spice todas as noites; depois, passou a alugar vídeos numa locadora do bairro. Ansioso por manter a privacidade, a princípio só retirava filmes comuns, até reunir coragem para visitar a sala dos fundos. "Sentia-me um tanto esquisito", diz ele. "Não gosto que estranhos saibam sobre mim e as minhas fantasias sexuais." Por via das dúvidas, Sandeep mantinha sempre à mão uma pilha de revistas pornográficas, sobretudo *Penthouse*, mas estas nem sempre o satisfaziam, especialmente se comparadas aos filmes.

Hoje, Sandeep é cirurgião num hospital do Texas. Regularmente aluga fitas pornográficas quando está de folga, sem nada para fazer. Encontrou também novas opções para ver mulheres nuas. Os cirurgiões do hospital costumam reunir-se após o expediente num dos clubes locais de *strip-tease*. No Texas, esclarece Sandeep, isso é muito comum. Para não discriminar, o grupo tem sempre o cuidado de convidar colegas do sexo feminino para acompanhá-lo. "Um cirurgião jovem não pode perder a oportunidade de conviver com os mais velhos depois do trabalho", justifica Sandeep. "É preciso jogar esse jogo para que as pessoas se lembrem de você." Até hoje, ninguém censurou os encontros nos clubes de *strip-tease*, nem sequer as esposas dos médicos. "Elas sabem com quem estão casadas", pondera Sandeep. "E sabem que as coisas são assim mesmo." A maioria dos freqüentadores é casada; muitos já o foram mais de uma vez.

A pornografia pode instruir. Na pesquisa do Instituto Kinsey, 86% dos entrevistados acreditavam que ela instrui as pessoas e 68%, que induz a encarar mais abertamente a (própria) sexualidade. Muitos homens, sobretudo os mais jovens e menos experientes, recorrem à pornografia para descobrir o que as mulheres querem e esperam do sexo. De fato, estudos mostram que os homens absorvem e imitam o que vêem na pornografia — é a chamada *teoria do exemplo*: "Todo ato sexual mostrado na pornografia é visto como típico da sexualidade. [...] Assim, uma vez que a pornografia mostra quase todas as mulheres gritando de prazer quando penetradas analmente, a teoria do exemplo projeta a generalização de que quase todas as mulheres fora do âmbito da pornografia farão o mesmo".[3] Em outras palavras, os homens concluem que o que acontece na pornografia acontece também na vida real.

Essas lições, que podem ser fundamentais e proporcionar informações sobre a mecânica do sexo, divulgam também idéias como: todas as mulheres, de fato, querem sexo o tempo todo, ter muitas mulheres é melhor que ter uma só, as mulheres em geral gostam do que os homens gostam. Os homens que vêem pornografia coletam, ademais, outras jóias de sabedoria: o que dizer; como dizê-lo. Conforme explicou o anônimo Jake na revista *Glamour*, "A palavra mais aceitável, mais comum para [o pênis] rima com *rock* ["*cock*"] e é a que eles usam nos filmes pornográficos, de sorte que muitos homens foram condicionados a pensar que isso é sexy".[4] No entender da maioria, pornografia é quase o mesmo que sexo.

Como Aprender a Sentir
Aversão pela Pornografia

Decerto, muitos homens sentem aversão pela pornografia ou, simplesmente, não a acham interessante a ponto de se preocupar com ela. Pete, um escritor de trinta e um anos que mora em Nova York, nunca se sentiu atraído. E não é por não ter sido exposto à pornografia. Quando tinha treze anos, tarde da noite, viu trechos de filmes B em canais a cabo como o Showtime, que mostravam seios nus e às vezes nudez frontal, mas não atos sexuais explícitos. De vez em quando folheava revistas, não indo além da *Penthouse*. Em duas ocasiões, viajando, assistiu a um filme pornô no hotel. Nada disso o impressionou.

Pete não é a favor da pornografia nem contra ela — apenas evita-a. Nem sequer chegou a ver sites pornográficos, embora entre diariamente na Internet. "Eu não saberia por onde começar", garante. Na verdade, nunca se preocupou com isso. Os clubes de *strip-tease* deixam-no pouco à vontade. "Certa vez fui a uma despedida de solteiro num deles e saí depois de dez minutos. Aquilo parecia patético de ambas as extremidades do espectro — para os homens e para as mulheres. Trata-se uma charada na qual os rapazes fingem para si mesmos que as mulheres estão de fato interessadas neles e não apenas sendo pagas para agir daquela maneira, enquanto as mulheres tentam convencer-se de que os homens as apreciam. Há algo de incrivelmente solitário e melancólico em tudo isso."

Três anos atrás, uma namorada sugeriu-lhe que assistissem juntos a um vídeo que ela pensava ser propício às mulheres. Pete concluiu que, como muitas, ela achava que todos os homens adoram sexo a três, tema do filme, e que ele gostaria de ver isso na tela ou então a julgaria moderna por aceitar-lhe as fantasias. Pete recusou. "Isso me deixaria constrangido", explicou. "Não gosto de ver outras pessoas fazendo sexo quando estou com uma mulher com quem eu próprio gostaria de fazer sexo. Essa idéia não me atrai."

Com a sua beleza clássica, Pete nunca ficou sem namorada e nunca sentiu falta de pornografia. Ainda que não chamasse tanto a atenção das mulheres, ele duvida de que recorreria a esse expediente. Na verdade, sente-se atraído por muitas das atrizes, mas quase tudo o que vê o desgosta, parecendo-lhe mesmo repugnante e perturbador. Por exemplo, não gosta de nada que insinue dominação ou pareça uma experiência degradante para qualquer dos partícipes. "Pelo que sei, há toda uma esfera da pornografia dedicada à idéia de humilhação e poder, subserviência e castigo — e isso de modo algum me entusiasma."

Quando indagados sobre que tipo de homem sente aversão à pornografia, muitos homens recorrem à suposição fácil — mas que com igual facilidade se pode provar falsa — de que apenas os carolas não vêem pornografia porque a sua religião os aconselha a evitá-la. Mas, é claro, homens religiosos também vêem pornografia. "Pelo menos metade dos homens, nas igrejas cristãs, se envolve com pornografia até certo ponto", afirma Jonathan Daugherty, fundador da Be Broken Ministries em San Antonio. "Isso se tornou o principal causador de divórcios." Segundo uma pesquisa de 2000 com clérigos, conduzida pelas revistas *Christianity Today* e *Leadership*, cerca de 40% deles confessam visitar regularmente sites eróticos.[5] Outra pesquisa, feita pela Pastors.com em 2002, revelou que 50% dos pastores admitiram ter visto pornografia no ano anterior.[6] E outra ainda, de 2000, a cargo da Focus on the Family, mostrou que 18% dos que se diziam cristãos renascidos declararam visitar sites de sexo explícito.[7] Segundo Henry Rogers, capelão que estuda a pornografia, de 40 a 70% dos cristãos evangélicos do sexo masculino dizem estar às voltas com a pornografia.[8] Nem só os carolas se abstêm, necessariamente.

A idéia de que um homem pode não achar a pornografia excitante raramente é cogitada; mais rara ainda é a noção de que um homem talvez não goste do modo como a pornografia afeta a sua personalidade ou o papel que ela tem na vida dele. E o conceito de que homens fora do círculo do cinturão da Bíblia, dos judeus ortodoxos ou dos muçulmanos fundamentalistas tenham reservas morais quanto à pornografia — por serem casados, feministas, progressistas ou conservadores — espanta os adeptos da pornografia como coisa altamente improvável. Quase todos os usuários entrevistados para este livro acharam difícil imaginar um homem avesso à pornografia por razões outras que não a repressão ou o fanatismo religioso.

Homens que gostam de pornografia parecem não compreender os que não gostam, e vice-versa. Cada grupo, à sua maneira, suspeita que o outro seja sexualmente subversivo. "Como se dá que tantos de vocês, homens de trinta, quarenta e cinqüenta anos, se disponham a gastar horas e horas, dólares e mais dólares com pornografia?", escreveu o roteirista de TV Burt Prelutsky (*M.A.S.H.*, *Rhoda*, *Dragnet*) em recente coluna do *Los Angeles Times*. "Chamem a isso *hobby*, passatempo ou vício, digo que o golfe nem de longe lhe faz sombra." E conclui: "Nunca considerei o sexo um esporte para espectadores."[9]

Nem todos os homens discutem pornografia com o seu círculo de conhecidos ou sequer com os amigos mais íntimos. Para muitos, o consumo permanece um assunto particular, assumido mas raramente comunicado, exceto na época tumultuosa da adolescência. Talvez, em conseqüência, os homens que desdenham a pornografia não sejam tão raros quanto os adeptos pensam ou mesmo tão bizarros quanto os opositores supõem. Na pesquisa *Pornified*/Harris, só 27% dos americanos concordaram com a sentença "Todos os homens gostam de pornografia". Os homens mostraram-se um pouco mais propensos a concordar que as mulheres — 31% para 23%. E esses homens tinham de dezoito a vinte e quatro anos, que é não só a idade na qual se vê mais pornografia como a geração mais exposta a ela graças à onda tecnológica recente.

Ian, de trinta e cinco anos, residente em Nova York, às vezes se acha um tanto excêntrico por *não* apreciar pornografia. Trabalhando na indústria da música, comumente obcecada por sexo, sente que o seu desinteresse exige uma explicação e até uma defesa. "Eu sou, provavelmente, o esquisitão", diz. "É estranho, mas tenho um pouco de vergonha por ser alguém que *realmente* compra a *Playboy* para ler os artigos." Adolescente num internato, periodicamente um exemplar ensebado e amarfanhado da revista circulava pelo dormitório. Ian gostava de folheá-la para ler resenhas sobre discos. "Lembro-me bem de um artigo sobre o álbum ao vivo de Hall e Oates, mas de nenhuma mulher ou gravura", sustenta Ian. "Aliás, nem mesmo gosto de Hall e Oates." O primeiro filme pornô a que Ian assistiu foi *Calígula*, produção tradicional de Hollywood para a qual Bob Guccione, da *Penthouse*, contribuiu com o esboço de várias cenas de sexo. Um amigo de Ian alugou esse fracasso de bilheteria ("O filme mais controvertido do século XX") nos primeiros tempos do videocassete. Ian, garoto de dez anos, ficou entediado com tanto sexo e violência. Que a indústria de filmes adultos espalhe onze mil títulos por mês é algo que o deixa perplexo. As pessoas não se fartam das mesmíssimas coisas?, admira-se ele. Não é que Ian seja puritano. Gosta de festas, gosta de sair para beber e está aberto à experimentação sexual.

Ao longo de seus trinta e cinco anos, Ian viu uns cinco filmes pornôs, com amigos ou porque precisava vê-los por questões de trabalho. Parte do problema da pornografia, aventa ele, é o modo como tais filmes são feitos. Amante do cinema, Ian aprecia uma boa produção: personagens aliciantes, roteiros coerentes, diálogos originais. "Mas no pornô não há nenhuma narrativa", explica. "Eles não estão preocupados se o encanador sueco conserta ou não a máquina de lavar. O desfecho é sempre previsível." Ian também não acha a pornografia excitante. "Na pornografia heterossexual, aparecem pênis demais. Não existe um heterossexual neste planeta que alugaria um filme com o título 'O Cacete do Rapaz', mas é o que se vê." E não há como evitá-lo: para mostrar uma felação, é preciso mostrar os genitais do homem. "Não estou interessado em contemplar a bunda peluda de um cara", dispara sem hesitação.

Até o modo como a pornografia mostra as mulheres deixa Ian insensível. "Há, aí, algo de David Cronenberg: é quase ginecológico", diz ele. "Uma mulher nua é bonita, linda mesmo. Mas, na pornografia, mandam que ela areganhe as pernas e, praticamente, mostre as entranhas. É como se tentasse expelir os intestinos pela vagina. Não vejo como isso possa ser mais sensual que observar o fígado de uma beldade. Fico nauseado."

"Às vezes, rumino uma pergunta na cabeça", prossegue Ian. "Por que os homens se interessam por *isso*? Não percebem que passam metade do tempo vendo também um camarada pelado? Não compreendo. Mas também não compreendo por que motivo um sujeito sai numa noite gelada de sábado para ver o seu time perder." Ian associa o seu desinteresse por ver esportes ao seu desinteresse por ver pornografia. "Se for o caso, prefiro fazer sexo ou jogar futebol a ver outras pessoas fazendo uma ou outra coisa. Não preciso que um idiota qualquer da *Penthouse* crie fantasias para mim. Tenho uma vida interior muito rica." Por exemplo, ele fica excitado com certos trechos de romances, não exatamente de cunho sexual, mas que suscitam idéias eróticas. Admira algumas apresentadoras de TV. Fotos de tablóides que surpreendem celebridades nuas às vezes o estimulam. "Gosto de ser pornográfico à minha maneira", diz ele.

Revistas masculinas populares como *Maxim* e *FHM*, que Ian considera inquestionavelmente pornográficas, ofendem-no mais que quaisquer outras formas de pornografia. "Acho-as muito, muito mais prejudiciais. Embora a *Hustler* seja uma revista ultrajante e eu compreenda por que as mulheres desejam estraçalhá-la, ela pelo menos, falando de um modo geral, pinta a mulher de uma maneira realista." Na *Maxim*, porém, as mulheres são "selvagemente aerografadas" — as pessoas não têm essa aparência, explica Ian. "Li uma entrevista com [a atriz hollywoodiana] Jessica Alba em que ela dizia o quanto fora degradante fazer uma das tais fotos e quanto chorara, mas o seu agente obrigara-a a ceder porque é isso o que se espera de uma atriz de dezessete anos, caso aspire a fazer carreira hoje em dia. Tais coisas não me excitam. Acho tudo uma maçada."

Ian tem dificuldade em aceitar que haja tantos homens dedicados à pornografia quantos em geral se pensa. "Sei que parece ser uma alta percentagem", diz ele. "Mas quando as pessoas fazem isso? É estranho que uma parte supostamente tão grande da vida dos homens não deixe pistas. Pessoalmente, nunca ouço nenhum de meus amigos conversando sobre pornografia nem os surpreendo com material erótico. Jamais fui convidado para ver pornografia e ninguém rodou um vídeo desses em minha presença desde que eu tinha vinte e dois anos. Nem sequer uma pessoa, nas minhas rodinhas semanais de pôquer, menciona o assunto. Pelo que sei, *ninguém* que eu conheça vê pornografia." De fato, caso um de seus amigos colocasse um DVD pornô no aparelho, durante uma reunião, Ian acha que isso causaria espanto. Mas é difícil imaginar tal coisa, pois a pornografia em geral é assunto sobre o qual não se fala.

Então, Por Que os Homens *Gostam* de Pornografia?

Exceto entre adolescentes e universitários, a pornografia, pela maior parte, não constitui tema de debate ou conversação diária. Entre os homens, parece haver uma ausência de julgamento com respeito à pornografia, a não ser, bem entendido, para condenar aqueles que julgam esse gosto nos *outros*. O consenso é que a pornografia não passa de "coisa de rapazes". Pode ser de origem biológica ou cultural, mas a maior parte concorda em que ela desempenha um papel importante na vida de todos os homens.

Neste mundo pornificado, a pornografia se enredou inextricavelmente na rotina diária, na pausa para a Internet e no ritual da hora de dormir. Faz parte do despertar pela manhã e do relaxamento à tarde. É um prelúdio do sexo ou uma alternativa ao sexo. Como acompanhamento para a masturbação solitária, a pornografia exerce um poderoso fascínio. Ethan, por exemplo, masturba-se vendo pornografia "o tempo todo", quando está em casa; no trabalho, por motivos óbvios, tem de abster-se. "Mas a que vem isso de perguntar para que serve a pornografia?", ri-se Christopher, um rapaz de vinte e cinco anos que trabalha como prestador de serviços num bairro de Dallas. "Não é óbvio?" Para Christopher, pornografia é gratificação sexual pura e simples. "Sai mais barato que um encontro com jantar e cinema." E, o que é mais reconfortante, quando procura material pornográfico para masturbar-se, pode escolher o que o excita e descartar o que o deixa indiferente. É mais fácil e menos arriscado virar-se sozinho do que com uma parceira, a quem teme assustar sugerindo alguma atividade nova.

Criado no norte rural do Texas, foi difícil para Christopher deitar a mão em pornografia. Numa cidadezinha de apenas mil habitantes, ainda com leis que restringem o acesso aos livros, não havia muito material pornográfico à venda na loja de conveniência local. Ocasionalmente, conseguia algumas revistas, mas só com o advento da Internet é que o consumo de Christopher levantou vôo. Felizmente, descobriu já em 1995 as "maravilhas da pornografia *on-line*", com a idade de dez anos, visitando antigos sites da Web. "Bons tempos aqueles em que a pornografia estava de fato disponível na Internet", lembra-se nostalgicamente. "Não havia em parte alguma telas de advertência. Você digitava Penthouse.com e pronto! Gente pelada."

"Não há nada de errado com o prazer sexual", explica ele. "Gosto de ver outras pessoas fazendo sexo. A pornografia nada mais é que ver outras pessoas saudáveis se divertindo." Para Christopher, que ficou quatro anos sem namorada, a pornografia proporciona alívio sexual. Quando fazia muito sexo, não precisava tanto dela; mas a sua vida amorosa, admite, "não é lá essas coisas". Não, não tem recorrido com freqüência à pornografia ultimamente. Em seu emprego sedentário, é um pouco difícil. Come porcarias e podia muito bem emagrecer uns dez quilos ou mais. Por ser exigente, faz tempo que Christopher não encontra uma mulher que valha a pena. "O motivo é egoísta: sou bem mais inteligente que a maioria das pessoas", esclarece. "Os meus interesses são variados e não ligo a mínima para tolices como esportes e moda. Prefiro concentrar-me em temas filosóficos elevados e política internacional. Nem todos podem conversar nesse nível."

Adolescente nos anos 90, Christopher visitava sites profissionais adornados com garotas "aerografadas", tipo *Playboy*. Depois fugiu disso, mas ainda mantém a mente aberta, circulando por um amplo leque de endereços da Web, dependendo de seu estado de espírito. "É como quando você vai a uma loja — quer sorvete de baunilha, morango ou chocolate? Sento-me diante do computador e digo: 'Hum, acho que vou querer gatinhas asiáticas esta noite'." Enquanto as mulheres permanecem entre Calista Flockhart e Camryn Manheim ("Não gosto de pornografia infantil"), Christopher fica satisfeito. É o mesmo que apanhar o produto na prateleira.

Uma vez que a sua energia é pouca de manhã e aumenta no decorrer do dia, Christopher tem o que chama de sua "sessão" diária à noite, diante do computador, antes de ir para a cama. Inevitavelmente, depois de vinte a sessenta minutos de navegação, Christopher encontra o que procura. "Masturbo-me muito todas as vezes", confessa. "De vez em quando, fico entediado e passeio pela Internet, pensando: 'Ah, isso vai ser interessante!' Mas, em geral, quando procuro pornografia, é com um objetivo em mente: gozar."

Para a maioria dos homens, a pornografia serve justamente para isto: gozar. Eles em geral se masturbam quando estão vendo pornografia ou logo em seguida, a menos que se encontrem no trabalho. Na pesquisa do Instituto Kinsey, 72% dos entrevistados disseram que usavam a pornografia para masturbar-se ou encontrar alívio físico. Outros 69% usavam-na para excitar-se sexualmente e/ou a outros. Numa pesquisa da MSNBC.com, de 2001, três quartos dos usuários *on-line* afirmaram masturbar-se enquanto viam conteúdo sexual *on-line*: 30% às vezes, 20% freqüentemente e 9% o tempo todo. Nem um dos homens que viam pornografia, entrevistados para este livro, deixava de masturbar-se em um momento ou outro.

Para Zach, de vinte e três anos, programador desempregado de sites, a pornografia resume-se em duas coisas: gozar e matar o tédio. "As mulheres vêem pornografia de um modo diferente dos homens", diz ele. "Julgam que, se um cara gosta de pornografia, então quer que as mulheres sejam e ajam daquele jeito. Pensam que os homens têm algum tipo de apego emocional à sacanagem." Mas, segundo Zach, os homens usam a pornografia como um recurso visual. "A pornografia é, para nós, o que os vibradores são para as mulheres: um meio rápido de gozar e depois partir para a luta do dia-a-dia." Não raro, a primeira coisa que ele faz de manhã é entrar na Internet, sempre com o objetivo de masturbar-se. "Você pode ficar meio mole, mas é para isso mesmo que a coisa serve", explica. "Não me lembro de alguma vez ter visto pornografia sem me masturbar. Creio que a maioria dos rapazes dirá a mesma coisa." Para Zach, masturbar-se diante do computador tornou-se "um hábito". Ele vê pornografia a cada dois dias por cerca de vinte minutos. Ou apenas cinco. "Parece muito mau", murmura embaraçado. "Mas às vezes é o tempo que leva."

A pornografia não é nenhum bicho-de-sete-cabeças, insiste Zach. "É como coçar-se." Ele nunca sai para comprar uma revista ou alugar um filme. Uma vez que, como os seus amigos, cresceu com a Internet, a pornografia para ele nada tem a ver com gravuras ou vídeos. Isso dá muita mão-de-obra. É preciso gastar dinheiro e alguém de casa poderia descobrir o material. Zach sequer se dá ao trabalho de baixar imagens de vídeo, que ocupam muito espaço e não valem o esforço. Em geral, prefere imagens em estilo *Playboy* ao sexo pesado. "Já vi coisas de que realmente não gosto, algumas perturbadoras. As animações japonesas muitas vezes têm cenas de sadismo como o chamado estupro-tentáculo [especialidade nipônica que mostra mulheres sendo estupradas por monstros de numerosos tentáculos]", diz Zach. "Vi uma cena em que um cara arreganhava o ânus quase quinze centímetros. Acho estranho que alguém goze assistindo a isso."

Não importa o que os homens decidam ver, masturbar-se sob o incentivo da pornografia não é apenas algo que eles fazem quando tudo o mais lhes falta. Ao contrário das expectativas ou dos mitos, nem todo homem que usa pornografia é solitário ou deprimido. Muitos dos entrevistados para este livro têm vidas plenas e relacionamentos sólidos. Os casados ou monogâmicos admitem recorrer à pornografia quando a esposa ou namorada, ou não se acham por perto, ou não estão dispostas. Entretanto, também usam pornografia quando eles próprios não estão dispostos a fazer sexo com a parceira — isto é, quando as mulheres não querem o que eles querem naquele momento, não apresentam a melhor das aparências, estão irritadiças ou esquivas. Em tais casos, eles simplesmente sentem necessidade de procurar outra pessoa.

Os Homens Precisam de Variedade

Mesmo que sejam comprometidos e tenham uma vida sexual excitante com uma parceira condescendente, muitos homens declaram que acham importante se sentirem livres para possuir outra mulher, para agir como se pudessem espalhar a sua semente, a mancheias, entre inumeráveis parceiras acessíveis. Ora, a pornografia é um mundo no qual a promiscuidade — freqüentemente anônima, usualmente efêmera, caracteristicamente superficial — constitui a norma. O sociólogo Michael Kimmel descobriu que as fantasias sexuais masculinas vão se modelando cada vez mais pelos padrões pornôs. Dois terços delas incluem mais de uma mulher, quase sempre desconhecidas ou quase. Quando discorrem sobre essas fantasias, os homens, de maneira típica, descrevem os atributos físicos das mulheres ("Aquela louraça com...") e não as suas outras qualidades ou o seu próprio relacionamento com elas. O enfoque é sobre uma mulher (ou, cada vez mais, várias mulheres) a serviço do prazer sexual do homem.

A pornografia permite que todos os homens — solteiros ou comprometidos — fruam a fantasia de uma variedade sem fim. "Veja", diz Ethan, o executivo da indústria musical recém-casado, "muitos homens são entusiastas do sexo e querem fazê-lo com mulheres diferentes, mas estão casados ou enfronhados numa relação monogâmica. A pornografia é uma válvula de escape para as energias sexuais quando eles não estão a fim de transar com a esposa ou a namorada. Isso é bem melhor do que trair." Com efeito, é exatamente assim que Ethan, casado há sete meses, encara o papel da pornografia em sua vida. A pornografia não tem nada a ver com a sua esposa, explica ele. A pornografia proporciona a excitação adicional de outras mulheres sem o perigo de realmente estar com elas. Ethan ainda fantasia situações eróticas com várias mulheres ou voyeurismo com duas garotas lésbicas, que ainda gostaria de experimentar não fossem os seus votos matrimoniais. Até hoje, ele não traiu a esposa, embora o tenha feito em relacionamentos anteriores. Insiste em que agora é diferente — e a pornografia ajuda.

Quando se casou com Candace, após cinco anos de namoro, Ethan deixou claro que não tencionava sustar ou sequer diminuir o seu consumo de pornografia. Candace mostrou-se compreensiva e até comprou para ele o seu primeiro DVD pornô, *Emotions of Jenna Jameson*, quando o presenteou com um aparelho de DVD. "Ela assiste ao filme comigo", diz Ethan com orgulho. "Não é que se excite, pois não sente atração por mulheres, mas gosta de me ver excitado." Candace, porém, não entende muito bem o entusiasmo de Ethan. Uma vez, perguntou-lhe por que gostava tanto de pornografia. "Mas não tivemos uma discussão feia sobre o assunto", ressalva. "Ela acha isso estúpido, mas não implica." Caso houvesse se queixado ou pedido que ele parasse, tal atitude teria sido profundamente antipática aos olhos de Ethan. Caso o ameaçasse com o divórcio, ele pararia, embora isso levantasse sérias questões em torno de seu relacionamento. "Qualquer tentativa, da parte dela, de exercer controle excessivo sobre quem eu sou e o que faço com o meu tempo significaria um atentado imperdoável às minhas liberdades de marido", pontifica Ethan. "Se me pedisse para parar com a pornografia, eu lhe diria que ela perdera a cabeça."

Na verdade, Candace, uma morena alta e atlética, nem sabe com que freqüência o marido vê pornografia. No entender de Ethan, ela provavelmente acha que isso acontece umas duas vezes por semana e o melhor é deixá-la pensar assim. Como muitos outros homens ele disfarça a realidade para, segundo acredita, proteger a parceira. "Não creio que ela fosse entender. Se soubesse quanta pornografia consumo diariamente, sem dúvida pensaria que sou pervertido ou viciado em sexo." Mas então Ethan consideraria os sentimentos dela irracionais, pois acha a pornografia parte integrante da vida de um homem normal.

Homens como Ethan costumam justificar as suas necessidades pornográficas com teorias livremente interpretadas da "psicologia da evolução". Os machos precisam de variedade, sustentam eles, apresentando as suas próprias versões do "são apenas histórias" de Kipling e insistindo em que, à luz da ciência, o macho, para perpetuar com segurança os seus genes, evoluiu para buscar — e mesmo exigir — um grande número de fêmeas. Espiar bandos de mulheres nuas é mera reminiscência desse legado do Homem de Cro-Magnon. Nada mais natural. Fidelidade e compromisso são instâncias artificiais, ao passo que desejar e possuir um montão de mulheres faz parte do imperativo biológico do homem. Semelhantes teorias muitas vezes caracterizam os homens como agressivos e insaciáveis, e as mulheres como simples instrumentos de reprodução — tese perfilhada, nada surpreendentemente, por numerosos conservadores sociais a cujos olhos o papel social da mulher se resume em domar a besta masculina. Essa visão antediluviana dos sexos convém maravilhosamente ao paladar pornográfico, o qual repousa na idéia de que os homens precisam não só de uma Miss Janeiro, mas também de uma Miss Fevereiro, Março, etc., tendência que se expandiu *on-line* a fim de incluir todas as propensões sexuais que o homem possa ter a qualquer momento.

Só Estou Olhando

Com tanta variedade de pornografia disponível, sobretudo na Internet, não espanta que os homens se digam "apenas navegando", conferindo o que vai pela Rede. Não há muito o que fazer para impedir isso — o homem sempre pode clicar rapidamente outra página quando alguém entra ou apagar o que gravou. Gabe, de trinta e cinco anos, trabalha na indústria de gás e petróleo de Houston. Gosta tanto de pornografia que a transformou numa espécie de segunda ocupação. Em seu escritório, onde 98% dos funcionários são do sexo masculino, quase todos os homens vêem material pornográfico durante o dia. Nada de mais. Alguns assistem a filminhos, outros folheiam revistas de garotas nuas ou lêem contos eróticos. A pornografia é tão aceitável que Gabe não tem medo de perder o emprego. A tela do computador de cada um é visível na vasta sala comum onde todos trabalham e Gabe aposta que o seu chefe já olhou por cima de seus ombros para ver em que ele estava ocupado. Gabe nem sequer se preocupa em apagar os arquivos de seu instrumento de trabalho.

A pornografia escapou do quarto de dormir e invadiu o ambiente profissional para muitos homens como Gabe. Uma pesquisa de 2004, empreendida pela Cerberian, empresa de filtragem da Internet, constatou que 75% das pessoas já visitaram acidentalmente um site pornográfico no trabalho e 15% fizeram isso mais de dez vezes. Quarenta por cento dizem ter surpreendido colegas navegando por endereços pornográficos durante o expediente.[10] Dar com os olhos em pornografia nas horas de trabalho *nem sempre* é acidental. Em outra pesquisa de 2004, a cargo da Employment Law Alliance, um em cada quatro funcionários afirma que ele ou os seus colegas visitam sites pornográficos e envolvem-se em conversas sobre sexo ou outras atividades sexualmente orientadas *on-line* nos seus computadores, durante o expediente. Doze por cento admitem já ter enviado ou visto enviar e-mails de sexo explícito a outros funcionários do escritório. Segundo a pesquisa, os homens são duas vezes mais propensos do que as mulheres a meter-se em tais atividades. E estão sempre mais dispostos a relatar que sabem do uso de material sexualmente explícito *on-line* por parte de colegas.[11]

Mas Gabe, sem dúvida, vê pornografia com muito mais freqüência do que qualquer outra pessoa no escritório (segundo os seus cálculos, os colegas gastam um quarto do tempo que ele dedica a essa prática) porque despende cerca de vinte horas por semana trabalhando como "agregador" amador. Quando Gabe entrou pela primeira vez na Internet, no final dos anos 90, sucumbiu imediatamente ao prazer de procurar os melhores sites, as mulheres mais "gostosas", as imagens mais excitantes. Orgulhava-se de sua habilidade em esmiuçar material de alta qualidade e achava ter uma queda para isso. Assim, Gabe ofereceu os seus serviços como detetive cibernético a diversos portais pornográficos. Agora trabalha como *freelance* para três diferentes sites, procurando os melhores *links* e baixando os melhores vídeos. O salário é irrisório, mas Gabe julga ter olho de lince e bom gosto, apreciando muito saber que as suas sugestões agradaram na Internet.

Os homens, de fato, consideram a pornografia apenas outro modo de entretenimento, algo a ser consumido na mídia sem maiores conseqüências. É como pular de canal em canal na televisão ou vasculhar uma loja de equipamentos esportivos à procura de produtos e informações. Parte do interesse pela pornografia é a aventura de explorar os subterrâneos da excitação erótica. Custa acionar o controle remoto e descobrir o que está sendo mostrado no canal pago *Naughty Amateur Home Videos: Stripped to Thrill*? Na pesquisa do Instituto Kinsey, 54% dos entrevistados disseram que viam pornografia por mera curiosidade e achavam que os outros faziam o mesmo: 87% acreditavam nisso. Na pesquisa de 2001 da MSNBC.com, 81% dos homens buscavam atividades *on-line* para "distrair-se". A pornografia pode ser uma jornada voyeurística, um vislumbre da vida das outras pessoas, a versão "X-rated" da revista *Us* — imagens a serem absorvidas e descartadas como qualquer outro produto de entretenimento.

William, de trinta e cinco anos, funcionário num escritório de advocacia do Missouri, masturba-se só metade do tempo; o restante é gasto em "navegar pela pornografia", como ele diz. Quase sempre está no trabalho, de sorte que não é muito fácil remexer nas calças com tanta gente por perto. O que mais aprecia é passar em revista as mulheres e descobrir o que corre por aí. "Os homens são culturalmente programados para gostar de pornografia", afirma. "As mulheres, em nossa cultura, não passam de objetos. Para nós elas são... não necessariamente objetos sexuais, mas criaturas sexuadas por natureza." Isso nada tem a ver com biologia, segundo William, é apenas um entretenimento agradável, parte inarredável da cultura masculina americana.

Em 1982, no primeiro ano de colégio, um amigo exibiu um filme durante uma festinha — a primeira vez que William viu sexo em movimento. Ficou excitado — e constrangido. A companhia dos amigos era parte do problema. William não gosta de pornografia assim às claras; não é nada agradável ver outros homens se masturbando. Bom é apreciar pornografia na intimidade, mas William nunca alugou uma fita nem entrou num teatro adulto porque tem vergonha. "A pornografia sempre foi, para mim, um assunto privado", explica. "É constrangedor ir a um desses inferninhos ou lojas."

Não obstante, quando William alistou-se na marinha, começou a freqüentar clubes de *strip-tease*, muito populares entre os seus camaradas. Uma ou outra vez, pagava para dançar. Mas agora que deixou o serviço e trabalha num escritório de advocacia, não vai mais a esses lugares. Há pouco, num dia de São Patrício, amigos sugeriram uma escapada para um clube de *strip-tease* após algumas rodadas de bebida. Os outros, porém, estavam todos na casa dos vinte e William se sentiu "velho demais para aquilo". Não podia entreter-se a noite inteira com garotas nuas tendo de trabalhar no dia seguinte. Foi para casa. Atualmente, as aventuras pornográficas de William limitam-se ao computador. Ele navega de dez a quinze minutos mais ou menos antes de passar para outras formas de entretenimento *on-line*: fofocas sobre celebridades, notícias.

Quase todas as pessoas gostam de contemplar imagens bonitas; homens e mulheres admiram uma garota de belas formas e olhos expressivos. A fotografia artística, as poses elegantes, a luminosidade — isso é agradável, quer esteja num filme de Hollywood ou numa revista de sexo leve. Os homens alegam que, dessa maneira, a pornografia consiste em apreciar, descobrir, fruir a beleza. A pornografia, entretanto, não se restringe a imagens edulcoradas e o que os homens vêem quando a buscam revela muito mais sobre eles do que o seu mero gosto estético. O que buscam, dizem eles, é aquilo que gostariam de experimentar na vida real. É aquilo que possa legitimar os seus desejos e mascarar as suas repugnâncias ou medos secretos. Por exemplo, a pornografia mulher-com-mulher, com beldades porejando feminilidade enquanto se esfregam, parece-se muito pouco com o verdadeiro lesbianismo, atividade da qual os homens do mundo real estão obviamente excluídos. A pornografia permite que eles entrem no jogo e mudem as regras durante o processo. A pornografia mulher-com-mulher tem ainda a vantagem de não mostrar homens; para aqueles que não gostam de ver marmanjos nus, esse tipo de ação é particularmente agradável.

Por outro lado, a pornografia revela as inseguranças dos homens face à sua própria sexualidade. No dizer dos psicólogos, muito do que é mostrado na pornografia mitiga a repugnância e o medo que eles têm de seu sêmen; precisam ver mulheres deleitar-se com o sêmen, reverenciá-lo mesmo, para livrarem-se de seus sentimentos de asco e repulsão. Muitos atores de filmes pornográficos não são nada atraentes e isso também afeta os medos e os desejos ocultos: se eles não fossem patéticos, feios, canhestros e estúpidos, constituiriam uma ameaça para os espectadores. Estes, então, podem supor-se "melhores" que o rival pornográfico e imaginar-se participando da cena. Afinal, se fosse para escolher, a atriz pornô preferiria estar com eles. (Ironicamente, alguns homens acham os atores pornôs tão canastrões e insípidos a ponto de serem "degradantes", uma verdadeira afronta a outros homens.) A pornografia, literalmente, cria um mundo sonhado, livre de exclusões, constrangimentos, competitividade estressante, rejeição.

O Poder da Pornografia

Ao andar pela rua, um homem tem permissão de olhar para uma garota, mas não com muita insistência. No escritório, pode reparar numa mulher, mas deve concentrar-se nos olhos — não no decote. Num bar, é aceitável lançar-lhe uma olhadela para mostrar interesse, mas não lamber-lhe lascivamente o corpo inteiro com os olhos. De muitas maneiras, a possibilidade de observação do homem é limitada por normas sociais que lhe exigem não tratar a mulher como objeto sexual, não importa quão provocante seja a sua calça justa. No mundo pornô, contudo, nenhuma dessas restrições se aplica. Os homens podem olhar para as mulheres que quiserem, do modo como desejarem, pelo tempo que decidirem.

Ao andar pela rua, uma mulher pode olhar para o outro lado ou sorrir levemente para o homem com o qual cruza. No escritório, é capaz de elaborar um projeto empresarial mais dinâmico que os seus colegas do sexo masculino ou emitir opiniões mais brilhantes durante uma reunião de diretoria. No bar, é-lhe permitido recusar dar o número de seu telefone a um galanteador ou cortar-lhe logo a cantada. Mas, no mundo pornográfico, não conta com nenhuma dessas opções. Na pornografia, ela talvez conserve o poder de repelir um homem, em virtude da própria natureza de sua feminilidade, mas prefere não fazê-lo. No universo pornográfico, trata o homem como ele gostaria de ser tratado, livrando-o dos medos que assolam as relações diárias entre os sexos. No universo pornográfico, o homem retém o controle e o poder. Fantasia incrivelmente sedutora!

Jacob, um desengonçado jornalista de trinta e três anos, tem sentimentos contraditórios com respeito à pornografia. Passou muito tempo, mais que a maioria dos homens, ruminando as causas e implicações da fascinação masculina pelo erotismo explícito. Para Jacob, os argumentos dos psicólogos evolucionistas são fortes e convincentes. Os homens são biologicamente programados para reduzir as mulheres a algo que só deve existir para assegurar-lhes o gozo sexual. Trata-se de um impulso dos mais naturais, a que todos os machos sucumbem, acredita ele. No entanto, *natural* não pressupõe *moral*. Ainda que natural, conforme Jacob sustenta, "foder o maior número de mulheres possível" a fim de "espalhar a semente"... não, isso não está direito. Infelizmente, é difícil discutir com a biologia e a história. "Veja a Bíblia", pondera Jacob. "Era assim que os homens viviam. Semelhantes necessidades são básicas."

Segundo Jacob, se os homens não vissem imagens pornográficas para aliviar a urgência, poderiam muito bem sair por aí "estuprando garotinhas bandeirantes". Em vez dessa concretização de fantasia, a pornografia dá ao homem uma sensação de poder, uma aura de vigor sexual que pode ser despendido em imaginação sem implicações no mundo real. "Os fracos tendem a pensar muito no poder", filosofa Jacob. "Boa parte do sexo é poder disfarçado e boa parte da pornografia é uma fantasia em torno do poder." A combinação é das mais fascinantes, sobretudo quando os relacionamentos do mundo real deixam a pessoa insegura e inerme.

Foi isso que, primeiro, atraiu Jacob para a pornografia. A época mais intensa ocorreu depois da faculdade, quando ele morava em Washington, D.C., onde o namoro era difícil. "Quando eu estava mergulhado em pornografia, assinando a *Playboy* e assistindo a vídeos, sentia-me destituído de poder sexual", confessa Jacob. "Até me questionava se tinha algum. Creio que muitos homens amargam esse triste paradoxo de perseguir o ideal do poder a partir de uma posição de impotência. Coisa curiosa, esse comportamento anula o poder ou nos afasta cada vez mais dele." Um homem talvez se sinta aceito e poderoso quando vê pornografia, mas não está no mundo real, conquistando mulheres de carne e osso. Se estivesse, sentir-se-ia sexualmente capaz e não precisaria buscar forças na pornografia. Trata-se de um círculo vicioso. E, para Jacob, que gosta de pornografia, um verdadeiro enigma.

A pornografia tem sido, tradicionalmente, a esfera dos homens, um lugar onde, a despeito da recente incursão das mulheres no ramo, eles dominam a produção e o consumo, aprendendo quase sempre a gostar de imagens pornográficas com amigos, colegas e até membros da família. A pornografia é uma espécie de utopia masculina que os homens procuram proteger:

> Vou dizer-lhes uma coisa, garotos, as mamães estão de olho em nossa Internet. Fomos reduzidos por elas à submissão: não beber, não fumar, não dirigir em alta velocidade, não fazer um monte de coisas divertidas...
> Mas eis que surge uma luz: a Internet. Ela exibe cenas, quadros de garotas usando roupas que a nossa esposa não usaria e fazendo coisas que ela jamais faria. Sim, essa atividade inocente pode ser exercida na segurança de nossos

próprios lares [...] e custa menos que uma noitada no clube adulto local (por isso, não compromete o orçamento familiar).
Parece bom? Ah, mas não! O objetivo das mamães é controlar todas as áreas da vida dos filhos.

—*"Bob"* em *MarriedtoMommy.com*

Talvez, num mundo em que as mulheres conquistaram posição quase igual à dos homens e às vezes os ultrapassam em alguns setores tradicionalmente masculinos — instrução superior, escolas profissionais, algumas atividades —, a pornografia ofereça um porto seguro onde eles ainda podem dominar incontestes. Lá fora, a vida se "feminilizou": é o mundo de Oprah, da terapia, dos cuidados maternais, do equilíbrio trabalho/vida e da ioga. Dentro do mundo fantástico da pornografia, os homens se acham definitivamente no topo. David Marcus, psicólogo com clínica em San Jose, Califórnia, especializado em tratamento de homens que usam pornografia exageradamente, afirma que a tendência aumentou, em parte, devido ao tremendo *stress* que assoberba os homens. "Hoje em dia, exige-se muito mais deles emocionalmente", explica Marcus. "Muitos ainda sustentam a casa e estão na ativa, onde quase sempre se requer uma insensibilidade calculada. O ambiente de trabalho vai ficando cada vez mais competitivo e os empregos diminuem a olhos vistos. Lá fora, o bicho pega. Mas, em casa, o que funciona no escritório é simplesmente inaceitável. Os homens se queixam de ansiedade crônica em conseqüência do conflito entre esses dois mundos. É como se não tivessem voz ativa nem em casa nem no trabalho — em suma, como se não controlassem nada. Assim, entram na Internet para ver pornografia. Ali, podem conseguir algum alívio do *stress*. O voyeurismo propicia um certo grau de controle."

Não causa surpresa que abundem incidentes envolvendo pornografia e poder no ambiente de trabalho. Em 2004, quarenta e três empregados do Departamento Estadual de Transportes de Kentucky foram suspensos ou despedidos por verem pornografia nos computadores do escritório. Uma monitoração de vinte e quatro horas descobriu que 212 aparelhos estavam sendo usados com essa finalidade num determinado dia.[12] Em 2002, uma varredura no Departamento de Transportes da Virgínia concluiu que dezessete funcionários acessavam a Internet por mais de duas horas diárias, à procura de sites pornográficos (quinze foram despedidos mais tarde e dois pediram demissão).[13] Numa empresa de fretes de Minnesota, em 2002, funcionárias acusaram colegas do sexo masculino de usar e-mails a fim de disseminar pornografia de um modo facilmente visível para elas no escritório, o que criava um ambiente de trabalho hostil.[14] Em fevereiro de 2004, uma diretora de auditoria do Health Science Center da Universidade do Texas, em Houston, demitiu-se depois que quinze investigações sobre visitas de empregados a sites pornográficos no trabalho redundaram em apenas quatro punições. Em sua investigação mais recente, dez empregados foram surpreendidos vendo pornografia; oito deles em sites de pornografia infantil. Frustrada, a diretora, Cynthia Davis, disse ser "perturbador" que um dos funcionários, dentista pediatra, contemplasse todas as manhãs cenas de sexo com pré-adolescentes e depois fosse tratar de crianças.[15]

É mais fácil, para os homens, sentir-se poderosos e no controle quando vêem pornografia. As mulheres que posam para pornografia só podem ser estúpidas, dizem muitos deles. Ou viciadas em drogas. Deve haver algo de errado com elas, do contrário não se venderiam para que estranhos gozassem. Nada mais natural, para os homens, do que sentir-se superiores a mulheres que não passam de alimento para as suas fantasias. Sandeep, o cirurgião traumatologista, jamais namoraria a sério uma estrela pornô porque não se interessaria por uma mulher com quem não quisesse se casar. "Eu não conseguiria encarar a minha mãe!", exclama, rindo. "Caramba, ela daria um chilique! Diria: 'Esta vagabunda faz sexo diante de uma câmera para o mundo inteiro ver. O que você está querendo?'" Sandeep não concebe como uma estrela pornô possa manter um relacionamento normal, ou pelo menos o tipo de relacionamento que ele deseja. "Acho que todas elas sofreram algum tipo de trauma sexual, se não de abuso, por parte de colegas de colégio." As dançarinas de *strip-tease* que conheceu no clube de Houston são todas "mais ou menos malucas" — se esse é o tipo de pessoa que gosta de desnudar-se ou se o próprio ofício as torna assim, ele não sabe. Mas, seja como for, não está interessado. Nem quereria jamais que uma filha sua entrasse nesse mundo. "Eu faria de tudo para impedir que a minha filha posasse para a *Playboy*", diz ele. "Diria a ela que existem outras maneiras de destacar-se e ganhar dinheiro sem ter de tirar a roupa. As únicas pessoas a quem isso abre as portas são aquelas para quem há poucas portas a serem abertas. Mulher alguma se realiza posando nua."

A pornografia não é apenas a instância em que os homens exercem controle sobre a própria vida; é a instância que convalida a sua virilidade. A pornografia *on-line*, com as suas janelas de mensagens e as suas salas de bape-papo, é particularmente eficaz para criar um espaço onde os homens possam fruir o erotismo num cenário em tudo e por tudo masculino. Como explicam os sociólogos Michael Barron e Michael Kimmel, "Os grupos de intercâmbio da Internet são o que mais lembra, no universo pornográfico, o vestiário masculino: um mundo, em certo sentido, inteiramente vazio de mulheres, um mundo em que os homens controlam todas as facetas da cena e onde as mulheres não se insinuam como seres corpóreos, mesmo nas formas altamente estilizadas das revistas e vídeos".[16] Um clima postiço e competitivo paira sobre as salas de bate-papo. Falando de mulheres como grupo, os homens as mantêm a distância, arvorando a sua masculinidade e exibindo a sua potência uns para os outros ou para si mesmos, quais galos levantando a crista numa rinha.

"Uau, gosto dessas asiáticas!", exclama um internauta num quadro de respostas a uma série de fotos *on-line* que mostram uma mulher semi-asiática, semi-caucasiana, identificada como "Kitana", espojando-se nua numa banheira. "Diabos", escreve outro homem, "pensei que se tratasse de Kitana Baker ... mas serve. Tem uma barriga respeitável!" Não é o único dessa opinião. "Parece que ela anda comendo muito sanduíche!!!", brada outro internauta. "Deveria aderir à cerveja *light*! Não tem peitos — é reta como uma tábua!!!" Um terceiro declara: "Ela não me impressiona. Talvez por causa do ângulo, não sei". Um tal "Drexel" concorda. Escreve:

> Estou confuso. Qual a idéia de beleza que vocês têm? Que qualidades são necessárias para mostrar os peitos nesse site? Quero dizer que não parece haver nada de extraordinário nessa senhorita: nem cabelos maravilhosos, nem beleza excepcional, nem atavios sensuais, nem seios opulentos ... Ela é como qualquer outra na banheira. Bonita, sim, eu a comeria e tudo o mais; contudo, posso encontrar pelo menos cinqüenta versões mais interessantes com uns poucos toques no teclado.

Mas há os que pensam de maneira diferente. "Quero comê-la, comê-la, comê-la!", escreve um homem que assina Root Boy. Outro fã de Kitana acrescenta: "Eu a devoraria", enquanto um tal Mr. Guy observa: "O que é aquilo no dedo dela? Uma aliança? Não quero partilhá-la com ninguém".

Outro site, outro fórum: uma loura tira o sutiã branco, depois a calcinha e, numa montagem quadro a quadro, acaba com as pernas abertas. Ela aparece de frente, de trás, de quatro, de costas, sempre sorrindo. "Não sei não, cara, o rosto dela é esquisito... Parece que os olhos e as sobrancelhas não combinam", escreve um observador. "Aonde foram parar os pêlos da xoxota?", pergunta outro. "A calcinha é da vovó", resmunga um terceiro, autoproclamado I Dig Chicks. E outro: "Os peitos dela são estranhos, os mamilos não estão bem no centro das auréolas. Acho que nunca vi isso antes". Ninguém parece gostar muito da loura. "Digam o que quiserem", escreve um homem que se intitula Half Mast Trousers, "mas não gostei nada daqueles tendões protuberantes entre as coxas, que sempre aparecem nas modelos anoréxicas. Para mim esses tendões mal devem destacar-se da carne macia." Quando um homem se queixa de que os outros estão sendo duros demais, um debate se acende na tela. "Qualquer puta que aparece pelada na Internet fica automaticamente imune às críticas?" "Já vi centenas de mocréias *on-line* que eu não cutucaria nem com vara longa ... Aliás, pensando bem, você está certo: a partir de agora, vou elogiar qualquer marafona remendada que aparecer no monitor."

Não é essa a avaliação estética que se esperaria de quem vê material pornográfico, nem de quem gosta de mulheres. Os comentários, nesses fóruns pornográficos, incidem geralmente em duas categorias: 1ª) o espectador gostaria de fazer sexo com a mulher mostrada ou não e 2ª) a imagem incita-o a masturbar-se e ele ainda disseca os atributos que o excitaram: a beleza do rosto, a curva das nádegas, a maquilagem perfeita... As mulheres se transformam em objetos a serem gabados, escarnecidos ou possuídos segundo o grau de atração que exercem. Esses debates podem parecer inofensivos, mas consolidam certas atitudes como a leviandade de julgar o mérito de uma mulher tomando por base unicamente a sua aparência.

Nem toda pornografia suscita tamanha controvérsia. Algumas imagens contam com aprovação quase universal. Uma moreninha de cabelos compridos, vestindo uma camisa masculina branca, pingando água enquanto sai da piscina, provoca uma verdadeira cacofonia de elogios entusiasmados: "Quando ela acabar de sair da piscina, quero secá-la todinha com a língua", escreve um homem que se assina Eat More Possum. "Esta é sem dúvida uma das melhores gatas que já vi", ecoa Cubansaltyballs. "Gostaria que ela perdesse o emprego e fosse obrigada a tornar-se *stripper* ... como todas as ex-atrizes pornôs que agora fazem isso aqui em Las Vegas." Os homens parecem gostar desta e, mesmo, desejar que ela não fosse apenas uma imagem de pornografia, mas uma mulher real que eles, de alguma forma, pudessem trazer para as suas vidas. "Eu a comeria", escreve outro admirador. "Eu a comeria inteira, essa é que é a verdade. Ela poderia chupar o meu pau quando quisesse. Eu até lhe lamberia o rabo. Sim, lamberia do rabo até o clitóris. Depois que ela gozasse várias vezes, treparíamos. A noite inteira, se ela pedisse. Depois, dormiríamos abraçadinhos." Mas a maioria dos comentários é do tipo: "Deus do céu", escreve Buckshot, "os seios dela ou são naturais ou um implante dos mais bem-feitos! Ah, a primeira foto, onde ela aparece sentada comprimindo-os com os braços cruzados! Tão inocente... Desculpem, vou até o banheiro e volto num minuto."

A Pornografia é Acessível, a Pornografia é Segura

Em comparação com o ato de masturbar-se vendo imagens pornográficas, o sexo com mulheres de carne e osso exige bastante esforço, às vezes tempo e dinheiro a rodo. Mulheres de verdade podem irritar-se quando o homem passa dos limites. Na pornografia, elas exigem isso: a excitação e a gratificação é o que conta. O contraste entre as demandas da conquista sexual de mulheres reais e a gratificação imediata da pornografia é suficientemente sedutor para subjugar muitos homens, pelo menos parte do tempo. Ou seja, eles podem ter a sua fatia de bolo sem calorias. "Não consigo imaginar como um homem que gosta de pornografia chega a achar o sexo real melhor, em vista de todos os dissabores que advêm da intromissão de uma mulher em nossa vida", queixa-se Frank ao participar de um debate *on-line* sobre o primado da pornografia.[17]

Os homens dizem que as mulheres subestimam o medo que elas e o desejo de fazer sexo com elas lhes inspiram. No mundo concreto, a mulher detém um poder: o de avaliar e rejeitar, bloqueando o desejo do homem e fazendo-o sentir-se inadequado, indesejado. O macho repelido, particularmente durante os anos de adolescência, quando mais apto está a descobrir a pornografia, vê-se sempre sujeito à humilhação e à frustração. Cada rejeição fica guardada no escaninho privado onde os homens escondem a sua preocupação com o excesso de pêlos no corpo e a insuficiência de salário; onde o orgulho tem de ser engolido e a humildade impera, acumulando os destroços emocionais da perpétua negação e frustração do desejo. Isso, por fim, se transforma no anseio emocional que os arrasta para a pornografia e para o inefável alívio da masturbação.

Face ao que parece ser um amedrontador controle por parte da mulher, os homens sentem frustração e até cólera. Austin, um músico de vinte e nove anos de Chicago, é um dos muitos que descrevem a experiência do "Dilema da Rua". Andando pela calçada, diz ele, você vê todas aquelas garotas com as quais gostaria de fazer sexo. "Isso, de certa maneira, o deixa enraivecido, embora não exageradamente. É um sentimento que sobrevém sempre que deparamos com outra mulher inacessível. Gostaríamos de ver todas elas nuas e sabemos que isso nunca vai acontecer. É realmente frustrante." Os rapazes falam desse tipo de coisas uns com os outros, explica Austin. "Você diz a um amigo: 'Deus do céu, vi uma mulher gostosíssima passar por mim hoje e a única idéia que me veio foi 'Foder!'" De fato, os homens podem admirar muitas mulheres, mas não pegar todas. Sempre haverá outras que cruzarão com eles para atormentá-los. Isso faz a vida parecer tremendamente injusta: muita tentação, pouca recompensa. Quando você é solteiro, não consegue conquistar a mulher que realmente deseja; quando é casado, fica preso a uma única mulher pelo resto de seus dias.

O apelo de pornografia voyeurística como *Girls Gone Wild*, uma franquia de vídeos que mostra mulheres jovens — a maioria, universitárias de férias — desnudando freneticamente os seios para uma multidão entusiasmada, consiste em capturar todas essas oportunidades perdidas. "A *GGW* lhe dá todos os seios de todas as garotas que você nunca apalpará pessoalmente", diz Austin. "Você, antes, nunca conseguiria contemplar todos os formatos de seios na vida real enquanto vivesse; agora, consegue." Austin, que nunca teve uma namorada firme e gostaria de casar-se algum dia ("Se você me perguntasse isso numa festa, eu provavelmente diria 'Se acontecer, aconteceu'; mas, cá comigo, penso que seria muito romântico casar-me. Tenho vislumbrado, em imaginação, o meu casamento e os votos que iria proferir"), afirma que a pornografia debela a angústia de não ter uma namorada. Vez por outra, quando está excitado, começa a preocupar-se: "Por que não tenho uma namorada? Quando terei uma? Quando a minha vida vai entrar nos eixos?" Austin explica que "masturbar-se vendo pornografia coloca tudo isso em perspectiva. Descubro que a minha excitação se mistura com inúmeras emoções e, após o alívio, tudo se dissipa. Em definitivo, a insegurança desaparece".

Robert Jensen, professor de Jornalismo na Universidade do Texas, Austin, estuda pornografia. A seu ver, a pornografia atrai os homens porque dá sem exigir esforço. Muitos deles, diz Jensen, usam a pornografia como uma forma de alívio sexual sem a exigência de amor e afeto típica da vida real.[18] Em outras palavras, a pornografia oferece explicitamente aos homens a opção do sexo sem risco, sem vulnerabilidade, sem mágoa em potencial. O psicoterapeuta David Marcus atribui o atrativo ao medo que os homens sentem de vivenciar emoções; a pornografia abre um vácuo no qual tais emoções são desnecessárias. "Muitos homens tendem a renegar as próprias emoções e a confiar cegamente na razão. São pessoas lógicas em tudo, que não conseguem conviver bem com o seu lado emocional. A pornografia, para elas, é a válvula de escape perfeita." Zach, o programador de vinte e três anos da Internet, tem uma teoria: muitos rapazes envolvidos com pornografia são provavelmente tímidos e não costumam sair com garotas. Acha que eles se sentem intimidados por mulheres reais e encontram imensa dificuldade em relacionar-se com o sexo oposto. Os aficionados da Internet talvez vejam mais pornografia que a maior parte dos rapazes: são, com freqüência, párias sociais ou doentes. "Cheguei a essa conclusão", admite Zach, "porque acho que eu mesmo sou assim." A experiência sexual de Zach foi muito limitada. Não manteve um relacionamento sequer por mais de um ano e, embora fale às claras sobre os seus hábitos pornográficos, hesita em reconhecer que não faz sexo há muito tempo. "É absolutamente patético", murmura pesaroso. "Tenho certa dificuldade em fazer amigos e conquistar mulheres. Viajo muito a trabalho e não é nada fácil manter um relacionamento." Sem dúvida, é um tanto complicado evoluir do conhecimento para a intimidade.

A beleza da pornografia é que não há nenhum empecilho no jogo amoroso. Os homens não deixam de ter ereção na hora certa, as mulheres não encontram dificuldade em chegar ao orgasmo e ninguém teme estar obeso, suar demais ou perder o fôlego. Se o homem quer possuir a mulher por trás, amarrá-la, pedir que ela o espanque ou o deixe ejacular em seu corpo, a mulher não titubeia nem objeta. Na pornografia, não há necessidade alguma de conversa na cama. Não se espera que o homem confesse o seu amor à mulher ou se levante para preparar-lhe o café da manhã. Ninguém tem verrugas nos genitais nem se preocupa com o vírus da AIDS. Ninguém engravida, quer casar-se ou marca um novo encontro para o próximo fim de semana.

A pornografia serve também de refúgio. O desejo de usar pornografia pode originar-se diretamente de alguma perturbação no relacionamento de um homem e, ainda, contribuir para agravá-lo. Tome-se um rapaz normal, sem história de problemas sexuais. Ele se sai bem com a parceira no início do relacionamento, quando está apaixonado, mas depois começa a enfrentar dificuldades de desempenho, como manter e ereção e controlar a ejaculação. Passa a sentir alguma ansiedade em seus contatos sexuais com a parceira. Pergunta-se que tipo de homem, afinal de contas, ele é. Assim, começa a masturbar-se vendo pornografia ou aumenta a quantidade que via até então. Nada mais fácil. Ninguém pergunta: "Querido, o que está havendo de errado? Você está bem?" Não existe possibilidade alguma de deparar com algo mesmo remotamente desagradável. Não há outra pessoa a satisfazer, o que é um imenso alívio. O rapaz se sente mais viril, mais potente. Pode acostumar-se com isso — e se acostuma. Depois, se e quando fica com a parceira, o sexo se torna ainda *mais* difícil que antes. A mulher não resiste à comparação. E a pornografia decerto não ajuda nada: o rapaz não aprendeu a satisfazer a parceira nem a comunicar-se melhor com ela. A sua disfunção sexual piora.

Desse modo, a pornografia pode ser muito segura, muito fácil. Para Sandeep, o cirurgião de Houston, ela é quase sempre tudo de que precisa: satisfaz-lhe o desejo de sexo em vez de estimulá-lo. Faz tempo que Sandeep não tem uma namorada firme. Ocasionalmente, fica deprimido por ainda não ter-se casado — está com trinta e um anos e amigos incontáveis já se "amarraram"! –, embora haja pedido a mão de três moças com quem saía. Parte do problema é que ele vive ocupado com o trabalho — tão ocupado que, "por sorte", às vezes precisa pôr a pornografia de lado. Não sobra tempo, o que talvez venha pelo melhor. "Deus me livre de ficar sentado consumindo pornografia horas a fio. Trata-se de uma fantasia e não se pode viver de fantasia o tempo todo, do contrário se perde a noção da realidade."

É bom para Sandeep escapar para o mundo lá fora, conhecer mulheres de verdade e "emplacar" ou ser rejeitado. "Vale a pena você ter essa experiência visceral de uma maneira ou de outra, para não perder a capacidade de conviver normalmente com as mulheres em cuja companhia gostaria de estar ou com quem poderia pelo menos encontrar-se numa situação erótica real", diz ele. Felizmente, Sandeep se dá bem nesse sentido com muita freqüência, pois venceu na profissão e tem uma vida social rica em Houston, de sorte que, aos trinta e um anos, já conta com cerca de cinqüenta ou sessenta parceiras sexuais em seu ativo. Nem todas as experiências eróticas foram satisfatórias, mas, quando a realidade deixa de satisfazer, Sandeep conjura imagens pornográficas em sua mente. "Houve vezes em que me senti tão entediado durante o sexo que precisei pensar em pornografia para apressar as coisas."

De vez em quando, admite ele, ainda "me sinto como se estivesse ligado na pornografia e não afastado dela. Em geral, isso tem a ver com alguma rejeição na vida real. Quando faço um certo investimento emocional numa mulher, ser rejeitado por ela abala a minha confiança". A pornografia torna-se então causa e sintoma. Se Sandeep está deprimido ou acha que não conseguirá convencer uma garota a sair com ele, fica em casa, senta-se diante do computador e vê pornografia. Isso ajuda a combater a frustração física de não ter a mulher real, embora não a frustração emocional. "Quando não saio e faço sexo, parece que vou explodir", diz Sandeep. "Já me perguntei se o uso da pornografia terá influído negativamente no meu equilíbrio emocional", confessa. "Mas duvido: eu *sei* que esse não é um pensamento positivo." Às vezes, a pornografia serve de advertência. "Se entro na Internet oito ou dez vezes por dia, percebo que preciso fazer alguma coisa para recuperar a confiança", prossegue Sandeep. "Então corro para a academia ou saio a passeio, encontrando ocasionalmente uma mulher que parece disposta a conversar comigo. Esse é o primeiro passo para arranjar uma parceira e recobrar a autoconfiança."

Eu Posso Pegar uma Atriz Pornô

Entrementes, a pornografia vai fazendo bandos de homens sentir-se melhor consigo mesmos, ainda que por pouco tempo. Divorciado, trinta e cinco anos, com dois filhos e sem diploma universitário, William, o funcionário de escritório de advocacia, não se acha capaz de atrair o tipo de mulheres que aparecem na pornografia. Com cerca de 1,70 m de altura e pesando uns 80 kg, está um pouco gordo ("Adquiri uns pneuzinhos"). Não tem dúvida alguma sobre por que a pornografia funciona para ele. "Olho para mulheres com quem nunca vou ter um caso", explica. "Então fantasio que as estou pegando." É uma boa compensação para o ego.

À diferença das mulheres da vida real, as garotas da pornografia parecem ávidas por entregar-se. Pelo menos segundo a experiência de William, as mulheres reais são quase indiferentes ao sexo. Sem dúvida, a atriz pornô é uma fantasia consciente, posto que elaborada, requerendo boa dose de fé. O primeiro passo é acreditar, embora por um fugaz instante, que as mulheres da pornografia desejam o espectador. Ainda que só num cantinho do cérebro, onde a razão não penetra e a imaginação comanda tudo, o homem precisa suspender a descrença (*Não, ela não é apenas uma imagem*; *Não, ela não faz isso só por dinheiro*) a fim de acreditar que elas vêem nele o que outras não conseguiram ver. É o mesmo cantinho do cérebro onde as adolescentes fantasiam que os integrantes de sua banda favorita vão preferi-las às supermodelos ao lado das quais são fotografados. Quando a garota fecha os olhos, pode adentrar um mundo onde não importa que ela tenha só catorze anos e o cantor trinta e dois, que ela passe o dia inteiro numa escola suburbana e ele more em Londres ou que ela nunca o tenha encontrado e provavelmente nunca o encontrará. Fantasia é irracionalidade pura, mas pode parecer muitíssimo real.

Na fantasia pornô, um rapaz já não é o chato de quem ninguém gostava no colégio ou o universitário desajeitado, sem traquejo para a vida social. Aos olhos da mente — a despeito dos poucos namoros e de uma história sexual confinada à garotinha da classe de matemática —, ele sempre conquistou as mulheres que desejava. Elas lhe dão o valor essencial a que todos, homens e mulheres, aspiram. O rapaz diz a si mesmo que aquilo não passa de fantasia, que a mulher é apenas a imagem de alguém que talvez até deteste homens, viciou-se em cocaína ou está transando com o operador de câmera. Mas prefere bloquear a mente a esses fatos desagradáveis, ainda que por apenas quinze minutos.

Na pornografia, as mulheres existem para agradar aos homens e, por isso, estão dispostas a fazer de tudo. Dominar ou sujeitar-se. Ficar caladas ou retrucar, gemer ou gritar, estremecer de raiva ou de gozo. Acomodam-se a tudo o que os homens querem delas: sexo anal, dupla penetração, orgasmos múltiplos. A atriz pornô é sempre acomodatícia; nunca se queixa se o homem demora muito ou pouco para gozar. O cabelo dela nunca fica preso sob os cotovelos dele e as suas coxas nunca se cansam. Excita-se com a maior facilidade, tem orgasmos naturais e regulares, mostra-se maleável. É o que o homem quer que ela seja: líder de torcida, enfermeira, dominadora, ninfomaníaca, virgem, adolescente, a melhor amiga da mamãe. É todas as mulheres da turma. É a garota da casa vizinha, a rainha do baile, a professora gostosa, a supermodelo, a celebridade. É também a mulher que sempre se retraiu porque era lésbica, frígida, temerosa do sexo, enfim, a beldade que não podia ser possuída. Agora ela gosta imensamente de sexo e nunca se satisfaz; nunca se satisfará sem *você*. É toda mulher que *deveria* adorar você. As mulheres, na pornografia, não discriminam ninguém — não importa a aparência do homem, se ele tem mau hálito ou não consegue manter a ereção. Decerto, pouco ligam para profissão, reputação ou história pessoal daqueles com quem transam. Cada encontro é um encontro, os parceiros se acolhem com agrado e partem com gratidão.

De todas as exigências para uma pornografia satisfatória, os homens em geral citam o aparente prazer recíproco como fundamental. Ela tem de *parecer* que está gostando; deve ser jovial, convidativa e descontraída, e induzir o espectador a pensar que ela faz o que faz porque quer, não porque está sendo paga. Mesmo quando as cópulas foram concebidas intencionalmente para parecerem forçadas ou dolorosas, muitos homens (há exceções) insistem em que a mulher não está *tão* incomodada assim. É claro que, quando ela grita ou se contorce, isso é mera interpretação. "As mulheres, na pornografia, agem como se o ato sexual fosse capaz de sacudir a terra todas as vezes, embora, falando realisticamente, isso nem sempre aconteça", diz Ethan. "Mas, mesmo assim, é fantástico — tamanho entusiasmo de fato me excita." Indagado sobre se a sua esposa era entusiasta do sexo, responde com voz sumida: "Sim, acho que sim". Mas acrescenta: "As mulheres, na pornografia, são diferentes e é aí que está o encanto. Gosto da aparência ingênua das garotas. O frescor da juventude, a suavidade da pele, o brilho do rosto..." A esposa dele, Candace, só tem vinte e nove anos, uma década a mais que o ideal do marido.

Ora, é Apenas uma Fantasia

Sem dúvida, a pornografia tem de ser encarada na devida perspectiva, insistem os fãs. "Não é que eu fosse namorar a sério uma atriz pornô", explica Ethan. "Essas mulheres não são do tipo que se possa trazer para casa e apresentar à mãe. A minha ficaria fora de si caso me visse saindo com uma devassa, uma criatura sem princípios morais. Além disso, como a maioria dos homens, sou muito ciumento. Se soubesse que ela iria fazer um filme pornô com outro cara, isso me deixaria maluco."

Ethan pretende conversar com os filhos sobre pornografia no futuro. "Quero mostrar-lhes que essas mulheres são transformadas em objetos e tratadas, em vídeos e filmes, de um modo que humilharia qualquer ser humano na vida real", diz ele. A sua filha, espera Ethan, não verá pornografia até entrar no colégio. "Direi a ela que agir como as mulheres agem na pornografia não é a maneira de agradar a um homem no mundo de verdade. Quero certificar-me de que ela aprenda que o valor de uma pessoa está em seu interior." Explicará à filha que, quando os garotos a olharem com concupiscência, estarão tratando-a como objeto, considerando-a apenas um naco de carne. Ela não deverá tolerar isso. *Ela* é que determinará como eles poderão olhá-la para não valorizá-la unicamente pelo sexo. Se os filhos de Ethan descobrirem que ele vê pornografia, explicar-lhes-á que papai ama mamãe por muitas outras razões que não a meramente física. Que não a vê apenas como uma válvula de escape sempre à mão para a sua sexualidade.

Candace, afinal de contas, não se parece em nada com as atrizes pornôs. De um modo geral, afirma Ethan, essas mulheres são vistas como receptáculos para o homem. Não estão em posição de controle. Homens mais fracos que ele podem ser afetados por semelhantes imagens. Outros, predispostos a ver mulheres a uma luz negativa, talvez tenham as suas idéias reforçadas pela pornografia. O segredo, conta Ethan, é reconhecer a fantasia. Em outras mídias, as mulheres são mostradas de modo diferente. Por exemplo, num comercial, a situação permanece na esfera da realidade. "Sabemos estar vendo um carro do qual realmente não precisamos, mas que se insere num ambiente com o qual podemos nos relacionar. Na pornografia, as situações fogem muito da norma. Nenhum homem vai atender a porta e encontrar uma garota em uniforme de bandeirante pronta para fazer sexo. Muitos homens — pelo menos os mais espertos — dirão que pornografia é pura fantasia."

As fantasias, é claro, também têm seu peso, concede Ethan. Se alguém assiste a uma cena pornográfica de estupro, a coisa muda de figura: "A fantasia pode tornar-se realidade". Mas que dizer de Ethan fantasiando, diante de uma tela, sexo com outra mulher — isso também não pode tornar-se realidade? "Sim, mas a minha fantasia de adultério machuca menos. Se se concretizar, seria horrível para mim e a minha esposa; mas mais horrível seria se uma fantasia de estupro se concretizasse."

No entanto, mesmo Ethan encontra dificuldade em manter tudo isso em perspectiva. Teme ficar viciado em pornografia, pois "ela é muito agradável e está por toda parte". Gosta de admirar uma garota nova diariamente, nunca a mesma duas vezes. "Notei que me excito mais com as mulheres que vejo na rua depois de uma prolongada exposição à pornografia", admite ele. "Não sei se isso se deve ao fato de estar envolvido num relacionamento monogâmico por tanto tempo, e conseqüentemente inclinado a procurar outras mulheres, ou ao fato de ter visto muita pornografia."

Homens há que não conseguem distinguir fantasia de realidade. Isso é fácil de conceber, porquanto as mulheres na pornografia são equacionadas com prazer sexual, mas eles continuam a ter esse prazer com mulheres de carne e osso também. Como podem as mulheres ser assim tão diferentes? Quem ensinará os homens a perceber a diferença? Para aqueles que têm pouco contato com o sexo oposto, as atrizes pornôs são tudo o que eles conhecem. Pelo menos, é dessa forma que pensa Gabe, de trinta e cinco anos. Dois rapazes de Houston, que ele conheceu primeiro pela Internet, têm um "problema pornô". Ambos estão na casa dos vinte, ambos são obesos, ambos vivem na área de Houston e nenhum sai muito de casa. Gabe os descreve como párias sociais que passam o tempo todo diante do computador, vinte e quatro horas por dia, vasculhando material pornográfico. "Não sei por que eles são assim", diz Gabe. "Acho que nenhum dos dois teve jamais uma namorada ou possuiu sexualmente uma mulher. Não aprenderam a conviver com as pessoas." Segundo a experiência de Gabe, será difícil arrancá-los da pornografia: sempre que ele os convence a sair, logo ficam ansiosos para voltar para casa. "Creio que, se você se fixar diariamente em algo, durante dois ou três anos, isso se tornará parte de sua rotina e começará a afetá-lo."

Mas o próprio Gabe não consome pornografia diariamente? Nos últimos cinco anos, não tem reservado vinte horas por semana a essa atividade? "Sim, acho que vejo pornografia tanto quanto eles, mas não o faço para masturbar-me", explica Gabe. "Entro na Internet com a intenção de me divertir. Um passatempo que foi se avolumando como bola de neve." Além de tudo, Gabe é cuidadoso. "Às vezes me ocorre que não devo ver pornografia demais", admite. Nessas ocasiões, ele se concede um prazo de trinta e seis horas, durante o qual nem chega perto da

Internet. Nos últimos dois ou três anos, tentou fazer uma pausa periódica, para voltar à realidade. Não bastasse isso, a namorada que tem há oito meses não gosta nada de vê-lo ocupado com pornografia — embora ignore o tempo que ele gasta e a circunstância de ser um fornecedor remunerado de *links* para websites. Quando o pilha em flagrante, faz comentários do tipo: "Por que você precisa olhar para outras mulheres?" ou "Já acabou?" Ele lhe diz que *não* precisa olhar para outras mulheres e está apenas matando o tempo.

Em certas épocas, Gabe gastava tanto tempo com pornografia que não conseguia realizar trabalho algum no escritório. Não saía. Não convivia o bastante com os dois filhos do primeiro casamento. Todas as noites, ia direto do trabalho para casa e entrava na Internet. Certa feita, chegou a navegar vinte e quatro horas seguidas. Ao cabo desse tempo, estava exausto. E depois que se encontrou com os dois viciados em pornografia, sentiu-se inquieto. "Meu Deus, você vai ficar como eles!", lembra-se de ter dito para si mesmo. "Tomei então uma decisão na hora. Iria dar um tempo, pelo menos de vez em quando. Tinha de me concentrar na vida real."

2

Como Chegamos Aqui: A Vida na Senda da Pornografia

Quando a pornografia começou a insinuar-se com tamanha abrangência no cotidiano das pessoas? Quando começou a espalhar-se e por quê? O enigma do ovo e da galinha volta à tona: o enorme crescimento da pornografia deveu-se à demanda crescente ou as pessoas se interessaram devido ao enorme crescimento da pornografia no mercado? A resposta tem um pouco das duas coisas. Para os fornecedores, a tecnologia criou meios novos e lucrativos de distribuição. Para os usuários, a distribuição cada vez mais ampla significa pornografia disponível como nunca antes: barata e livre, anônima e de acesso ilimitado. Além disso, dado o consumo crescente — *on-line*, em casa, nos canais de televisão, em telefones celulares, em automóveis, via e-mails —, as outras áreas de nossa cultura já não nos chamam tanto a atenção. A América tem pornografia na cabeça. Para que um meio de comunicação ou entretenimento consiga desviar a nossa atenção da pornografia, tem de ser muito bom, sexy, "quente", perigoso, ilícito, divertido, excitante, novo, variado, variado, variado...

Mal começamos a reconhecer as implicações do aumento da pornografia e o impacto de uma sociedade pornificada sobre as pessoas que vivem nele. Mal começamos a perceber o grau em que a revolução tecnológica das duas últimas décadas transformou o modo de produção e consumo de material pornográfico. Quem alega que a pornografia está conosco desde que os trogloditas desenharam cenas de fornicação nas paredes das cavernas ignora as vastas discrepâncias entre um mundo em que a pornografia era espiada às escondidas, em que garotas nuas apareciam no verso de cartas de baralho de pôquer, e a cultura de hoje, em que a pornografia — onipresente, aceita e glorificada — prospera a olhos vistos. E o poeta David Mura acrescenta:

> Atribuir o aumento da pornografia à demanda dos usuários é ignorar o que sabemos por experiência: se você caminha pela rua e depara com dez imagens de mulheres como objetos sexuais, poderá certamente repeli-las; mas também é verdadeiro que terá de gastar mais energia para repeli-las do que se visse apenas cinco, duas ou nenhuma. Presumindo-se que os seres humanos dispõem de uma quantidade limitada de energia, é óbvio que quanto mais imagens houver, mais difícil será para eles resistir-lhes, sem considerar o fato de gastarem energia também em outras atividades [...] Quanto maior a freqüência de tais imagens, maior a possibilidade de quebrarem a resistência das pessoas. Sabem-no muito bem, é claro, os envolvidos em publicidade e mídia; aceitam-no prontamente os consumidores — exceto quando se trata de pornografia.[1]

A nossa resistência já foi quebrada. A pornografia proliferou e o mercado forceja por manter o passo, sem se preocupar e sem fazer perguntas. Os homens consomem pornografia cada vez mais, em idade cada vez mais tenra; as mulheres se acomodam e procuram ficar à altura. O modo de usar pornografia, o sentimento que ela desperta, o grau em que ela afeta a vida dos homens, no aspecto sexual e em outros, tudo isso vai mudando rapidamente. Os altos e baixos, o ir e vir, a permanência *on-line* e, ocasionalmente, o êxtase agônico provocado por tudo isso — não importa de que modo se use a pornografia, não importa que ela seja ou não ignorada, trata-se de algo muito forte. Há aí algo mais que distração e fantasia. A fim de descobrir o porquê disso, precisamos entender como a cultura pornificada evoluiu e aonde está nos levando.

"Tudo não Passa de uma Fantasia Saudável"

Dave não consegue imaginar que alguém tenha problemas por causa de seu interesse pela pornografia. Ele a conheceu quando tinha dez anos, em 1980. A equipe americana de hóquei derrotara os soviéticos em Lake Placid e Ronald Reagan era o novo presidente. Paul McCartney fora detido por posse de drogas e os donos da famosa discoteca Studio 54 acabavam de ser condenados à prisão por sonegação de impostos. O musical *Grease* fazia furor na Broadway, o conjunto Police estava no topo da parada e *The Right Stuff*, de Tom Wolf, encabeçava a lista dos livros mais vendidos. Era a época de *The Empire Strikes Back* [O Império Contra-ataca] e *Ordinary People* [Gente como a Gente].

Mas, por esse tempo, Dave andava mais entusiasmado com o mundo secreto que descobrira no armário do pai: os últimos números da *Penthouse*, *Playboy* e *Hustler*. Mesmo naquela idade, Dave era tudo, menos um inocente sexual. Lembra-se de ter encontrado um exemplar da coletânea de fantasias sexuais de Nancy Friday uns dois anos antes e folheado *The Joy of Sex*, pertencente aos pais, obra fascinante para um garoto pré-adolescente. Foi o seu primeiro contato com a pornografia. Gostou muito. Logo depois, a família comprou um aparelho de vídeo. Em novas incursões ao quarto dos pais, Dave descobriu um pacote discreto de fitas pornôs misturadas com outras, respeitáveis. Assistiu a filmes como *Behind the Green Door* [Por Trás da Porta Verde] e *Tabu* quando sozinho em casa. Nunca disse nada aos pais e nunca foi apanhado. "Não creio que isso me tenha feito mal algum", declara a propósito de seu encontro aos dez anos com a pornografia.

Dado o suprimento do pai, Dave nunca sentiu falta de material quando desejava ver pornografia. Com efeito, só uma vez precisou comprar uma revista e isso muito depois de ter deixado o lar da infância em Ohio. A pornografia estava inteiramente disponível no dormitório de sua universidade da Ivy League, também. Ocasionalmente, alguém alugava uma fita e os rapazes se reuniam para uma "farra de vídeo pornô" diante de um aparelho emprestado. Era tudo muito descontraído.

No entanto, após a formatura, já não havia mais vídeos à mão, ninguém para emprestar um videocassete e nenhum armário paterno onde vasculhar. Dave comprou o seu primeiro e último material pornográfico numa lojinha suja de Manhattan, depois de se mudar para Nova York a fim de trabalhar no ramo de finanças. Escolheu um pacote envolto em plástico com três revistas de alta qualidade que mostravam na capa dois casais fazendo sexo. Na contracapa, via-se uma mulher sugando um pênis em plena ejaculação. Dave pagou, foi para casa e abriu o pacote para ver outras imagens fortes. Folheou o seu novo tesouro de fotos e masturbou-se. Sempre que o desejo o pungia, desengavetava o pacote. Esse acervo único de fotografias durou pelos próximos quatro anos.

Todos os rapazes vêem pornografia, assegura Dave. Só não o fazem por medo de serem apanhados. Ou então, teoriza ele, são o tipo de pessoa que tomou a decisão consciente de não ver pornografia por razões religiosas ou em conseqüência de algum distúrbio. Afinal, não há meio de a pornografia não atrair os jovens.

"Acho que é natural, tanto nos homens quanto nas mulheres, a curiosidade e o interesse pelo sexo", afirma Dave. "A pornografia é um manancial fácil para matar a sede de erotismo."

Dave estima que pelo menos um terço das mulheres veja pornografia e aprova essa tendência. "Sou feminista", esclarece. "Mais feminista do que muitas de minhas amigas. Acredito piamente na capacidade das mulheres, defendo direitos e oportunidades iguais — na política, no trabalho e em todas as outras esferas." Num mundo ideal, diz ele, homens e mulheres seriam tratados da mesma maneira, e da mesma maneira, ou quase, encarariam o sexo e a pornografia. Na realidade, contudo, "por natureza e educação", "os homens pensam na pornografia e no sexo de modo diferente".

A sexualidade não é aviltante para as mulheres, apressa-se Dave a esclarecer. "Se você definir a pornografia como imagens de pessoas fazendo sexo, isso não é nada degradante. É sexual, não sexista." Só porque uma mulher é mostrada de um modo sexual, não quer dizer que a imagem seja sexista, já que também o homem aparece da mesma maneira. "Defino feminismo como tratamento igual. Por isso, sempre inverto a situação na mente. Examino a pergunta 'É aceitável para o homem contemplar imagens sexuais objetificadas da mulher?' indagando a mim mesmo: 'É aceitável para a mulher contemplar imagens sexuais objetificadas do homem?' e respondo a ambas com um sim — desde que o espectador compreenda a diferença entre fantasia e realidade."

O feminismo, na definição de Dave, proporcionou às mulheres uma posição mais saudável sexualmente. "Gosto de vê-las desafiar a hipocrisia do garanhão/puta conquistando inúmeros homens e publicando uma revista de imagens de homens para mulheres. Alguns dirão que estou 'rebaixando' as mulheres ao nível dos homens, mas o que é bom para João é bom para Maria. Caso o modo como homens e mulheres estão convivendo tornar-se igualmente desagradável, eles o perceberão e tentarão mudar de atitude."

A *Playboy*, concorda ele, exibe muitas imagens e idéias sexistas. "Fala-se ali em mulheres à cata do dinheiro dos homens e essa é uma noção extremamente preconceituosa", explica Dave. "Creio bem que a concepção toda de que as mulheres não passam de brinquedos para os homens tem conotação sexista." Entretanto, nem todos os rapazes pensam nisso quando folheiam a *Playboy*. Talvez só um pouquinho. "Sem dúvida, há um subtexto", admite ele. "Tal qual sucede quando garotos vêem violência no cinema ou na televisão." Dave suspira e arrisca uma analogia: "Se os seus filhos estão assistindo a um filme violento e você, ao lado, não lhes explica a diferença entre fantasia e realidade, eles talvez achem difícil separar as duas coisas". Não há nada de errado com as imagens de violência quando as pessoas refletem criticamente sobre elas e reconhecem que são pura invencionice, essa é a opinião de Dave. Muitas pessoas, é claro, não pensam criticamente, por isso alguns pivetes correm para a escola a fim de fuzilar colegas. Mas, conclui Dave, embora a imagem sexual contenha um elemento de humilhação, se você parar para pensar a respeito e concluir que se trata de mera fantasia, ela pode ser encarada de uma maneira saudável.

O Suprimento: Pornografia S/A

A pornografia foi longe: algo que era considerado prejudicial e secreto hoje passa por exercício saudável da imaginação. Como disse Larry Flynt num editorial do *Los Angeles Times*, em 2004, "A indústria de filmes adultos da Califórnia do Sul não é mais dirigida por velhos sórdidos nos fundos de um barracão imundo. Hoje, no Estado da Califórnia, o entretenimento 'XXX' é um negócio que vale de nove a catorze bilhões de dólares, gerenciado com o mesmo zelo e atenção aos detalhes que você encontrará na GE, Mattel ou Tribune Co".[2] A pornografia deve à revolução tecnológica dos últimos vinte anos muito de sua prosperidade. Quer ela incentive a adoção de recursos tecnológicos pela indústria do entretenimento, quer os recursos tecnológicos ajudem a disseminá-la, existe aí uma relação simbiótica que dilata o alcance da pornografia a cada aperfeiçoamento.

Em 1973, havia menos de mil teatros adultos em todo o país. Nos anos 80, o Betamax e o VHS provocaram o primeiro salto à frente. O rapazola já não precisava esgueirar-se para o teatro pornô, rezando para não topar com a ex-namorada, esposa ou mãe — ou, valha-nos Deus, com o patrão. Agora, podia degustar pornografia no aconchego de sua própria casa. Segundo a publicação de negócios *Adult Video News*, em 1986 uma em cada cinco fitas de vídeo era da categoria adulta e 1.500 filmes eróticos invadiam anualmente o mercado; de 1985 a 1992, o negócio cresceu de $75 para $490 milhões.[4] Hoje, um entre quatro americanos adultos admite ter assistido a um filme pornô no ano anterior e quatro bilhões de dólares são gastos anualmente em videopornografia nos Estados Unidos — mais do que no futebol, no beisebol ou no basquetebol. Os americanos alugam mais de oitocentos milhões de vídeos e DVDs por ano (cerca de um em cada cinco do total alugado) e a pornografia deixa os quatrocentos novos filmes produzidos por Hollywood bem longe, com os seus onze mil lançados anualmente. O total anual da renda estimada para a indústria de filmes adultos aumentou de cinco para dez bilhões.[5] Não causa surpresa que a Columbia House — fornecedora, pelo correio, de "12 CDs por 1 centavo" — esteja divulgando o Hush, videoclube pornográfico que venderá por mala direta e Internet, em associação com a Playboy Entertainment.[6]

A indústria de filmes adultos é tão bem-sucedida — e atraente para novos empresários — devido, em parte, à alta margem de lucro. Vender sexo é barato. A maioria dos filmes pornográficos tem um custo de produção de cinco a dez mil dólares, verdadeira insignificância perto dos orçamentos de $150 milhões dos grandes sucessos de Hollywood. Mesmo os da mais alta qualidade, como os mostrados no Playboy Channel, custam somente cem mil, uma fração do que se gasta na promoção de lançamentos comuns.

A pornografia é um investimento extremamente rentável não apenas para os produtores, mas também para as operadoras de TV a cabo e por satélite. A programação pornográfica é hoje responsável por 25/30% dos lucros dos canais pagos, ou seja, um total de um bilhão de dólares por ano.[7] Enquanto empresas como a Comcast e a EchoStar têm de pagar à CNN e à Showtime, por seus conteúdos, com o dinheiro arrecadado dos assinantes, os conteúdos do Playboy e outros canais adultos são fornecidos gratuitamente, de sorte que apenas uma parcela dos lucros proporcionados pelos assinantes de TV a cabo — de 5 a 20% — vai para os bolsos do fornecedor de entretenimento adulto. Em 2002, ao que se diz, a Comcast ganhou cinqüenta milhões de dólares com a sua programação pornográfica.[8] Os analistas calculam que a AT&T Broadband provavelmente auferiu entre oito e vinte milhões por mês com entretenimento adulto.[9] "Essas empresas escamoteiam muito os números", explica Michael Goodman, analista de TV a cabo e por satélite do Yankee Group, em Boston. "Mas, quando a coisa pega, o conteúdo adulto pode fazer a diferença entre lucrar e perder. Muito dinheiro está sendo hoje ganho dessa maneira."[10]

A pornografia televisiva também é compensadora, no ramo de viagens e turismo, para cadeias como Holiday Inn, Marriott, Hyatt, Hilton e Sheraton. Considerando-se que metade dos hóspedes encomenda filmes pornográficos por canais pagos, as portas estão abertas para o setor. Esses filmes pagos compreendem 80% do entretenimento dentro dos quartos e 70% da renda total proporcionada pela hospedagem. Os hotéis lucram de 5 a 10% sobre os $8,95 de cada filme pedido pelos hóspedes — o resto vai para empresas como a LodgeNet ou a On Command, que fornecem a programação.[11]

Com tantos produtores, programadores e distribuidores no jogo, a variedade de opções pornográficas aumentou. Assim como os assinantes de TV a cabo agora têm o seu Discovery Adventure Channel e o seu HBO Zone, os fãs de pornografia podem escolher entre Spice Platinum e Hot Zone. A programação tornou-se mais e mais obscena com o tempo. Outrora, exibia-se material classificado como "R" (leve) e "X" (pesado), mas hoje a penetração vaginal e o sexo anal são coisa corriqueira na programação adulta. Quanto mais forte o conteúdo, mais alto o preço; os consumidores são instados a pechinchar.[12]

Esse universo vai inflando cada vez mais. Em 1998, o Playboy comprou o Spice Entertainment, que consistia de dois canais, Spice (mais explícito que o Playboy Channel) e Hot Spice (o primo ainda mais explícito). Depois o Playboy distanciou-se da aquisição, permitindo que o Vivid Video controlasse o Hot Spice com opção de recompra, mas essa inconstância é coisa do passado. Há pouco, a companhia retomou o controle do Hot Spice sem nenhum escrúpulo e tentou ainda atualizar o seu canal principal. Após pesquisar grupos de enfoque em 2004 e descobrir que a maioria esmagadora dos usuários ansiava por conteúdo mais forte, o Playboy TV lançou uma campanha publicitária cruzada para combater o "equívoco" segundo o qual era mais comedido que outras redes. A nova campanha, com o *slogan* "Pronto para Tudo", dirige-se a "jovens que exigem ser livres para fazer o que querem e até um pouquinho mais de vez em quando", explica o vice-presidente de marketing.[13] O analista de entretenimento Dennis McAlpine, da corretora Auerbach, Pollak & Richardson, esclarece que algumas operadoras a cabo ainda não se animaram a cruzar a soleira entre "programação adulta aceitável", que diz incluir penetração, sexo oral, sexo anal, sexo grupal e sexo homossexual, e "pornografia". Sexo anal então não é pornografia? Segundo McAlpine, materiais desse tipo eram "de fato considerados pornográficos, mas boa parte deles já se tornou socialmente aceitável. Por isso, saíram da esfera da pornografia. Ou, de outro ponto de vista, a linha que dividia o aceitável do inaceitável deslocou-se acentuadamente para o lado explícito".[14] Sem dúvida, as portas para o mercado livre da pornografia escancararam-se de vez.

"As Pessoas não Deveriam Ser Tratadas Assim na Vida Real"

Dave prefere um mundo em que a liberdade prevaleça. "Acho que a censura é sempre uma opção ruim porque o que se desaprova hoje se procura amanhã, tomando gosto de fruto proibido. Além disso, a censura governamental a certos textos ou imagens gera apoio governamental implícito a outras formas de imagens e textos, o que pode levar ao sexismo e à intolerância de Estado. Em vez da censura, prefiro um mundo onde as pessoas discutam os seus valores com os filhos e entes queridos", explica.

Dave planeja estender um dia esses valores à sua própria família. "Se descobrir que o meu filho ou a minha filha estão vendo pornografia, vou sentar-me com eles e perguntar-lhes o que sentiram ao contemplar aquelas imagens", garante. "Vou lhes contar o que eu mesmo sinto. E vou certificar-me de que compreendam que aquelas imagens são mera fantasia — que o que viram as pessoas fazer no filme não é o que as pessoas deveriam fazer na vida real. Se o meu filho ou a minha filha assistiu a um filme onde uma mulher era brutalizada sexualmente por um homem (ou um homem era sexualmente brutalizado por uma mulher), quero ter uma conversa com um ou outro, dizendo: 'O modo como ela ou ele foi brutalizado é horrível e condenável. Compreendo que você se excite, mas sabendo que aquilo é pura imaginação e não a maneira como as pessoas devem ser tratadas no mundo real'." Se a sua filha lhe comunicasse que iria posar nua para uma revista ou aparecer num filme pornô, Dave não se oporia abertamente. "Mas pediria a ela que pensasse um pouco mais no assunto, porque o que fosse fazer ficaria exposto aos olhos do público para sempre. Arrepender-se depois não adianta. É como fazer uma tatuagem."

Dave quer casar-se e ter filhos. Está apenas esperando a mulher certa. Tem os seus padrões de exigência. Se, por exemplo, uma namorada lhe pedisse para não ver mais pornografia, isso seria um desastre. Ou melhor, atalha ele, seria um desastre se ela tivesse "vistas curtas" e um conceito muito acanhado de erotismo. Mas e se a namorada lhe explicasse que rejeitava a pornografia por questões ideológicas ou achava essa prática ofensiva às mulheres? "Creio que nos enfronharíamos numa discussão daquelas", prevê Dave. Mas talvez não haja problema algum. Talvez ele e a futura esposa acabem consumindo pornografia juntos.

"Já ouvi gente insinuar que ver pornografia é trair", prossegue ele, "e isso me parece uma idiotice." A traição é uma transgressão emocional, não física. "Se um homem casado passasse uma noite inteira conversando animadamente com outra mulher, isso seria mais traição do que se ele fizesse sexo insípido com uma prostituta." Atribuir significado emocional à pornografia é demais para Dave.

No curso de seus trinta e quatro anos, Dave teve um total de dezoito parceiras sexuais. Ele e a última mulher que namorou a sério — por seis meses — romperam há cerca de sete. Algumas garotas de Dave sabiam que ele gostava de pornografia. "Partilhar a minha pornografia com uma namorada é coisa muito íntima", explica ele. Em geral, guarda para si mesmo os seus sites favoritos. "Só me abri com duas namoradas em quem de fato confiava. Era franco com elas. Ambas se interessavam por ver o material que eu tinha e víamo-lo juntos. As duas afirmavam gostar e isso me agradava. Com as outras, eu mantinha silêncio e o assunto nunca veio à tona." A mulher com quem Dave está saindo agora é uma das que lhe merecem plena confiança. Estão se encontrando há alguns meses e Dave acha que o caso pode se tornar sério. "Foi uma conversa de cama", lembra ele como que num devaneio. "Ela queria saber do que eu gostava e não gostava." A namorada já viu alguns dos sites que ele visita com freqüência. Juntos, porém, ainda não assistiram a nenhum filme realmente pornográfico. "Creio que seria... um passo muito comprometedor", hesita Dave.

Nem todas as suas fantasias combinam. A nova namorada confessou o seu interesse por cenas de sexo anal e grupal. "Ela quer fazer sexo anal mas eu não posso concordar, não me sinto à vontade com isso de modo algum." Ela também já discutiu com Dave as suas fantasias de ser estuprada e espancada, e de ver outras mulheres nessa situação. "Obviamente, ambos sabemos que na verdade ela não quer ser violentada", diz Dave. "Ela sabe que é errado. Tudo não passa de um devaneio." Cenas de estupro desagradam a Dave, mas ele compreende por que elas podem ser excitantes para outras pessoas, "desde que distingam nitidamente realidade e fantasia". Em outros pontos, Dave e a namorada estão de pleno acordo. "Ela gosta de sexo violento, que machuque mesmo — até na vida real", gaba-se. Com isso Dave pode concordar.

O Suprimento: Pornografia.com

Segundo um amplo estudo da pornografia em diversos meios de comunicação, a cada avanço tecnológico ela se torna mais violenta e polêmica. Por exemplo, num levantamento aleatório de material pornográfico, 25% das revistas especializadas mostravam alguma forma de violência, desde agressão verbal a tortura e mutilação, ocorrendo o mesmo com 27% dos vídeos. Nos sites pornográficos da Internet, 42% do tempo são reservados à violência.[15] "Diríamos que, assim como o consumidor individual de pornografia se cansa de certo nível de crueza e precisa de mais, o mesmo sucede ao mercado considerado como indivíduo", observam os responsáveis pelo estudo. "Quanto mais a pornografia é consumida em determinado nível, menos excitante o material se torna, pois o usuário se acostuma com ele e logo se sacia. A saciedade o induz a buscar formas mais novas, mais explícitas e mais violentas de erotismo que o possam excitar de novo."[16] Os autores do estudo concluem então: à medida que novas tecnologias pornográficas aparecem, a pornografia se torna mais violenta — tanto para satisfazer demandas antigas quanto para projetar o usuário no nível seguinte. Essa pesquisa foi feita ao final dos anos 90, ainda no começo da era da Internet.

Indubitavelmente, a Internet é a grande força propulsora — talvez a maior de todos os tempos — por trás da disseminação da pornografia. O impulso pode ter sido dado inadvertidamente por uma combinação de profissionalismo, fama e amadorismo: o marco que foi o vídeo pornô de Pamela Anderson e o seu então marido Tommy Lee, que passa por ter cativado mais usuários *on-line* do que qualquer outro evento do gênero. A pornografia não apenas conquistou novos assinantes e instituiu os primeiros sistemas pagos *on-line*, como encorajou o uso da Internet e apressou a adoção da banda larga. A pornografia promoveu a Usenet e outras redes como Kazaa, Brokester e Bit Torrent, quando os usuários aprenderam a baixar, copiar e transmitir arquivos pornográficos.

O impacto da Internet na pornografia é, de seu lado, uma categoria em si mesma. A Internet internacionalizou amplamente o mundo pornográfico a tal ponto que falar de fronteiras com relação à produção e ao gosto já não tem sentido algum. Os americanos consomem os mangás (desenhos) japoneses e babam para fotos de garotas holandesas nuas. Mulheres russas são exportadas para praticamente o mundo inteiro, complicando ainda mais as dimensões do tráfico sexual internacional. Pornografia infantil invade a Austrália de todas as partes do globo. Homens do Canadá podem visitar bordéis de Bangkok no conforto de seus gabinetes domésticos. O mercado cresce assustadoramente. Examine as estatísticas: os números chegam a confundir. Segundo a empresa de filtragem N2H2, há cerca de 260 milhões de páginas pornográficas na Internet, um aumento de 1.800% desde 1998. Em abril de 2004 a Websense, provedora de *software* de gerenciamento de pessoal pela Internet, revelou que o número de sites pornôs em seu banco de dados URL aumentou dezessete vezes em quatro anos, passando de 88.000 em 2000 a quase 1.600 milhão em 2004.[17]

Desde o surgimento, nos anos 80, da Usenet, um serviço de boletins entre tecnólogos e acadêmicos, a pornografia tem sido um dos itens mais amplamente comercializados *on-line*, popularizando-se na medida da capacidade gráfica dos *softwares*. Um estudo feito em 2001 pelo governo federal encontrou mais de 25 mil arquivos pornográficos imiscuídos em seus programas.[18] Hoje, em redes de associados como a Kazaa, 73% de todas as buscas de filmes são por pornografia (24% só por pornografia infantil).[19] E estima-se que vinte e dois milhões de crianças usem regularmente redes desse tipo. A quantidade de pornografia livre que passa de computador para computador aumenta cada vez mais. Outro estudo, conduzido pela Big Champagne, empresa de avaliação de Los Angeles, descobriu que em março de 2004, 51% de todos os arquivos de vídeo partilhados nas redes eram pornográficos, em comparação com os 42% de setembro de 2003.[20]

Impulsionada por uma combinação de acessibilidade, anonimato e disponibilidade, a Internet fomentou o consumo de pornografia — trazendo novos consumidores (inclusive crianças), encorajando usuários antigos, estimulando a passagem de material de sexo leve para o de sexo pesado e lançando incautos no torvelinho da compulsão erótica. Apareceram na Google o tipo "XXX" e 106 milhões de páginas, contra 76 milhões há seis meses. Um estudo de 2004 constatou que sites pornográficos são visitados três vezes mais freqüentemente que a Google, Yahoo! e MSN juntas.[21] A pornografia tem até o seu portal de busca à maneira da Google, o Booble.com ("Brinque com os nossos seios [*boobles*]"), que atrai mais de um milhão de visitantes por dia.[22] Acadêmicos e psicólogos criaram todo um campo de sociologia do sexo virtual. O Computer Addiction Center do Hospital McLean identificou o "cibervício", síndrome freqüentemente associada à pornografia, e títulos como *Infidelidade na Internet: Relacionamentos Virtuais e Traição Real* e *Sexo Virtual à Mostra: Simples Fantasia ou Obsessão?* atulharam as livrarias em anos recentes.

"Foi aí que a Coisa Mudou de Figura"

Por volta de 1996, Dave, que usa muito o computador no trabalho, começou a ver pornografia *on-line*. No princípio procurava fotos comportadas e depois — sobretudo quando instalou banda larga em casa, há mais ou menos quatro anos — passou para os videoclipes. Hoje, quase que só assiste a vídeos. "E de graça. Nunca paguei para ver nada."

"Bem, acho que foi aí que a coisa mudou de figura", começa ele, um tanto hesitante. No princípio sentia-se satisfeito folheando revistas, que conservava por muito tempo. Assim, quando conheceu a pornografia pela Internet, começou também com fotos leves, geralmente de garotas nuas. Mas não tardou a descobrir imagens em movimento e, tendo visto o que estava disponível, ficou espicaçado.

"Quis então ver atos sexuais de verdade, material pesado, principalmente sexo grupal", diz Dave. Havia muito material desse à mão e muito mais a ser encontrado. A Internet propiciava exploração, voyeurismo e descoberta sem limites.

Dave afirma que as suas preferências em matéria de sexo são "carnais": *vivas, diretas, pesadas* são os adjetivos que emprega para descrever as imagens em *close-up* que aprecia. "A idéia de sexo oral, vaginal e anal ao mesmo tempo me fascina." O que mais gosta é de sexo grupal. "Sim, gosto especialmente de vários homens com uma mulher ou de várias mulheres com um homem", confirma. Dave ficou surpreso ao descobrir quanto aprecia a "tomada áurea" — imagens em que um homem aparece ejaculando sobre o corpo de uma mulher. O estilo pornográfico japonês chamado *bukkake*, que tipicamente mostra vários homens ejaculando sobre uma garota — a qual, quase sempre, geme ou grita de prazer — é dos mais excitantes para ele. "Nunca tinha visto isso na Internet", confessa Dave. "Acho que se passa facilmente de mulheres nuas para coisas como o *bukkake*."

Mas alto lá, ressalta ele, não é que gostaria necessariamente de fazer na vida real aquilo que gosta de ver na pornografia. "Acho excitante assistir a cenas de sexo grupal, mas nunca o pratiquei de verdade", ressalta. "Se as condições fossem favoráveis eu me arriscaria, mas não acredito que isso vá acontecer. No mundo real, existem as chamadas dinâmicas pessoais. Tudo acabaria provavelmente em embaraço, quando não numa crise de relacionamento." O que atrai é a fantasia: "A completa carnalidade do ato, a pletora dos sentidos. É só um por cento físico".

Um minuto passa em silêncio. Depois: "Você, como psicóloga, talvez ache que eu tenha um problema por não conseguir envolver-me emocionalmente com mulheres", murmura pensativo. "Já fui acusado de indiferença por amigos e ex-namoradas. Dizem que reluto em abrir-me. Mas não creio que isso se deva à pornografia ou que o fato de ser assim me arraste para ela. Sou, penso eu, apenas um sujeito que tem interesse e curiosidade por imagens de sexo grupal."

Recentemente, Dave topou com o que considera "imagens brutais e perturbadoras" de mulheres transando com homens de pênis enormes. A intensidade da excitação surpreendeu-o. "Basicamente, os homens estão trepando com os rostos das mulheres e elas ficam sufocadas pelos cacetes, o esperma escorrendo do canto dos lábios porque são muitos parceiros, um depois do outro", descreve ele. "Mas essas imagens aparecem em sites onde você sabe o que vai encontrar, pois eles têm nomes como Fuckerface, CockBrutality e Meatholes." Dave dá uma risada súbita. "Sei, objetivamente, que isso é horrível, mas devo admitir que algumas imagens excitam mesmo."

"Vou parecer ridículo", prossegue, "mas prefiro imagens em que a mulher está deitada de costas, com a cabeça inclinada para o chão enquanto o homem insere o pênis em sua garganta." Dave também gosta quando a mulher é estimulada ao mesmo tempo e faz sexo oral simultaneamente. "Acho ótimo o conceito de prazer e tortura concomitantes", esclarece. "Excita-me ver a garganta dela ser usada para o homem gozar." Em compensação, a "pura imagem" de um sujeito "ejaculando" enquanto a mulher cerra os olhos e abre a boca é "uma chatice". Parece, de algum modo... comum. "Entretanto, se a mulher faz sexo enquanto outros homens ejaculam sobre ela, besuntando-a toda — na face, nos seios, no corpo –, ah, isso é realmente bom!"

Esse divertimento, contudo, de certa forma o aborrece. "Sei que muitas dessas práticas violam a dignidade da mulher", admite. "Quando percebi que me excitava demais com, por exemplo, o *bukkake*, forcei-me a parar e a separar bem as coisas em minha cabeça. Pensei: 'Sim, trata-se de uma fantasia agradável; mas não, não é assim que eu quero estar com uma pessoa'. Gostaria que mais gente parasse e refletisse como eu."

O Suprimento: Pornografia por Toda Parte

Depois de invadir o lar e o escritório, a tecnologia pornográfica vai adiante, agora a uma velocidade de cem quilômetros por hora. A última opção é "direção sacana". Graças a aparelhos de DVD embutidos, as pessoas podem ver vídeos pornográficos no conforto e semiprivacidade (dependendo da tonalidade dos vidros) de seus automóveis. O número de carros equipados com esses aparelhos e o de passageiros que os usam para fins pornográficos é desconhecido, pois muitas pessoas os instalam depois de comprar o carro. Seja como for, sistemas de entretenimento acham-se agora disponíveis em 381 modelos de veículos; metade dos compradores da perua Nissan Quest, em 2004, pediu o sistema DVD.[23] Esses carros circulam por rodovias interestaduais e estradas de zonas rurais onde, a olhos vistos, brotam "superlojas" de pornografia que se aproveitam dos baixos preços dos terrenos e das altas margens de lucro sob bandeiras como Lion's Den Adult Superstore e X-Mart Adult SuperCenter — empórios tão brilhantemente iluminados e ricamente sortidos quanto os convencionais.

Para aqueles que preferem bater papo ao telefone durante as viagens, os fornecedores de pornografia têm a solução: sacanagem pelo celular. Na primavera de 2004, cerca de cinqüenta companhias, na esteira de grandes empresas de telecomunicações como Vodafone e Hutchison, já oferecem esses serviços na Europa. Estima-se que a pornografia por celular, na Europa ocidental, montou a $1,5 bilhão em 2005 — cerca de 5% do mercado de telefonia móvel.[24] A América se esforça por alcançar essa marca. Uma certa quantidade de material adulto, na maioria textos ou simples desenhos, está disponível por celular desde o final da década de 90 nos Estados Unidos. Agora, com mais aparelhos de telas coloridas, câmeras digitais e *browsers* da Internet, as empresas de tecnologia dispõem de meios mais sofisticados para disseminar conteúdo pornográfico. A XTCMobile.com, por exemplo, pode transmitir videoclipes de dois a quatro minutos de duração, telas protetoras pornográficas e jogos "eróticos", além de simulações de gemidos e sussurros (mais essa!) — tudo por $7,99 mensais. "Ligue para mim, ligue para mim", insiste o site da companhia, mostrando fotos e desenhos de atrizes pornôs por entre um piscar convidativo de luzes vermelhas. A empresa lançou três canais por telefone na primavera de 2004. Outra fornecedora de entretenimento adulto, a VTX, oferece o PocketJoy, ferramenta para baixar imagens no celular.

As empresas de pornografia também usam a tecnologia sem fio como veículo para publicidade e promoção, anunciando filmes e sites, além de produtos e serviços correlatos. Ao todo, espera-se que a pornografia sem fio gere algo entre $1 bilhão e $6,6 bilhões em 2007, segundo analistas de telecomunicações.[25] Avanços tecnológicos ocorrem todos os dias. Já despontam no horizonte os centros pessoais de mídia, um produto da Microsoft que permitirá baixar e ver vídeos em aparelhos portáteis. A pornografia está cada vez mais disponível em uma série de ferramentas móveis; bem a tempo para as férias de 2004, o Playboy.com lançou o "iBod", fotos pornográficas gratuitas para uso no equipamento iPod da Apple. A firma de consultoria The Yankee Group estima que, ao todo, o mercado de pornografia sem fio gerará cerca de $90 milhões dentro de quatro anos, com quinhentos mil consumidores nos Estados Unidos e oito milhões no mundo inteiro em 2008.[26]

Alimentada pela expansão tecnológica dos últimos vinte anos, a indústria da pornografia ganha montanhas de dinheiro. Orgulha-se de sua feira e de sua publicação anual; emprega lobistas, advogados, contadores, profissionais de marketing, gurus da Internet e analistas industriais. O negócio da pornografia faz transações na NASDAQ e na Bolsa de Valores de Nova York. Embora as estimativas variem muito, o que se deve em parte à natureza ainda clandestina e às práticas comerciais escusas do ramo, as rendas totais anuais chegam provavelmente a $10 bilhões por ano, podendo atingir $20 bilhões só nos Estados Unidos. (Um dos motivos pelos quais se torna difícil obter cifras é que a indústria conta com inúmeras empresas ilegais e privadas, enquanto firmas de capital aberto como a AT&T e a Time Warner, que investem substancialmente em pornografia por intermédio de seus canais a cabo, não revelam os números de seu negócio adulto.)

Os impérios da pornografia continuam ampliando o seu raio de ação. Em 1972, Larry Flynt entrou no ramo com o lançamento da modesta revista *Hustler*, um avanço ousado para nus totais e *closes* de genitálias uma vez que, conforme diz Flynt desdenhosamente, "A *Playboy* e a *Penthouse* queriam impingir a sua pornografia como arte, apelando para maquilagens e filtros de lentes".[27] Hoje, o domínio de Flynt estende-se do material impresso (seis revistas, incluindo *Hustler*, *Beaver Hunt* e *Barely Legal*) ao filme (três produtoras que criam aproximadamente quarenta títulos por mês) e à loja de varejo, que inclui cafeteria e decoração em madeira, lembrando os armazéns do Oeste. Em 2004, Flynt inaugurou a sua nona casa de *strip-tease*, o Hustler Club de Nova York, e anunciou planos para entrar na televisão com o Hustler TV On Demand. Encarapitado em seu trono de multimídia, Flynt vale bem, ao que se diz, mais de $750 milhões.

O império do Hustler Club é apenas um dos muitos "canais de entretenimento" para pornografia ao vivo que estão proliferando. O negócio dos clubes floresce em todo o país. Eles já não são fachada para mafiosos; já não apresentam espetáculos bem-comportados. Os novos clubes pertencem a cadeias de grande reputação: o Penthouse Executive Club, por exemplo, cuja construção em Nova York consumiu dez milhões de dólares e que ostenta um chefe de cozinha egresso dos famosos restaurantes Le Cirque e Daniel.[28] Nesses clubes de alta classe, homens de negócios se reúnem após o trabalho, casais aparecem para excitar-se mutuamente e amigos promovem festas de despedida de solteiro ou solteira. A Playboy Enterprises anunciou há pouco que pretende reviver os Playboy Clubs, o último dos quais cerrou as portas em 1986. Logo, mulheres vestidas de "coelhinhas", com as suas orelhas e rabos, circularão de novo para servir bebidas aos freqüentadores.

Os conglomerados de multimídia invadem a todo instante novos nichos e categorias promissoras. Por exemplo, a Vivid Entertainment, que se gaba de uma renda anual de $150 milhões, promove-se a si mesma como fornecedora de pornografia de alto nível graças às chamadas Vivid Girls, que deixam longe as rivais mais modestas.[29] A empresa alega um crescimento de dois dígitos nos últimos cinco anos.[30] A New Frontier Media, Inc., com $43 milhões de renda anual, opera uma unidade de TV por assinatura e distribui programação de qualidade a cabo e por satélite. O seu grupo de Internet vende conteúdos a assinantes mensais por intermédio de um site de banda larga, tem parceria com portais de distribuição e abastece outros sites. As ações da New Frontier, negociadas na NASDAQ, subiram 775% entre 2003 e 2004.

"É Como se Você Fosse um Jogador"

Frente a tantas opções, Dave tem lá os seus limites. Não gosta de bissexualismo, pornografia *gay* e bestialidade, por exemplo. Mesmo nas categorias que prefere, alguns filmes passam dos limites. "Vez por outra, um sujeito esbofeteia a mulher que o está chupando ou sendo possuída", diz ele. "Isso mata o meu tesão." Dave se excita quando a mulher parece estar gostando do que faz. Excita-se também quando a cena se inverte. "Fiquei entusiasmado com as imagens de uma mulher subjugando um homem. Admito nunca ter visto cenas em que a mulher usa o homem, amarra-o, faz sexo com ele e depois mija em cima de seu corpo."

Dave sempre vê pornografia em casa — não haveria meio de consegui-lo na companhia financeira onde trabalha, pois ali o uso da Internet é rigorosamente monitorado. Começou vendo duas ou três vezes por semana. Como se confessa econômico e não quer pagar por nada, Dave passa horas navegando até encontrar algo que o interesse. "É preciso separar o joio do trigo. Você acha uma coisa que parece boa e de repente 'Oh, não, ele a está esbofeteando!', e o tesão se vai. É uma estrada cheia de percalços." Entretanto, a busca, o desafio faz parte do divertimento. "Sinto um frio no estômago porque sei que vou lidar com o ilícito", explica. "É como se você fosse um jogador viciado: encontra algo muito excitante, muito atraente e quer sempre mais. Não pára. Deseja algo parecido, porém melhor. E arrisca outra parada até ganhar."

Depois de encontrar o que procurava e satisfazer-se, Dave apaga tudo no computador. "Não quero deixar pistas de onde estive nem do que vi" — e vai para a cama. "Sinto-me aliviado, sim, mas não sei... talvez haja coisa melhor", pondera. "É como devorar um pacote de batatas fritas." De algum modo, sempre se consome muito. No mundo de Dave, computador e masturbação estão estreitamente ligados. Nos últimos seis meses, nunca se masturbou a não ser diante de pornografia na Internet. Não raro, passa mais de duas horas sentado na frente da tela e masturba-se duas ou três vezes a cada sessão. Nessas ocasiões, sente-se "absolutamente ridículo".

Em conseqüência, Dave tentou "restringir" ou "refrear" o uso de pornografia *on-line*. Tempo houve em que se limitou às noites dos dias de semana porque, no seu entender, "Se entrasse na Internet aos domingos, nada me arrancaria dali". Ultimamente, vem procurando contentar-se com duas vezes por semana porque está envolvido num relacionamento. "Para não comprometer demais a minha resposta sexual", explica. "Devo reservar as energias e a excitação para a coisa real, em vez de dissipá-las masturbando-me." Às vezes, quando faz sexo com uma mulher, Dave começa a pensar em pornografia — cenas que viu, de que gostou e que o espicaçaram. Conjura voluntariamente essas imagens a fim de manter e atiçar a excitação. Outras, porém, as imagens brotam-lhe na mente por si mesmas. Dave não conta à parceira o que está pensando.

Pornografia na América

Hoje, a pornografia não está implantada apenas na psique das pessoas; está por toda parte em nossa cultura. É difícil imaginar um fedelho de doze anos saindo do curso primário para o secundário sem ter visto material pornográfico; ele não ficaria nada chocado se folheasse uma revista de sexo leve. Não na era pós-Paris Hilton, pós-Janet Jackson. Mal se concebe como, há apenas dez anos, Paris Hilton, estrela (talvez involuntária) de seu próprio clipe pornô pela Internet, pudesse sobreviver à aparição e disseminação, em velocidade exponencial, de sua imagem pelo ciberespaço. Contudo, a estréia de Paris Hilton na pornografia conduziu-a de simples celebridade secundária para o patamar de estrela mais proeminente do ano. O seu *reality show* na Fox bateu recordes de audiência. Apareceu na capa da revista *Elle* e fez travessuras na da *Maxim*. A *FHM* chamou-a de a mulher mais desejada do mundo. Paris chegou a ganhar papéis cobiçados em filmes sérios de Hollywood e assinou uma autobiografia que se tornou um *best-seller*. Más línguas podem ter resmungado e pessimistas podem ter profetizado que o seu sucesso repentino não duraria muito. Mas Paris Hilton é prova de que ser estrela pornô significa ser mesmo estrela.

Em comparação com ela, Janet Jackson não se saiu tão bem. No intervalo do *show* do Super Bowl 2004, um dueto dela com Justin Timberlake resultou miseravelmente no que se chamou mais tarde uma "disfunção de guarda-roupa". Enquanto entoava as palavras "Vou tê-la nua ao final desta canção", Timberlake arrancou o sutiã de Janet e revelou-lhe o mamilo adornado com um grande *piercing* metálico em forma de sol. Por todo o país, os espectadores se entreolharam, incrédulos: "Você viu o que eu vi?!" No dia seguinte, ávidos por rever a cena ou inteirar-se do que haviam perdido, os americanos correram para a Internet. O seio de Janet Jackson logo se tornou a imagem mais procurada na história da rede, batendo um recorde para a Yahoo!, onde representou 20% de todas as buscas.[31]

A gritaria foi imediata. Uma pesquisa de alcance nacional sobre o desnudamento de Janet Jackson constatou que 56% dos americanos acharam o episódio desrespeitoso.[32] Mas, é claro, não se objetou apenas à nudez de Jackson. As pessoas se queixaram da hipocrisia de uma cultura que, implicitamente, endossa semelhante comportamento. De uma cultura que condena a mulher e deixa o homem, no caso Justin Timberlake (e os outros que observavam satisfeitos de casa), fora de mira. De um sistema de mídia comercial que prefere colher lucros a estabelecer padrões. Ademais, o seio de Janet Jackson não foi apenas exposto, foi mostrado à força numa exibição zombeteira, outro aspecto do modo como a pornografia redefiniu o terreno sexual. Mas, enquanto os defensores de Jackson tentavam condenar o ultraje quais novos puritanos, quem tinha olhos de ver, independentemente de suas opiniões políticas, podia constatar que o incidente com Janet não era um fato isolado.

Com efeito, uma espiadela na cultura à nossa volta não encontra nenhum motivo para controvérsias no episódio com Janet Jackson. Que mais estava sendo exibido na mídia convencional durante aquela semana? Na mesma noite, *Women: Stories of Passion: Grip Till It Hurts* passava numa das extensões do canal Showtime (embora à 1h da manhã, não no horário nobre), enquanto a TV a cabo ETV apresentava o programa de Howard Stern, que exibe conversas explícitas com atrizes pornôs. Apertando um botão, podia-se ver naquela noite, em canais pagos, coisas como *Horny Girls Next Door* e *Oral Majority*. Entrementes, no mundo da mídia impressa, as revistas femininas *Maxim*, *FHM* e *Stuff* alardeavam mulheres em poses eróticas, só com os mamilos e as virilhas escondidos por *lingerie*, biquínis e mãos estrategicamente posicionadas. A famosa *Sports Illustrated*, "edição trajes de banho", estourou nas bancas, conquistando três vezes mais leitores que a edição média com atletas do sexo masculino totalmente vestidos.[33] No entanto, a edição mostrou muito menos trajes de banho que as anteriores: um quarto das fotografias era de mulheres sem sutiã ou nuas, embora algumas exibissem "pintura de corpo". Numa oferta especial, a edição comemorativa do quadragésimo aniversário chegou a incluir um "encarte" de nudez. De onde eles tiraram essa idéia? Em seu número de fevereiro de 2004, a *Playboy* exultava:

> Desde que casais suburbanos correram a ver *Garganta Profunda* em 1973, a sociedade em geral não abraçava com tamanho entusiasmo a pornografia. [...] A rainha dos filmes adultos, Jenna Jameson, sexualizou a comportada Times Square com um gigantesco cartaz da altura de cinco andares e apare-

ceu na capa da revista *New York* proclamando a ubiqüidade do erotismo. Há dezessete anos Traci Lord encerrava a sua carreira "XXX", mas os fãs continuam a comprar a sua autobiografia. E quando a estrelinha Mary Carey entrou na corrida para se candidatar ao governo da Califórnia, ficou em décimo lugar. Segundo uma pesquisa *on-line*, dois terços dos profissionais de recursos humanos disseram ter encontrado material pornográfico nos computadores dos funcionários.[34]

A *Playboy* teve razão ao festejar a revolução que ela própria iniciara há cinqüenta anos. Dada a receptividade da pornografia na cultura vigente, os que a apreciam podem muito bem presumir que o seu uso é natural, apenas uma maneira de incrementar a velha e boa masturbação. Trata-se de algo com que ninguém precisa se preocupar porque rapazes normais — não apenas viciados em sexo, não apenas pedófilos — vêem pornografia. Eles têm esposa, carreira, família e reputação. Jamais maltratariam mulheres ou enganariam namoradas. Para eles, a pornografia é um prazer, uma brincadeira saudável mesmo. Ver pornografia junto com a parceira pode até ser uma forma de estímulo sexual — o equivalente ao vibrador ou a *The Joy of Sex*.

Enquanto isso, os que estão à parte, os que só tiveram contato ocasional ou nunca mais o tiveram desde que assistiram a um modesto vídeo de sexo leve (aquele com a enfermeira que fazia *strip-tease*! Aquele com os morangos!) quando ainda na escola podem concluir que a pornografia nada tem a ver com eles. Garotos serão sempre garotos, a pornografia é inofensiva, as mulheres nunca entenderão essas coisas. Se não gostam de pornografia, que fechem os olhos, apaguem os arquivos sujos, cancelem a assinatura da TV a cabo e desliguem-se do mundo. Vivam uma vida livre de pornografia e concluam que os seus maridos não se importam com essa prática, que os seus namorados só se entregam a ela ocasionalmente e que os seus filhinhos podem ser protegidos do erotismo antes da puberdade.

Mas tais pessoas estariam erradas. Mais gente vê pornografia — em bases regulares e exponenciais — do que muitas delas, principalmente as mulheres, supõem. Talvez o irmão, o melhor amigo, o primo, o namorado ou o filho esteja assistindo a pornografia paga todas as noites. Talvez o colega ou o patrão espie um pouco de sexo anal *on-line* entre uma reunião e outra. Talvez haja um bom motivo para o marido limpar o computador depois de uma noitada na Internet. Os próprios fãs, provavelmente, nem sempre sabem o que anda acontecendo. Os usuários podem estar consumindo cada vez mais pornografia por razões que ignoram ou não compreendem. Ela talvez os afete sem que se dêem conta disso.

"Eu Estava Preocupado"

No início de 2004, Dave procurou um médico para saber se apresentava disfunção erétil, pois, ao fazer sexo com uma parceira que muito o atraía, não conseguira manter a ereção. O médico disse-lhe que era apenas um probleminha psicológico passageiro. "Resolvi ouvir uma segunda opinião. Receava que, por ter visto muita pornografia, desgastara a minha resposta sexual e me insensibilizara. Que a pornografia houvesse contribuído para o meu constrangimento e falta de excitação."

"Achei que a coisa estava escapando ao meu controle", confessou Dave na primavera de 2004. Já notara em si um certo grau de apatia. "Concluí que, em definitivo, imagens de mulheres nuas não me excitavam como antes e eu precisava de algo mais forte. Sim, estava me tornando insensível a imagens corriqueiras. Tinha de procurar material cada vez mais pesado." Ao mesmo tempo, Dave descobriu que estava se excitando menos com mulheres de carne e osso. "Mas isso talvez se devesse ao fato de eu estar ficando velho."

Pela maior parte de sua vida adulta, Dave encontrara dificuldade em chegar ao orgasmo durante a cópula. Gozava rápido masturbando-se, mas levava no mínimo meia hora quando fazia sexo. "Para ser franco, às vezes eu interrompia o ato para terminar com as minhas próprias mãos. Isso, porém, não tinha nada a ver com pornografia. Começou a acontecer depois dos vinte anos. Creio que porque vinha me masturbando desde os cinco." Dave teme tornar-se compulsivo. "Sei muito bem que posso ficar viciado em pornografia se não conseguir me controlar. É uma espécie de corrida. Penso às vezes que retomarei essa corrida caso vá um pouco mais longe, caso encontre mais coisas do mesmo tipo. Notei que, quando me entrego à pornografia, esqueço todo o resto."

Daí as "restrições". Resolveu dar um passo atrás e "cortar o mal pela raiz". Faz três ou quatro meses que ele tomou essa decisão e continua "mais ou menos" aferrado ao plano. Ah, sim, de vez em quando dá uma entradinha na Internet aos domingos, após a quota de duas vezes por semana. Quando o faz, tende a ficar diante do computador mais tempo que de costume. Desde que decidiu se moderar, não notou nenhuma mudança de vulto, para melhor, em seu impulso sexual. Contudo, sente-me mais no controle. Adquiriu uma noção maior de equilíbrio, moderação, variedade. Espera que, com o tempo, possa observar alguma melhora em sua vida sexual, se é que a libido não esteja decrescendo por causa de seus trinta e quatro anos. Entrementes, procura fortalecer a sua decisão e levá-la a cabo por conta própria. Trata-se de mera questão de mente e matéria, um desafio ao seu autocontrole. Dave não mencionou o plano de contenção à namorada. A ninguém, na verdade. Não quer nem pensar nisso.

3

Eu e a Minha Pornografia: Como a Pornografia Afeta os Homens

A pornografia, diz-se por aí, não afeta quem a usa. Segundo os "neutralistas", entre os quais se incluem terapeutas sexuais, escritores que versam temas de sexualidade, céticos em relação ao impacto da mídia e outros não particularmente cônscios dos parâmetros atuais da pornografia, esta é apenas uma forma de entretenimento, nem positiva nem negativa e, em última análise, inconseqüente. A pornografia, pontificam com um dar de ombros, não passa de exercício fantasioso. Incita os homens a se masturbarem, é claro, mas quem se masturba são os homens, a pornografia não os força a isso. Concluída a masturbação, eles podem esquecer as imagens e entregar-se às suas tarefas.

Mas alegar que a pornografia não tem efeito nenhum nas pessoas que a consomem equivale a presumir que todo esse investimento multibilionário de publicidade é para nada, que não somos influenciados pelo que vemos, lemos ou ouvimos, e que todas as mídias são inócuas. Dizer que a pornografia não gera conseqüências é considerá-la inútil. Afinal, a pornografia foi explicitamente criada com a intenção de não apenas entreter, mas também apimentar a experiência sexual. Mesmo os fãs contradizem essas asserções. Eles vêem pornografia porque ela parece boa; às vezes relaxa, outras excita, outras ainda promove as duas coisas na medida certa. A pornografia os faz sentir-se bem com eles mesmos; é um recurso à mão ou uma força motivadora num cenário sexual de outro modo árido ou insatisfatório. Quanto à publicidade, as respostas à pornografia talvez nem sempre sejam racionais, mas ainda assim se revelam extraordinariamente poderosas.

Outros argumentam que a pornografia está longe de ser neutra: ela é boa. Os paladinos — empresários do ramo, feministas pró-pornografia, alguns terapeutas sexuais e de casais, advogados das empresas, redatores de textos eróticos — atribuem uma série de benefícios à pornografia. Ela ajuda as pessoas a vencer inibições sexuais, sobretudo a culpa, estimula a libido preguiçosa e ensina um vasto repertório de atividades eróticas, que acabam por levar à plena satisfação sexual.[1] A pornografia deixa as pessoas mais à vontade com a própria sexualidade. Ergue o véu da repressão sexual e da culpa ideologicamente induzida. Estimula o apetite sexual e aconselha as pessoas a satisfazê-lo quando estão dispostas. Alguns terapeutas sexuais sugerem que parceiros vejam pornografia juntos. Um pouco de tempero pode ser o estímulo de que os casais fatigados precisam.

O senso comum talvez induza alguém a pensar que a pornografia promove mesmo uma sexualidade positiva, mas não é bem o caso. Até agora, segundo dois pesquisadores da Universidade do Alabama, o professor de Comunicação Jennings Bryant e o professor de Psicologia Dolf Zillmann, autores de vários estudos revolucionários sobre pornografia, "não se pode citar nenhuma pesquisa rigorosa que demonstre efeitos desejáveis ou benéficos do consumo de pornografia, os quais permanecem assunto de polêmica e conjectura".[2] Com efeito, a ciência social vem encontrando dificuldade para provar *cientificamente* que a pornografia afeta os homens quer positiva, quer negativamente; o velho conceito de "causação" impede descobrir, em definitivo, se um determinado tipo de homem é propenso a ver pornografia ou se a pornografia transforma alguém num determinado tipo de homem. Embora as provas científicas estejam fora de alcance, os usuários de pornografia atribuem-lhe um amplo espectro de conseqüências. Eles sabem do que ela é capaz.

A primeira vez que Rajiv viu mulheres nuas foi em pornografia; a primeira vez que viu pessoas fazendo sexo foi em pornografia; a primeira vez que se masturbou — "tardiamente", aos dezesseis anos — foi vendo pornografia. "O aspecto visual da pornografia teve um impacto decisivo em meu desenvolvimento sexual", diz esse morador de Nova York, hoje com vinte e oito anos. "Todas as minhas primeiras experiências sexuais deveram-se a filmes pornográficos."

Foi só isso que conseguiu fazer por muito tempo. Rajiv era um rapaz tímido e bisonho. Não tinha muitas namoradas na escola e, quando entrou numa prestigiosa universidade da Costa Oeste, só começou a se encontrar com garotas e perdeu a virgindade aos vinte e um anos, já na penúltima série do curso. Durante o período sem sexo de colégio, com a idade de doze ou treze, assistia a filmes como *Emmanuelle* nas noites de sábado. Na escola, os seus melhores amigos descobriram um vídeo pornô intitulado *Very Dirty Dancing* e Rajiv tirou uma cópia, para masturbar-se vendo-a a sós. Nessa época, porém, estava praticamente longe da pornografia. Não tinha televisão nem aparelho de videocassete. Nunca lhe ocorreu procurar pornografia em seu *laptop*. Quanto a sair para comprar revistas, nem pensar: depois da prematura exposição aos filmes no colégio, fotografias eram um sucedâneo sem graça. "Fotos são muito menos envolventes e reais", explica ele. "Para que servem, então?"

Além disso, Rajiv estava feliz com a sua namoradinha. Antes desajeitado, tornara-se um rapagão esguio, atraente, com grandes olhos expressivos e a pele morena de sua herança sul-asiática. Não tinha dificuldade em conquistar mulheres e a namorada atual parecia gostar dele. Durante o namoro, ele nem sequer se masturbava muito. Não havia necessidade. Uma e outra vez, assistiam juntos a uma fita pornô — pedindo filmes no quarto do hotel, quando em viagem. Os filmes eram mais para ele do que para ela, que entretanto não parecia incomodar-se. A pornografia não era nada de mais, nem mesmo assunto de conversa. E ele só via filmes em companhia da namorada. O romance durou perto de cinco anos.

Só após o rompimento é que Rajiv voltou à pornografia. Era janeiro de 2002. Uma noite, quase por brincadeira, resolveu assinar o Playboy Channel. Tratava-se na maior parte de "porcaria insossa", mas ocasionalmente havia algum filme explícito, que Rajiv apreciava. Em pouco tempo, contudo, enfastiou-se e cancelou a assinatura. De qualquer forma, pagar já não era necessário. Rajiv acumulara na mente cenas e imagens bastantes para evocá-las quando quisesse. Algumas dessas imagens estavam lá desde os tempos de colégio, datando de *Very Dirty Dancing*, mas agora Rajiv tinha mais opções. Havia, por exemplo, o filme em que uma loirinha de seios grandes, morando ainda com os pais, é apanhada em plena transa com um rapaz. Os pais se preocupam, pois a julgam muito jovem. Levam a garota ao médico, o qual, achando-a atraente, pede-lhe que se dispa. Enquanto a examina, ela começa a gemer. Obviamente, quer fazer sexo com ele. O médico diz: "Vou experimentar um novo tratamento em você". E ela: "Por favor, faça isso" — e acontece.

Cenários como esse excitavam Rajiv a tal ponto que acabaram mesmo estimulando a sua vida sexual. Por exemplo, quando transava com a namorada da faculdade, se estivesse demorando muito a ejacular por causa de excesso de bebida ou cansaço, evocava aquela cena ou outra parecida. Nunca teve problemas com ereção — mas ejacular depois de um tempo razoável não era nada fácil. Nessas ocasiões, a pornografia ajudava-o muito.

A Corrida

Excitados é a primeira palavra que vem à mente dos homens quando descrevem como se sentem ao ver pornografia. O ato físico da masturbação solitária já basta para alimentar a experiência. Ao ver pornografia e masturbar-se, o homem tem todas as agradáveis sensações do alívio sexual. A adrenalina flui pelas veias. O cérebro libera dopamina, serotonina e oxitocina — todas, poderosos neurotransmissores associados às sensações de prazer. A testosterona ferve. Há, ainda, a emoção da caçada, além do gozo voyeurístico de observar e fantasiar depois de descoberto o objeto pretendido.

Tyler, estudante de Ciências da Computação em meio período e programador de *softwares*, viveu toda a adolescência na era da Internet. Ao atingir a puberdade, a pornografia já estava *on-line*. A primeira experiência com material pesado foi quando um amigo mostrou-lhe os arquivos do irmão mais velho. "Ele gostava de cenas de ejaculação", lembra-se Tyler. Isso foi quando cursava o quinto grau e vivia numa base militar da Califórnia. Na época, Tyler entrava na Internet pelo menos uma vez por dia a fim de masturbar-se, quase sempre à noite, mas às vezes de manhã, quando não tinha aula. "Fico muito concentrado quando vejo pornografia", "É assim que vivencio essa corrida, essa excitação desenfreada que me domina". Uma vez *on-line*, vai clicando sites um atrás do outro. Clica, baixa o arquivo e passa adiante. "Ignoro muitos sites que não são suficientemente bons, ousados ou extravagantes", prossegue Tyler. "Estou sempre à cata do site ideal. Encontrá-lo é parte do divertimento."

As amigas ficam perplexas ante o envolvimento de Tyler com a pornografia. Costumam exclamar: "Caramba, você vê pornografia pela Internet uma ou duas vezes por dia!" Ele, porém, não entende tamanho espanto. "A maioria das pessoas consulta pesquisas de opinião *on-line* duas vezes por semana", lembra Tyler. E acrescenta, um tanto embaraçado: "Uma vez por dia *é* um pouco demais. Mas, de modo algum compulsivo, porque não me impede de fazer outras coisas, como ir à escola ou trabalhar". É tudo muito fácil. "A parceira, na pornografia, nunca diz não. E se você brigou com a namorada ou tem um relacionamento complicado, a pornografia pode ajudar bastante." Entretanto, parece que Tyler quer sempre mais.

Como no jogo, a pessoa se vê presa de uma fantasia inatingível "porque, desligado o computador, não há ao seu lado mulher nenhuma e você precisa então prosseguir. Sempre mais. Temo que isso possa levar à compulsão".

No outono de 2003, um amigo de Rajiv mencionou um *blog* pornográfico chamado Fleshbot que sugere *links* com centenas de endereços pornográficos. Ele decidiu conferir. A sua vida amorosa reduzira-se a nada, o trabalho se arrastava e sentar-se diante do computador pelo menos oferecia a Rajiv a sensação de estar fazendo alguma coisa. A pornografia *on-line* pareceu-lhe completamente diferente dos filmes a que assistira de vez em quando desde o fim da faculdade. Nos filmes, havia sempre um começo e um fim. No universo *on-line*, a pornografia é "uma odisséia". Tyler sentiu-se cativado. "A pornografia *on-line* é uma exploração perpétua", entusiasma-se ele. "Pode-se não apenas descobrir coisas novas e interessantes como encontrar exatamente o que se procura."

Para Rajiv, isso significou mulheres que em nada se pareciam com as dos filmes. Estas eram um tanto postiças, trabalhadas por cirurgias e implantes. Na Internet, porém, as galerias de imagens oferecem aos visitantes uma escolha entre atrizes pornôs, adolescentes, cenas de voyeurismo, enfim, material para todos os gostos. Rajiv descobriu o tipo "garotas medianas" — mulheres que se parecem com aquelas que ele pode conhecer e possuir, às vezes com uma ou outra espinha, coxas grossas e coisas assim. "Elas eram mais reais e isso me excitou", conta Rajiv. As Garotas Medianas sempre se mostravam alegres e felizes por fazer sexo — amigáveis, sem disfarces e, acima de tudo, entusiasmadas, ou seja, tal qual se espera que as mulheres sejam na vida real.

"Não gosto de mulheres submissas, que me tratem como se eu fosse o patrão", declara. "Quero uma mulher tão envolvida quanto eu. E quero satisfazê-la." Na esfera da pornografia, Tyler fantasia-se como "o garanhão capaz de contentar mulheres", o que também faz parte do divertimento. "Respeito as mulheres e a idéia de pornografia que as degrade me repugna. Não me diz nada um filme que se concentra no homem e trata a mulher como objeto. Gosto de sexo igualitário", diz ele. A pornografia se tornou bem mais interessante *on-line*.

Num experimento que marcou época, conduzido há vinte e cinco anos — e ainda um dos mais amplos, equilibrados e vigorosos estudos sobre pornografia —, Jennings Bryant e Dolf Zillmann mostraram até que ponto ver pornografia altera o modo como os usuários encaram a sexualidade.[3] Oitenta universitários de uma famosa faculdade no Nordeste foram divididos em quatro grupos de teste. Três grupos assistiram a uma série de curtas-metragens num período de seis semanas e foram solicitados a avaliar os filmes por seus valores de produção. O primeiro grupo de teste, considerado de "exposição maciça", viu seis filmes de sexo explícito por sessão, o que equivalia a quarenta e oito minutos de exposição por semana ou cerca de trinta e seis filmes ao longo de todo o experimento. O segundo, de "exposição intermediária", viu três películas eróticas e três não-eróticas por sessão, ou seja, dezoito filmes no total ou cerca de duas horas e vinte minutos de pornografia pelo período de seis semanas. O terceiro grupo, "sem exposição", foi exposto a material não-pornográfico e assistiu a trinta e seis filmes comuns, sem nenhum conteúdo sexualmente explícito. Enfim o quarto grupo, de controle, não viu filmes de espécie alguma durante o período de seis semanas, que decorreu entre 1979 e 1980.

Os filmes eróticos vistos pelos sujeitos eram bem mais leves que os atuais da categoria pesada. As cópulas mostradas tinham caráter heterossexual e consensual. As atividades limitavam-se a sexo oral, anal e vaginal, nenhuma envolvia coerção nem sadismo ou masoquismo deliberados. Os filmes não-pornográficos eram inteiramente destituídos de referências ou posturas eróticas.

Decorreram três semanas. Na sessão seguinte, membros de todos os grupos foram instados a avaliar a freqüência de certos comportamentos sexuais na América. Deviam emitir opiniões sobre tudo, desde a percentagem de adultos sexualmente ativos até a média de americanos com determinadas preferências sexuais. Sem exceção, quanto mais pornografia o interrogado tinha visto durante o período de experimento, mais acreditava que os outros eram sexualmente ativos e ousados. Por exemplo, o grupo de "exposição maciça" assegurou em média que 67% dos americanos praticavam sexo oral (o que está bem perto da norma), contra os 34% sugeridos por aqueles que não haviam visto pornografia nas três semanas anteriores. A avaliação do número de adultos que fazem sexo anal foi, por parte dos que ficaram à mercê de quantidades "maciças" de pornografia, duas vezes maior que a dos pesquisados não-expostos à pornografia (29% contra 12%). Diga-se o mesmo de práticas sexuais menos comuns. O grupo de exposição maciça acreditava que três em cada dez americanos se envolviam em sexo grupal, enquanto o grupo sem exposição não ia além de um em cada dez. Os espectadores de pornografia também calcularam exageradamente a quantidade de praticantes de sadomasoquismo e bestialismo; a seu ver, 15% dos americanos eram dados ao sadomasoquismo e 12% faziam sexo com animais — o que é superestimar grandemente a freqüência real dessas práticas, segundo todos os dados disponíveis.

Veja a Garota e Brinque com Ela

Harrison, artista gráfico formado, acredita que os homens sejam inerentemente visuais e que isso determine a sua maneira de encarar a pornografia. "Se você quiser considerar essa teoria superficial, que seja", diz ele, "mas para o homem a experiência visual do sexo é muito importante e em razão disso ele se sente atraído pela pornografia." As mulheres, supõe Harrison, são mais sensuais; exigem uma experiência sensória plena e costumam excitar-se mais com o olhar, o toque, o colóquio característicos do flerte do que com a pornografia. Quando uma mulher flerta com um homem, goza a fantasia de que ele realmente a ama; quando um homem vê pornografia, imagina que a mulher mostrada o deseja.

A atriz pornô é uma página em branco em que o observador pode escrever a sua própria receita para o desejo e o prazer mútuos. Afora isso, a mulher mostrada é um tanto nebulosa; ela é o "objeto" de qualquer tipo de característica que o homem lhe queira predicar. Zach, o programador desempregado da Internet de vinte e três anos, passa em revista mulheres *on-line* a cada dois dias. Passa por alto as imagens, raramente se fixando em uma por mais de quinze ou vinte segundos. "Para mim, as garotas da pornografia não são uma criatura específica — são uma imagem feminina", procura explicar. "Você a aprecia, mas não se prende a ela."

Como muitos homens dados à pornografia, Zach afirma que ela não afeta em nada o modo como vê as mulheres na vida real. Semelhante idéia chega a ser risível para ele. "As atrizes são completamente diferentes das mulheres de carne e osso — elas não têm *nada* a ver umas com as outras." Ao contrário da publicidade, a pornografia não abala a mente dos homens, garante Zach. Eis a diferença: a publicidade tenta nos influenciar, a pornografia, não. A publicidade lança mão de inúmeros truques sujos, a pornografia é franca e direta. Não bastasse isso, a publicidade está sempre diante dos olhos das pessoas, quer elas se disponham a vê-la ou não. No caso da pornografia, ao contrário, as pessoas decidem o que fazer. Estão preparadas para isso. E uma vez que escolhem ver algo de cuja existência já sabem, a pornografia não pode, no entender de Zach, alterar-lhes a mente. "Os homens que se deixam afetar pela pornografia já têm algo de errado por natureza", sustenta ele. "Quanto a mim, estou certo de que nunca me afetou."

Zach compara as mulheres da pornografia às atendentes do McDonald's. "Sei que a mocinha por trás do balcão tem uma vida fora dali. Não é apenas um objeto ou uma ferramenta", explica. "Cultiva lá os seus interesses, esperanças, família, etc. Mas quando estou no McDonald's, não penso nisso. Quero só que ela me sirva um Big Mac." Obviamente, se Zach encontrasse a mocinha na rua, não a trataria como ferramenta ou objeto; antes, diria "olá". "As garotas da pornografia são, é claro, pessoas reais; mas, no momento, eu só quero gozar e partir para as minhas atividades cotidianas. Vejo-as como intermediárias para a obtenção daquilo que quero quando consumo pornografia, mas, se as encontrasse na rua, tratá-las-ia como gente."

A diferença entre mulheres reais e atrizes pornôs é bastante clara para ele: "Na pornografia, elas são objetos e é como objetos que as vejo. No entanto, caso as conhecesse no dia-a-dia, não mais as veria assim. Afinal de contas, no cotidiano, uma mulher tem os seus passatempos e interesses. Acontece apenas que ninguém se preocupa com isso quando as vê em ação na pornografia."

Os adversários da pornografia, ao falar sobre os modos como as imagens de sexo pesado afetam os homens, insistem na violência e no estupro. Há, porém, outras maneiras mais sutis de a pornografia agir na psique de um homem. No experimento de Zillmann e Bryant, homens e mulheres expostos a grandes quantidades de material pornográfico queriam muito menos ter filhas do que os outros. Quem gostaria de ver a sua menininha tratada dessa forma? Quem se disporia a trazê-la para esse mundo? E não se trata apenas de sexo pesado. Segundo um relatório em grande escala de 1994, resumindo oitenta e uma pesquisas revistas, a maioria dos estudos (70%) sobre pornografia não-agressiva mostra que a exposição a qualquer material desse tipo provoca óbvios efeitos negativos.[4] Gary Brooks, psicólogo que estuda pornografia na Universidade A&M do Texas, explica: "A pornografia leve tem também efeito acentuadamente negativo nos homens. O problema com ela é o voyeurismo: ensina os homens a ver as mulheres como objetos e não a tratá-las como seres humanos." No dizer de Brooks, a pornografia dá aos homens a falsa impressão de que sexo e prazer estão completamente divorciados dos relacionamentos. Em outras palavras, a pornografia é inerentemente autocentrada — algo que o homem faz por si mesmo e para si mesmo — e usa outras mulheres como um recurso de prazer, como mais um produto de consumo.

A palavra *objetificação* cheira a feminismo dos anos 1970 e a ideologia ultrapassada. Mas, coisa interessante, sempre escapa dos lábios dos homens quando eles discorrem sobre pornografia; mesmo os fãs mais ardorosos dessa prática admitem prontamente que a pornografia trata as mulheres como objetos. Como ato de pura visualização, ela legitima, acentua e provoca a ênfase masculina no visual — quer os homens tenham predileção biológica por esse comportamento ou não. Uma vez que pressupõe ver mulheres, mas não interagir com elas, a pornografia exalta o físico em detrimento dos demais aspectos da mulher, trivializando-os ou ignorando-os. A mulher é, literalmente, reduzida às partes de seu corpo e ao seu comportamento sexual. Sem surpresas, metade dos americanos reconhece que a pornografia humilha as mulheres, segundo a pesquisa *Pornified*/Harris de 2004, feita para este livro. As mulheres, de longe, acreditam mais nisso — 58% contra 37% dos homens. Só 20% das mulheres — e 34% dos homens — acham que a pornografia *não* é humilhante.

Face ao consumo crescente, a pornografia vai se tornando aceitável e aquilo que antes inquietava deixa de desconcertar com o hábito. Enquanto 60% dos adultos com 59 anos ou mais acreditam que a pornografia degrada as mulheres, só 35% dos usuários mais tolerantes e contumazes concordam com essa opinião. Por exemplo, após anos de consumo desbragado, Harrison notou uma mudança em seu ponto de vista. A princípio, bastante sutil. "Parece ridículo", diz ele, "mas os meus padrões se alteraram." As mulheres que ele costumava achar atraentes já não o entusiasmam tanto. "Mulheres bonitas, mas não francamente sensuais como as atrizes pornôs, não me excitam como antes. Noto que reparo mais naquelas cujos atributos lembram os das estrelas da pornografia. Quero seios maiores, cabelos louros, corpos curvilíneos. E, acima de tudo, a beleza." Não é que, apressa-se Harrison a sublinhar, antes de conhecer a pornografia pela Internet ele sairia com certas mulheres e agora as desdenha porque não se parecem com as atrizes. A coisa não é tão simples assim. Entretanto, notou mesmo alguma mudança em sua apreciação: "Reparei que, quando estou numa festa ou num bar, ponho-me a medir e a pesar as mulheres". Isso o perturbou. "Então digo a mim mesmo: 'Espere aí, você não está num supermercado. Não as trate como se elas fossem nacos de carne. Não as despreze só porque os seios delas são pequenos'."

É preciso manter os dois mundos separados, reconhece Harrison. As mulheres da pornografia são diferentes. "Há a velha história de que a pornografia objetifica as mulheres e eu concordo. Elas passam a ser vistas como objetos, instrumentos sexuais. Mas vale notar que, em se tratando de pornografia, o mesmo se aplica aos homens. Quem quer que se envolva com isso é objeto." Em conseqüência, afirma Harrison, a pornografia, por sua própria natureza, deprecia o sexo. "As imagens, embora excitantes, também toldam a nossa percepção do que o sexo significa para um casal."

Como ressalta Harrison, as mulheres não são as únicas que sofrem. No universo pornográfico, os homens quase sempre fazem o papel de conquistadores ou gigolôs, garanhões superficiais cujo *status* se deve à quantidade e qualidade das parceiras que levam para a cama. Muitos não gostariam de ser julgados assim, sobretudo aqueles que vêem pornografia porque não conseguem atrair mulheres no mundo real. Nem aqueles que acham ter o pênis pequeno ou não sustentam a ereção durante horas, a instâncias da parceira. Nem todos, na vida real, se conformam à imagem que a pornografia exige. Numa pesquisa da *Elle*-MSNBC.com em 2004, com 15.246 americanos, 13% dos homens confessaram que o fato de verem pornografia *on-line* os deixava incertos quanto à sua capacidade de satisfazer as parceiras. Um em cada dez afirmou ser necessário esforçar-se mais para garantir o interesse sexual da parceira e 8% admitiram que, depois de ver pornografia *on-line*, sentiram-se mal com relação ao próprio corpo.

A despeito de prometer aliviar a tensão, a pornografia freqüentemente deixa os homens ainda mais tensos, mais inseguros, com mais necessidade de se valorizarem por meio de repetidas conquistas. A pornografia, com a sua objetificação mútua e a sua mentalidade juvenil, pode trazer de volta os piores medos da adolescência relativamente à idade adulta (com as suas exigências de virilidade e disponibilidade ilimitadas). Essa tensão crescente fomenta a busca de alívio temporário — e a corrida desabalada atrás de mais pornografia.

Se Você Viu Mil Mulheres, Viu Todas

Não, não é fácil me excitar atualmente. E isso não pode ser bom. [...] Às vezes me pergunto por que, não raro, mal lanço os olhos para uma mulher de vinte anos que, seminua, passa por mim num restaurante. Ou por que à noite, nas raras ocasiões em que tenho ao meu lado na cama uma mulher à espera, caio no sono.

Sofrerei acaso de disfunção erétil? Cansei-me demais no ano que passou? [...] Não, não é nada disso. Qual a causa desse retraimento?

A pornografia.

Conheci-a em meados da adolescência. Comecei pela programação de fim de noite [...] Depois vieram os e-mails pela Internet. [...] Faz mais de cinco anos e já estou imune a tudo isso. [...] Vi de tudo — coisas que achava impossíveis ou indesejáveis para o corpo humano. [...] Uma vez tudo dito e tudo feito, conquistei tamanha imunidade ao sexo que lhe desmistifiquei completamente a idéia. Não há mais segredos. Não há mais sutilezas — as sutilezas que excitam uma pessoa ao máximo. Não. Não neste mundo.[5]

Tantas mulheres, todas tão acessíveis: o homem tende a enfastiar-se. E depois que viu mil bundas nuas — não importa a variedade de forma e função –, elas começam a parecer iguais. O homem persegue mulher após mulher e mete-se num ciclo fechado de retornos cada vez mais curtos. Num estudo de James L. Howard, Myron B. Reifler e Clifford B. Liptzin, citado no relatório federal de 1970 sobre pornografia, homens que viram filmes pornográficos durante dez minutos por dia, cinco dias por semana, com a passagem do tempo experimentaram menos excitação e interesse sexual frente a materiais semelhantes.[6] O que inicialmente atrai por fim espicaça, o que excita por fim agrada, o que agrada por fim satisfaz. E a satisfação, cedo ou tarde, leva ao tédio.

Até as atrizes pornôs acabam por fartar-se. Quem se fartou também foi William, o funcionário de escritório de advocacia de trinta e três anos do Missouri. Às vezes, encontra algo "bizarro" ou "diferente", mas que vai parecendo aos poucos a mesma coisa. Depois de ver pornografia por mais de vinte anos... bem, ela perde a novidade. "Antes, era mais divertido procurar as imagens certas", diz ele. Gostava do desafio de deparar enfim com a mulher capaz de suscitar o seu interesse. "Mas tenho estado na Internet desde 1983 e hoje posso contemplar o que quero com alguns cliques apenas." Em conseqüência, William ainda gosta de ver, mas as buscas ficaram mais curtas e o resultado já não é tão gratificante.

Gabe, o morador de Houston que trabalha na indústria de gás e petróleo, observou efeito semelhante quando começou a manipular pornografia por dinheiro. A princípio, o trabalho lhe tomava um tempo enorme; passava a maior parte do dia coletando material. Depois se familiarizou com as melhores fontes e a tarefa ficou mais fácil. Ele procura, encontra o que quer, envia para os sites e pronto. Esses deveres *on-line* cobraram-lhe um tributo sobre a sua apreciação. "Muitas vezes, sentia-me entediado", relata. "Antes, costumava ficar realmente excitado com pornografia. Hoje, porém, são sempre as mesmas poses, os mesmos tipos de garota. Só fico com tesão quando vejo algo realmente novo ou alguém que de fato me atrai. Mas isso é raro."

Como pode um espetáculo tão arrebatador tornar-se tão aborrecido? Tudo começa com uma explosão. Há o preâmbulo: estimulado por alguma coisa — uma colega de escritório, um anúncio publicitário, um pensamento súbito, a lembrança de imagens pornográficas — e tomado de frustração sexual ou desejo, o homem decide ver um pouco de pornografia. Ao primeiro olhar, há essa estranha combinação de entusiasmo e irritação. A imagem é bonita, mas não a esperada. Ele prossegue com impaciência, folheando rapidamente as páginas da revista ou indo de site em site, excitado mas não o bastante, até chegar *lá*. Conseguiu. A excitação chega ao limite; ele se masturba e fica aliviado. Depois, relaxa. Está satisfeito, um pouco esgotado. Em lugar de sentir saudade, afeto ou apego pela imagem, esquece-a. Tal como da vez anterior. E, com toda a probabilidade, como da próxima.

Kevin, fotógrafo de trinta e dois anos, residente no Colorado, passou por períodos de uso e abstenção da pornografia. Quando a Internet explodiu, na virada do milênio, ele morava com a noiva. Perdeu os primeiros eflúvios. Mas, depois de romper o relacionamento em 2003, mergulhou num consumo desenfreado. Pela primeira vez, assistiu a pornografia *on-line* — durante cinco ou seis horas por semana. Quanto mais tempo a sós, quanto mais tempo livre, mais pornografia. "Acabara de comprar um computador novo e comecei a ver dia sim, dia não. Queria inteirar-me do que rolava por aí." Ah, havia perdido muito tempo! "No início, a pornografia *on-line* era superexcitante, um mundo inteiro para descobrir", lembra Kevin. Durante meses, consumiu pornografia quase diariamente. As sessões de Internet começavam com uma busca casual de paisagens naturais — para fins de trabalho. À procura de inspiração e idéias, podia explorar à vontade o grande mundo lá fora. Mas avançava sempre, indo cada vez mais longe e mais fundo na contemplação de corpos naturais, nudez, mulheres. "Eu queria mais e mais", explica. "Não me bastava admirar seios nus, ansiava por bundas, depois casais, sexo anal e grupal, muitos homens e muitas mulheres, pornografia bissexual..."

"Isso matava o tempo", diz agora. Mas a excitação de Kevin por fim se diluiu e morreu. Talvez estivesse ficando velho. Talvez a dose fosse excessiva. "Era só tédio. Eu apenas fingia gostar." No começo, sentia-se bem após o seu banho de pornografia; depois, um tanto "vulgar". A sua visão de mundo ficou distorcida e — fatal para um fotógrafo — o senso do sublime se foi. "Aquilo estava mexendo demais com a minha cabeça", diz Kevin aludindo à pornografia pela Internet. "Mais que tudo, embotava-me. Já não via prazer nas pequenas coisas, quer nas mulheres, quer na vida em geral. O que antes era erótico agora me entediava."

A despeito do tumulto fisiológico provocado pelo encontro com a pornografia, algumas emoções são sufocadas de todo. A pornografia oferece pouco em termos de beijos, abraços, carícias, aconchegos — aspectos supostamente "femininos" do sexo que, estereótipos à parte, também constituem experiências importantes para os homens. Ninguém é vulnerável ou inseguro em pornografia; não há troca de intimidades ou confiança mútua.

Na pornografia tudo acontece porque as mulheres nunca põem objeções. Isso significa também que a recompensa implícita na conquista da mulher desejada não existe. Ela não sabe nada sobre ele — as suas idiossincrasias, peculiaridades, história romântica e planos para o futuro. Mas não o aprecia a despeito disso; aprecia-o por causa da "ausência" de tudo isso. Algo na consumação da pornografia faz o homem se sentir ludibriado, induzido a acreditar naquilo que sabe ser falso, como se houvesse colado numa prova sem ser descoberto. Existe algo de vazio na consumação. Se a inexistência de uma mulher de verdade na pornografia é bem-vinda, ela também elimina a presença do homem real.

A uniformidade da pornografia acaba por sufocar o desejo. Não se trata apenas da repetição das poses, atitudes e atos mostrados; trata-se da ausência de risco em sua aquisição. Não há quase percalços no caminho; não há o incômodo da camisinha que não se ajusta, o lençol que escapa da borda do colchão, a incapacidade da mulher de atingir o orgasmo, a ejaculação precoce do homem. Nada, nem remotamente, atrapalha a corrida automática para o prazer, por um instante que seja. E o final é sempre o mesmo, sem suspense algum para prepará-lo. Por isso, muitos homens reconhecem que a pornografia não pode competir com a realidade. Ela é, em si e por si, unilateral: sexo sem calorias — sem riscos, sem esforço, sem reciprocidade, em suma, uma recompensa mesquinha e passageira. De vez em quando, há que se convir, não é tão ruim assim. Mas sempre? Tente ir ao McDonald's todos os dias.

Upgrade, Downgrade, Mais, Mais, Mais

Condição humana, fraqueza americana: o desejo de mais, maior, melhor. Danem-se as conseqüências. Maior quantidade, menor preço, mais facilidade, mais excitação. A fim de fazer com que esse ganho momentâneo dure um pouco, a fim de recuperar o vigor sexual e a fim de ir mais fundo, os homens anseiam por mais pornografia. Pornografia melhor. Pornografia desbragada. A um simples toque no teclado. O pesquisador do assunto Robert Jensen observou: "A pornografia, sem variação emocional, torna-se repetitiva e desinteressante, até para os homens que só a vêem para masturbar-se. Assim, a pornografia precisa de um limite". "Primeiro", relata Jensen, "nos anos 70 e 80, o limite era o sexo anal; quando isso deixou de funcionar, a chamada pornografia engajada tornou-se o ponto extremo, sendo as suas principais características a dupla penetração e o sexo oral múltiplo."[7]

Desde a adolescência, Tyler, agora com vinte e um anos, passa cerca de meia hora diariamente vendo pornografia pela Internet. Os seus padrões de consumo permanecem consistentes. Os gostos, porém, mudaram. "No princípio, ficava feliz só de ver uma mulher nua. Era um acontecimento toda vez que descobria uma garota realmente gostosa. Mas, com o passar do tempo, fui me acostumando com as imagens", explica. "Hoje procuro material cada vez mais obsceno." Gosta de sexo pesado; *closes* de penetração são de regra. Desenvolveu interesses específicos. Tem, por exemplo, uma "queda" por cenas de dominação-submissão. "Excita-me ver uma garota realmente submissa, devo confessar."

"A coisa se agravou com o tempo", prossegue Tyler, "e isso é estranho porque não corresponde ao modo como costumo ficar com uma mulher de verdade. Sou gentil, interesso-me por tudo o que ela faz. Entretanto, por alguma razão, preciso subir um degrau se quero excitar-me em pornografia. Contemplar mulheres sendo humilhadas é, de algum modo, um incentivo." Nem toda pornografia, ressalta ele, é degradante para as mulheres. Afinal de contas, às vezes é a mulher que sujeita o homem. "Creio, porém, que a maioria dos homens gosta da imagem da mulher submissa." E nem toda pornografia sádica é estimulante. "As mulheres, no *bukkake*, na verdade não apreciam o que acontece — gritam quando o homem ejacula em seu rosto", observa. "Ora, se gritam é porque não foi escolha sua serem tratadas daquela maneira e elas não estão gostando, como deveriam, daquela prática. Parece que o negócio não é consensual, tal como um estupro ou sexo forçado." A diferença de atitude nas mulheres é fundamental. "Gosto quando a mulher é dominada e parece contente, *de fato*, por ser tratada assim. Então, o tesão é formidável." Ante o espectro infinito da pornografia pela Internet, Tyler começou a apreciar formas de erotismo que jamais pensara ser de seu agrado. "Recentemente — preciso estar com espírito para isso — descobri que gosto de ver um cara urinando numa garota. Não adivinhava que fosse me excitar com isso", diz ele. "Mas me excito."

Os defensores não se pejam de exaltar os efeitos estimulantes da pornografia. O primeiro passo é, usualmente, o aumento do consumo — mais tempo viajando *on-line* ou manuseando o controle remoto, visitas mais prolongadas a determinados sites e tendência a cair numa rotina. Na pesquisa *Elle*-MSNBC.com de 2004, um em cada quatro homens confessou-se receoso de estar se "estimulando em excesso" com sexo virtual. Na verdade, a rotina é ingrediente básico para o sucesso financeiro do erotismo de alta tecnologia. Segundo Wendy Seltzer, defensora *on-line* das liberdades civis, os pornógrafos não devem preocupar-se com a pirataria de seu material. Entende ela que "As pessoas sempre querem essas coisas. Degustar um pouquinho abre o seu apetite por mais. E depois de ver o que é de graça, elas fatalmente contratam um serviço pago".[8] De igual modo, depois de absorver grandes quantidades de material, exigem mais qualidade — ou seja, mais ação, mais intensidade, mais situações-limite. Conforme explicou o diretor pornô Jerome Tanner à *Adult Video News*, "O público quer coisa mais e mais pesada porque [...] o que se há de fazer em seguida?"[9] O impulso para descobrir situações mais picantes afeta toda a indústria do ramo. Diz Sharon Mitchell, ex-estrela pornô: "São penetrações múltiplas, espancamentos, coito anal sem proteção. Poucas pessoas ainda praticam sexo comportado regularmente. Pela maior parte, querem o máximo possível de perversão e variedade. É assim a pornografia que rola por aí".[10] Segundo a mesma pesquisa *Elle*-MSNBC.com, 37% dos homens admitiram que a pornografia pela Internet amplia os limites daquilo que consideram erótico.

Sobretudo na Internet, os homens se vêem rodeados de cenários pornográficos que nunca supuseram poder achar atraentes. Os que começam com pornografia leve desenvolvem o gosto pela pornografia pesada. A curiosidade induz o usuário a ir cada vez mais fundo num site, a pagar mesmo para ver alguma coisa só para descobrir o que a seção paga do site tem a oferecer — como, nos anos 80 pré-Internet, adquirir um exemplar da *Hustler* para se inteirar do que estava acontecendo. A ilicitude, a impunidade, a própria idéia de que imagens degradantes e ofensivas de mulheres estão à mão podem ser muitíssimo atraentes. Assim, o homem se pergunta o que pode haver nisso de prejudicial e arrisca um olhar. Nunca sabe o que vai descobrir. Talvez algo de excitante, por que não?

Embotamento e Insatisfação

Às vezes, o mundo fantasioso das mulheres pornográficas divulga uma imagem negativa. Thomas, auxiliar de suporte técnico em Seattle, não gosta nada de certas excentricidades que a pornografia mostra. "Há ali muita coisa esquisita. Bestialismo, pornografia infantil, estupro. Homens defecando na boca de mulheres. Nunca procuro essas imagens, mas às vezes elas aparecem." Quando topa com tais absurdos, sente-se nauseado e mal consegue tirá-los da cabeça. Certa vez, viu uma "coisa horrível" que o abalou: uma mulher monstruosamente obesa, de biquíni, encimada pelos dizeres 'Escolha uma prega e foda-a'. "Acho que, nesse dia, comecei a perder os cabelos", diz Thomas. Não faz idéia de quem se interessa por semelhantes espetáculos, mas observa: "Dizem que os pervertidos parecem pessoas comuns. Então, qualquer um pode ser. Como adverte o Sombra, 'Quem sabe o mal que se oculta no coração dos homens?'"

Homens que vêem muita pornografia falam de seu desgosto com as primeiras imagens repelentes ou de pornografia infantil indesejada que encontraram. Todavia, com a experiência, isso deixa de incomodá-los tanto — o choque logo se ameniza, especialmente ante o ataque frontal das imagens da Internet. Eles aprendem a ignorá-las e vão navegando em torno dessas cenas desagradáveis, de sorte que, da terceira vez, aquilo é mero aborrecimento ou procrastinação.

Rajiv ficou surpreso ao descobrir, graças à pornografia *on-line*, que o resto do mundo ia mais longe do que ele pensava. Presenciou coisas que não apenas o desestimularam como o aborreceram. "Há muita porcaria na Internet", afirma ele. "Boa parte parece empenhada em humilhar e degradar, o que me mata o tesão. Para mim, ver um camarada urinando numa mulher não é nenhuma fantasia." Na Internet, Rajiv já viu tiroteios. Violência. Pornografia escatológica. Fica abalado ante o que descobre por acaso *on-line*. Tudo era diferente quando conheceu a pornografia. Ela era "acanhada" — nada mais que mulheres flanando nuas numa praia ou tocando-se sob a chuva. Aquilo sim, era sensual e erótico. Mas o erotismo *on-line* é, muitas vezes, o oposto daquilo que ele pensava ser prazeroso na pornografia de sua juventude. "Se eu fosse hoje um rapazinho, estou certo de que começaria vendo imagens pela Internet logo que chegasse à puberdade", declara. "Entretanto, não gostaria que o meu filho tivesse a sua primeira exposição *on-line*. Há aí muito lixo que, acredito, pode ser prejudicial. Por exemplo, mulheres obrigadas a beber um copo de sêmen, que deixam os homens urinar sobre o seu corpo ou são por eles ludibriadas. O meu receio é que o meu filho vá associar esse tipo de imagens com tesão e tratar as suas parceiras do mesmo modo. Talvez, até, passe a considerar normais semelhantes comportamentos, pois parecem mesmo normais na tela. Ninguém, nesses sites, diz: 'Amigos, não tratem as mulheres desse jeito', quer dizer, não se ouve nunca a voz da razão."

Durante anos, especialistas e comunidades debateram se assistir a cenas de estupro tais quais mostradas na pornografia induz ou não os homens a perpetrar esse crime. Os dados obtidos das pesquisas sobre o assunto são notoriamente indignos de confiança. Entretanto, o modo como os homens encaram os estupradores é claramente afetado por seu consumo de pornografia. Na sessão final do experimento de Zillmann-Bryant com estudantes universitários, os participantes foram convidados a ler uma reportagem de jornal sobre o estupro recente de uma caronista. O crime vinha descrito no texto, mas a sentença judicial não era mencionada. Os estudantes deviam, em seguida, sugerir a punição para o culpado. Os que tinham visto muita pornografia recomendaram sentenças bem mais brandas para o criminoso. Os do grupo de "exposição maciça" optaram por uma média de encarceramento de 50 meses, ao passo que os não-expostos aos filmes queriam 95 meses. (Compare-se com as mulheres do grupo de exposição maciça, que pediram 77 meses de detenção contra os 143 recomendados pelas que não haviam visto pornografia.) Os homens expostos a um grande volume de material pornográfico também se mostravam mais reticentes quanto a apoiar causas feministas em geral e favoreciam três vezes menos a ampliação dos direitos da mulher. No todo, a consideração dos homens pelas mulheres parecia diminuir sob a influência da pornografia. A visão constante de mulheres humilhadas no vácuo da pornografia acerta o alvo, ao que parece. E note-se que a pornografia vista por aqueles estudantes era inocente pelos padrões atuais da Internet.

A pornografia deixa os homens indiferentes tanto ao ultraje quanto ao estímulo, levando ao embotamento das sensações e, por fim, à insatisfação com as instâncias emocionais da vida cotidiana. Os homens são guindados às formas mais intensas de pornografia, fartando-se de imagens extremas e orgasmos aviltantes. No fim, descobrem-se à mercê de um misto de expectativas exageradas com relação ao sexo e de emoções frouxas com relação às mulheres. Zillmann descreve assim esse "dilema da satisfação da pornografia":

> Aquilo que se classificou de "pornotopia" acena aos homens com o gozo que eles devem, podem e merecem experimentar. Como são mostrados corpos belíssimos em plena juventude, às vezes atléticos, e interações sexuais que expressam o tempo todo o êxtase, os consumidores desse tipo de entretenimento ficam logo com a impressão de que "os outros aproveitam mais", concluindo que os prazeres de seu próprio relacionamento estão aquém do que deveriam ser.
> *Essa comparação, estejam os consumidores cônscios ou não dela, tende a provocar a insatisfação sexual ou a aumentá-la grandemente, se já existe.*[11]

Fato interessante, em virtude de os efeitos negativos da pornografia terem sido demonstrados insofismavelmente pelo estudo de Zillmann e Bryant, os pesquisadores passaram a encontrar dificuldade em conseguir autorização, dos conselhos acadêmicos, para outros estudos que envolvam sujeitos humanos. Se sabem que os resultados de um estudo serão prejudiciais — e não havendo prova de que o dano possa ser permanentemente revertido —, os conselhos de ética não permitem que esse estudo prossiga. Como pode uma universidade prejudicar tão abertamente estudantes e outras pessoas votadas à pesquisa na área da ciência social? Por isso, outros pesquisadores não conseguiram levar adiante novos projetos. Felizmente, os dados fornecidos pelo trabalho de Zillmann e Bryant são amplos e consistentes; o único ponto superado em suas conclusões é a própria pornografia e o volume consumido. Hoje, os homens que vêem pornografia pela Internet estão no mesmo nível de consumo do grupo de exposição maciça daquele experimento, mas o material ao seu dispor é muito mais pesado.

"A pornografia tende a entorpecer a sensibilidade das pessoas com relação ao sexo", sustenta Harrison, o artista gráfico. "Como a violência, ela exacerba os impulsos humanos básicos. Trata-se de algo primitivo, que por isso mesmo atrai." E, assim como incontáveis estudos já provaram que filmes e vídeos truculentos afetam as atitudes das pessoas frente à violência, a pornografia pode acostumar os homens ao supremo atrativo e à carnalidade do sexo pornográfico generalizado, transformando o velho e bom erotismo numa coisa menor. "As experiências que você observa na pornografia nada têm a ver com o João comum que encontra a Maria comum", explica Harrison. "E, estou certo, o que um homem espera de sua parceira é afetado pelas imagens pornográficas que absorve. As expectativas das pessoas quanto ao desempenho sexual dos parceiros ou quanto ao que os parceiros possam desejar são totalmente irrealistas."

Quanto mais Harrison degustava pornografia, especialmente nos sites gratuitos, menos satisfeito ficava com as suas aventuras sexuais na vida real. Queria que as parceiras fizessem mais — tentassem posições imitadas da pornografia, aceitassem novidades eróticas, transassem com mais freqüência. Se a parceira não estava disposta, Harrison se aborrecia. Não conseguia controlar a irritação quando ela alegava cansaço ou falta de tempo.

Quando um homem se farta de pornografia, os mundos fantástico e real ficam repassados de indiferença. O mundo real *de fato* é tedioso — no final das contas, comparada aos fogos de artifício da pornografia virtual, a posição papai-e-mamãe com uma esposa estafada e cheia de celulite não é exatamente um encanto. As atrizes pornôs uivam de prazer à simples vista dos genitais de um homem e gemem de gozo não importa o que ele lhes faça. Frente a tamanha euforia, as mulheres de carne e osso inevitavelmente parecem acomodadas, indiferentes ou mesmo frígidas. A pesquisa *Elle*-MSNBC.com de 2004 constatou que, em resultado do consumo *on-line* de pornografia, um em cada dez homens disse que ele ou a parceira andava enfastiado de sua rotina sexual; 17% afirmaram que ver pornografia tornava o sexo menos estimulante. Um em dez admitiu ter ficado mais crítico em relação ao corpo da parceira. Sem a "voz da razão" para acompanhar o espetáculo pornográfico, alguns homens, sobretudo os jovens criados no universo da pornografia pela Internet, fazem cálculos sobre o que se pode esperar das mulheres reais com base em suas próprias experiências pornográficas. Assim como atualizam o material pornográfico à mão, tentam atualizar as mulheres na vida real.

Você não Poderia se Parecer mais com uma Atriz Pornô?

A pornografia não apenas espicaça o apetite sexual do macho como pode induzi-lo a um modo específico de realização, obtido idealmente por intermédio de mulheres reais. Embora se acostumem aos adornos e desempenhos das estrelas pornôs, os homens ainda se voltam para as suas parceiras da vida real a fim de fazer sexo. E, com 51% dos americanos que acreditam que a pornografia eleva as expectativas do homem quanto à aparência das mulheres e 48% que dizem que ela muda as expectativas do homem quanto ao comportamento das mulheres, segundo a pesquisa *Pornified*/Harris, a pornografia acaba por ter um impacto concreto sobre as mulheres de carne e osso.

O grau em que a pornografia eleva os padrões e altera as expectativas dos homens em relação às mulheres depende de quanta pornografia é consumida. Em 2002, um professor da Universidade Cristã do Texas conduziu um estudo sobre consumidores de pornografia *on-line* (homens heterossexuais integrantes de grupos de troca de material na Internet). Na média, os entrevistados viam, por semana, cinco horas e vinte e dois minutos de pornografia. Foram divididos em três grupos: consumo elevado (mais de seis horas semanais), consumo médio (de duas a seis horas semanais) e consumo baixo (duas horas semanais ou menos). O estudo revelou que, quanto mais pornografia o homem usa, mais probabilidade tem de descrever as mulheres em termos erotizados e estereotipados. Ele tende também a consignar-lhes ocupações femininas tradicionais e a valorizá-las por seu grau de submissão e subordinação aos homens.[12]

Luís, de trinta e quatro anos, entusiasta da pornografia desde a idade de dez, tem padrões definidos para as mulheres de sua vida. Quando menino em Los Angeles, o seu pai deixava vídeos pornográficos espalhados pela casa. A mãe, uma mexicana muito religiosa, sabia obviamente da existência dos vídeos, mas Luís nunca a viu incomodar-se com isso. Suspeitava mesmo que ela assistisse aos filmes com o marido. Depois de perder a virgindade aos treze anos, Luís nunca mais teve dificuldade em conquistar mulheres. Casado uma primeira vez aos vinte e um, por menos de um ano, mais tarde casou-se de novo e de novo se divorciou; e o mesmo sucedeu da terceira vez. Homem triplamente divorciado, Luís sentiu-se em definitivo estigmatizado no cenário amoroso ("As mulheres me vêem como uma espécie de jogador"), mas ainda tem esperança de encontrar a parceira ideal. Para Luís, ser "certo" é, em parte, desempenhar um papel. As suas expectativas, diz ele, foram muitíssimo ampliadas pela pornografia. "Vivo o sexo tal qual é mostrado nas imagens pornográficas."

Luís sempre estimulou as ex-esposas e namoradas a ver filmes pornôs em sua companhia, para que soubessem que o excita. "Se eu estiver com uma mulher sem obter o tipo de prazer que vejo as pessoas usufruir nos filmes pornôs, deixo-a", declara. "Já rompi com algumas que não queriam fazer certas coisas comuns na pornografia." Por exemplo, se uma não pratica sexo oral como as atrizes pornôs — extasiando-se com o ato, engolindo-lhe o membro, deixando que ele ejacule sobre o seu corpo —, então Luís se distancia dela. A mulher com quem ele sai tem de estar aberta à experimentação, ressalta ele. "Se a mulher ignora o que isso significa, aconselho-a a ver um pouco de pornografia."

Outro problema são as mulheres que demoram muito a chegar ao orgasmo. "Na pornografia, elas gozam com tanta facilidade!", exclama Luís. "Mas, na vida real, realmente precisam de mais tempo. Eu, porém, fico muito impaciente." Uma das parceiras de Luís tinha imensa dificuldade em atingir o êxtase. "Esse foi, em definitivo, um dos fatores que levaram ao nosso rompimento", explica. E as exigências de Luís não se limitam às suas parceiras: ele mesmo procura manter um alto padrão. "Sempre quis ter um pênis avantajado", confessa. Para esse fim, comprou bombas de sucção e cremes, na tentativa de aumentar o tamanho do membro. Pelo que acha, funcionou até certo ponto.

Na escola católica que Luís freqüentou em criança não havia educação sexual. Seus pais também nunca se sentaram com ele para "conversar". Por isso, aprendeu a lição com a pornografia. "Acho que comecei a me interessar quando era bem novo", reflete. O seu próprio filho, caso venha a ter um, não deverá estrear-se nessa prática antes dos dezesseis ou dezessete anos, se isso depender de Luís. "Suspeito que a pornografia tenha exercido uma influência prejudicial em mim, principalmente nos relacionamentos. Aprendi a viver segundo a pornografia; ela me deu a primeira impressão da natureza do sexo. Para mim, sexo é fornicação."

Ao contrário do que se observa nas estrelas pornôs, a mulher de carne e osso talvez não haja depilado as pernas de manhã e ainda esteja com o rosto inchado de sono. Talvez não queira vestir uma tanga nesse dia ou fazer um *strip-tease* à noite.

Talvez não se sinta disposta a deixar que o parceiro urine ou ejacule em seu rosto. E quando a mulher não consegue imitar a atriz, isso é frustrante, aborrecido e até incompreensível para o homem, que se pergunta então: "Por que ela não consente em fazer o que eu quero?"

Homens mais jovens, principalmente de dezoito a vinte e quatro anos, mostram-se mais propensos do que os mais velhos a pensar que a pornografia afeta as suas expectativas com relação à aparência e ao comportamento das mulheres. Tyler, virgem até os vinte e um ("Já tinha feito praticamente tudo, mas... bem, isso é um tanto embaraçoso" — para Tyler, convém esclarecer, "sexo" é só a cópula vaginal), acha que os homens se envolvem com pornografia porque, para eles, o sexo é antes físico que emocional. A sua fantasia contaminada por elementos pornográficos obedece a parâmetros físicos específicos. "Prefiro mulheres com seios grandes, cheios, mas não pesados demais", esclarece Luís. "Também não gosto de magricelas." A atriz pornô Brianna Banks ("A mais sensacional de todas, com os seus peitos enormes e os seus olhos azuis") é o máximo. "Ela não apenas é loira como tem o busto ideal." Também exige que os pêlos pubianos sejam eliminados. "Sou um grande fã das raspadinhas", esclarece.

Infelizmente, muitas das namoradas de Tyler não se depilavam. Ele regularmente lhes pedia que o fizessem e algumas cediam. A última, Betty, não quis: explicou-lhe que isso provocaria pêlos encravados em suas virilhas. Tyler não aceitou a desculpa. "As mulheres da pornografia não parecem ter nenhum problema com a depilação", queixa-se ele. "Mas, pelo menos, Betty era loira, com cabelos bonitos. Por isso, o problema não foi tão grande." Sob outros aspectos, Betty e as outras namoradas mostraram-se mais acomodatícias. Isso é muito importante, sublinha Tyler, porque a pornografia lhe ensinou que as mulheres são criaturas extremamente erotizadas. Quando ele vê uma delirando de prazer num filme pornográfico, isso lhe parece a coisa mais natural do mundo. As mulheres tendem a ser putas, pontifica Tyler. "As colegiais são putas, as outras são putas. Elas querem sexo e precisam dele. Cabe aos homens satisfazê-las."

Um ano antes, quando Tyler viu uma cena pornográfica mostrando um homem introduzindo o dedo no ânus de uma mulher, achou que isso não lhe agradaria na vida real ("O sexo anal é meio tabu para mim"). Mas depois arriscou fazê-lo com uma namorada e descobriu que estivera errado. No mesmo espírito, atraído por imagens de ejaculações no rosto, Tyler decidiu reproduzir a cena na vida real. Até agora, todas as namoradas consentiram nisso até certo ponto. Certa feita ejaculou nos seios de uma e ela lhe disse que não fora tão ruim assim como imaginara. "Contudo, não chegamos até o rosto, pois rompemos antes."

Sexo Pornô *Versus* Sexo Real

Quando os homens passam das atrizes pornôs para as namoradas, nem sempre a pornografia desaparece. Os que consomem pornografia costumam sentir-se atraídos por uma versão artificial da sexualidade feminina. "Quando estão com as suas parceiras, eles perdem a capacidade de excitar-se ante os traços positivos delas", explica o psicólogo Gary Brooks. "Muitos, então, tentam recriar mentalmente as imagens pornográficas para, em companhia de outrem, manter o seu desejo." No entanto, assim agindo, deixam de estar com as parceiras e não conseguem entregar-se inteiramente a elas.

Os homens insistem em dizer que a pornografia nada tem a ver com mulheres reais ou com a sua própria sexualidade, mas ao mesmo tempo exaltam-lhe os benefícios como estimulante erótico e afirmam moldar a sua vida sexual pelo figurino da pornografia. Infelizmente, nem sempre a fantasia pornográfica combina muito bem com a realidade do sexo. Uma vez que a pornografia supostamente fornece aquilo que não se pode obter do sexo ou aquilo que se faz quando o sexo está fora de alcance — não aquilo que se faz quando se pode —, a intrusão de elementos pornográficos na vida sexual de um homem tende a ser perturbadora. Embora alguns homens afirmem conseguir separar pornografia e sexo real em sua cabeça, a coisa não é tão fácil assim; a pornografia se infiltra, às vezes sub-repticiamente. Semelhante incursão pode mesmo suscitar problemas sexuais, como impotência e ejaculação precoce.

Tão logo descobriu a pornografia pela Internet, Rajiv sentava-se ao computador quase diariamente, masturbando-se de quarenta e cinco minutos a uma hora: "Depois de acabar, pensava: 'Veja, esse tempo podia ter sido melhor aproveitado em outras coisas', como escrever, trabalhar ou dormir". A princípio, a pornografia apenas preencheu uma pequena lacuna na vida sexual de Rajiv. Vinha de uma longa fase de "estiagem" e não estava saindo com ninguém. Mas, após vários meses de celibato, começou a encontrar-se com uma garota em janeiro de 2004. A primeira vez que fizeram sexo, Rajiv encontrou dificuldade para chegar ao orgasmo. Como sempre, conjurou então imagens pornográficas na mente a fim de aguçar e manter a excitação. Mas o velho truque dessa vez não funcionou. Talvez fosse o nervosismo, consolou-se ele.

Essa foi uma estranha reviravolta na seqüência dos acontecimentos, pois Rajiv sempre atribuíra à pornografia o condão de melhorar a sua vida sexual. As mulheres lhe diziam que ele era um amante soberbo, sobretudo, pensa Rajiv, por sua capacidade de controlar-se. Atribuía essa capacidade de adiar por muito tempo a ejaculação ao fato de masturbar-se vendo pornografia. Enquanto alguns rapazes não levam mais que quinze segundos, segundo supõe, ele precisava de pelo menos quarenta e cinco minutos só para chegar perto do orgasmo. Rajiv achava que o seu vigor invejável devia-se ao fato de haver "praticado" o controle ejaculatório graças à masturbação frente a imagens pornográficas. Pensava poder gozar quando quisesse, rapidamente ou depois de muito tempo, dependendo de seu estado de ânimo.

E agora lá estava ele às voltas com problemas de orgasmo, independentemente do que pensasse a respeito. Em diversas ocasiões, a nova namorada lhe perguntava em tom queixoso: "Queridinho, estou começando a ficar cansada, você vai acabar logo?" Às vezes, ele respondia: "Acho que não vou gozar". Separavam-se então e Rajiv se masturbava ou pedia-lhe que o masturbasse, para obter o alívio da ejaculação. (Nos filmes pornográficos, o homem quase sempre ejacula fora do corpo da mulher.) "O meu coração já não palpitava tanto", confessa Rajiv. "O sexo me parecia coisa muito comum, não mais excitante e mágica como antes da pornografia virtual."

Quando, por várias vezes, falhou em chegar ao orgasmo com uma segunda namorada, Rajiv decidiu interromper de todo o consumo de pornografia pela Internet. "Tive de tomar a decisão consciente de parar", explica. "Receava estar me tornando compulsivo ou mesmo viciado nessa prática. O fato de a pornografia alterar de vez a minha vida sexual alarmava-me." Rajiv pensa que se acostumou a ver imagens explícitas por estar excitado e que isso o fez dependente de imagens visuais para a realização sexual. "Quando não tenho essas imagens diante de mim, simplesmente não consigo ficar com tesão. O sexo já não é mais fisiologicamente excitante", lamenta ele. Rajiv ainda não arranjou outra namorada, mas, quando o fizer, talvez as coisas voltem a ser o que eram. "Espero que essa dependência possa ser revertida com o tempo", diz com um suspiro.

Quando pressionados, quase todos os homens afirmam que o sexo real é, de longe, preferível ao sexo pornográfico. Antes participar que assistir. Uns dizem mesmo que até a masturbação é melhor *sem* a pornografia — o vôo livre da fantasia inspira mais que os artefatos do erotismo. A masturbação sem interferências permite uma viagem nostálgica ao passado sexual, onde reaparecem antigas namoradas ou episódios particularmente eróticos com a parceira do momento. Entretanto, muitos homens que recorrem à pornografia dizem que já não conseguem se masturbar sem ela, especialmente depois que descobriram a Internet. Alguns confessam estar se tornando dependentes de imagens pornográficas, quer ao vivo quer conjuradas na memória. Adeus às desmaiadas lembranças do êxtase naquela cabana à beira-mar, lá pelos idos de 1987!

Harrison, o artista gráfico, tinha pornografia nos miolos. Mulheres para as quais babara diante da tela, atos que acompanhara entusiasticamente, estilos sexuais que o haviam encantado retornavam flutuando à sua consciência... quando estava com a namorada. Súbito, em pleno ato, ele pensava numa orgia a três que vira num clipe baixado na Internet. "Mas, durante o ato, essa imagem se torna incômoda porque não quero praticar sexo a três com a minha parceira", explica ele. "O que excita na fantasia pornográfica prejudica quando se manifesta na prática real."

Uma vez que sempre considerou a pornografia um simples recurso fantasioso, o seu eco na realidade era não apenas inapropriado como repulsivo. É claro, quando Harrison contempla imagens de belas mulheres na pornografia, anseia por possuir outras tão atraentes quanto elas. Mas o desejo de transferência da pornografia para a vida real cessa aí. "Há um motivo para os homens envolverem líderes de torcida e enfermeiras na sua imaginação pornográfica", diz Harrison. "Elas são pura fantasia. Sem dúvida, alguns querem viver essa fantasia, mas, para a maior parte, ela não é algo que de fato gostariam de concretizar. Nem sempre *queremos* que a vida real imite a pornografia."

Harrison já não conseguia concentrar-se inteiramente na mulher que tinha na cama. E dado que imagens pornográficas indesejadas são um balde de água fria quando reencenadas em tempo real, o corpo de Harrison também se embotava. A dificuldade de chegar ao orgasmo durante o sexo agravou-se. A mulher com quem dormia achava estranho que o parceiro não gozasse — e passava maus bocados por isso. E surgiu um novo problema. Harrison começou a achar difícil manter a ereção durante a cópula; o membro não ficava tão duro como antes. "Isso nos leva de volta às expectativas suscitadas pela pornografia", explica ele. "Creio que as minhas ereções foram afetadas porque o sexo real não me estimula tanto quanto a pornografia. Acostumei-me a um nível elevado de excitação e, comparado à pornografia, o sexo real deixa muito a desejar."

O que amedrontou Harrison foi que, mesmo depois de decidir acabar de vez com o consumo de pornografia, a insatisfação persistiu. "Terei arruinado a minha vida sexual para sempre?", alarma-se.

Omissão e Ludíbrio

A maior parte das mulheres não faz idéia de quanto os seus namorados ou maridos vêem pornografia. Usualmente, a escamoteação é deliberada, embora muitos homens neguem a freqüência para si mesmos. Quase nunca se preocupam em calcular o volume que consomem. Alguns até preferem não saber. Talvez seja melhor esconder tais coisas, supõem os homens, porque as mulheres não entenderiam mesmo. A última namorada de Zach, Jeanne, perguntou-lhe se ele via pornografia e o programador de sites da Internet, de vinte e três anos, admitiu que sim. Ela sentiu ciúmes ao saber que o namorado olhava para outras garotas, mas Zach a convenceu de que a pornografia não lhe fazia concorrência. "Ninguém se prende a isso", explicou-lhe. Zach não compreende por que as mulheres encaram o fato como assunto pessoal, mas sabe por experiência que elas agem assim. "Se uma namorada ou esposa me pedisse para deixar de ver pornografia, eu provavelmente reduziria o consumo ou continuaria a ver às escondidas. Mas parar, não pararia, pois ignoro em que isso possa prejudicar uma parceira. Além do mais, é um hábito. Venho me masturbando graças ao incentivo da pornografia desde os catorze anos. Não se quebra com tanta facilidade um costume de uma década."

Assim, a despeito das queixas e revoltas ocasionais de Jeanne, Zach insistiu na pornografia. Percebia que isso a incomodava mas, no seu entender, ela não precisava saber de nada. Os dois não viviam juntos, de sorte que Zach podia navegar à vontade pela Internet sem deixar pistas. "Não acho que pornografia e sexo sejam a mesma coisa, portanto não se afetam entre si", raciocina. "Masturbar é como assoar o nariz: também nada tem a ver com sexo. Uma rápida sensação física, uma explosão e pronto: não há mais nada com que se preocupar. Já com o sexo existe outra pessoa na jogada e você precisa zelar por ela. O ato é mais demorado e tem o seu componente emocional. Você se envolveu com um ser humano que realmente ama e é amado. É necessário haver aí um certo grau de confiança."

Mas, embora os homens reputem a confiança como fator essencial de um relacionamento, parecem esquecê-la quando se trata de pornografia: enganam as parceiras fazendo-as pensar, ou que não a consomem de modo algum, ou que só se entregam a essa prática ocasionalmente. Encaixar a pornografia na própria vida nem sempre é fácil. Betty, por exemplo, fez Tyler, o especialista em ciências da computação, passar maus bocados. Ela não aprovava a pornografia e não atinava com o porquê de ele usá-la enquanto eram namorados. Mas Betty só tinha dezesseis anos e vinha de uma família das mais conservadoras, de sorte que Tyler fez um esforço para compreendê-la. Tentou atraí-la para a pornografia, abrir-lhe a mente. Quando Betty o advertiu de que tinha de escolher entre ela e a pornografia, Tyler sugeriu que ambos vissem filmes eróticos juntos. "Para mim, não era uma questão de escolha", explica. "E não gosto que me ponham contra a parede. Disse então a Betty: 'Mesmo quando estou vendo pornografia, penso em você', mas nem assim ela ficou satisfeita." A jovem continuou a encarar a atitude do namorado como ofensa pessoal. Declarou a Tyler que não se achava atraente e sensual o bastante; que não podia comparar-se às atrizes pornôs. Isso, porém, era uma loucura, garante Tyler. "Ela tinha lindos cabelos louros. Era dançarina, portanto com um corpo em forma. Não se podia dizer que era o máximo, é claro, mas eu lhe assegurei repetidas vezes que possuía seios maravilhosos. E ela continuou insegura." Aquilo foi demais para Tyler. "A vida real está completamente separada da pornografia. Mas Betty reclamava tanto que eu preferi ficar com a pornografia a permanecer ao lado dela."

Por fim, Tyler convenceu-se de que aquilo que ela não soubesse não poderia magoá-la. Disse a Betty que não mais consumiria material pornográfico, mas continuou a consumir. Não se sentia nem um pouco culpado. "Não creio que seja errado ver pornografia por conta própria. Ademais, ainda que Betty não acreditasse em mim, eu pensava sempre nela quando assistia aos filmes."

Mas, ainda assim, temia que Betty o desmascarasse. Durante um mês, manteve o segredo, mas depois resolveu tomar uma atitude. Explicou-lhe que ela tinha de entender uma coisa: a pornografia não a ameaçava, não a punha em perigo. Precisava deixá-lo fazer aquilo de que ele gostava. Após dezessete meses juntos, finalmente romperam. Tyler, daqui por diante, não espera enfrentar esse problema de novo com uma namorada. A pornografia é algo que ele deseja conservar em sua vida; e, idealmente, quer uma namorada que também pense o mesmo. "Tenho idade e experiência suficientes para saber o que espero de uma mulher", diz ele. "Se uma garota me der um ultimato desse tipo, então não será possível nos relacionarmos. Pretendo trazer a pornografia à baila logo no início do namoro. Assim, caso isso seja um empecilho, não iremos adiante."

Para muitos homens, é uma chateação e uma intrujice ter de lidar com os sentimentos e valores de outra pessoa — mulheres que questionam o seu consumo de pornografia ou o desaprovam quando disso tomam conhecimento. Jacob, o jornalista que fez uma assinatura do Playboy Channel, começou a sair com Carina logo que se mudou de Washington, D.C., para Nova York. Carina não apenas detestava pornografia como a combatia por razões pessoais e ideológicas. Jacob, que levara alguns vídeos consigo na mudança, ficou espantado ante essa atitude. Embora achasse alguns dos argumentos de Carina convincentes, ignorava por que ela chegara a semelhantes conclusões. A jovem lhe disse que a pornografia é prejudicial e ele concordou, com reservas. Argumentou: "Sim, sei que é prejudicial. Mas até que ponto, no grande esquema das coisas?" Onde estão as provas? Não conseguia acreditar, por exemplo, que todas as mulheres da pornografia tinham sido vítimas de abusos sexuais, conforme alegava Carina. Havia exceções, por certo. Os arrazoados radicais de Carina eram duros de engolir.

"Foi um desafio", lembra-se Jacob. "Levei a sério as suas idéias, mas achei difícil aceitar que uma coisa aparentemente tão natural fosse errada." A pornografia fazia parte da vida sexual de Jacob desde os seus dez anos. Renunciar a isso não era algo que ele estivesse pronto ou disposto a fazer. Assim, continuou a ver pornografia às escondidas de Carina. Nunca lhe disse nada e ela nunca perguntou. Jacob estava feliz com a sua vida sexual e os dois ficaram juntos por um ano e meio. Mas, no curso do relacionamento, ele se sentia mal sabendo que enganava Carina. A namorada achava que ele parara de consumir pornografia. Jacob pressentia que, quando ela se inteirasse da verdade, ficaria arrasada. Por isso, amargava a culpa o tempo todo.

Sem dúvida, para alguns, o tabu da pornografia é o verdadeiro atrativo. Por motivos religiosos, morais ou pessoais, acham que não devem ver pornografia — e isso faz parte do encanto. Mas o tiro pode sair pela culatra. Os homens, não importa a sua formação, às vezes lutam com a culpa e a vergonha suscitadas pela pornografia. Essa luta pode estar associada a uma criação religiosa intransigente ou ser um produto da mentalidade libertária dos anos 70, quando os jovens perfilharam algumas das mensagens feministas propaladas durante essa década. Mesmo no caso daqueles que alegam o contrário, a pornografia nem sempre condiz com as suas crenças mais amplas sobre as mulheres.

Harrison sempre se pergunta por que a pornografia é tão complicada. De um lado, ela é uma grande idéia e ele decerto a desfruta à larga. Ajuda as pessoas a explorarem os seus gostos e fantasias. No caso dos reprimidos, harmoniza-os com a própria sexualidade e fá-los aceitar sentimentos outrora considerados perversão. "A pornografia os leva a se abrir psicológica ou sexualmente", decreta Harrison.

De outra parte, a pornografia encerra inúmeros elementos negativos. A culpa, por exemplo. Católico de criação e praticante eventual, Harrison não nutre nenhuma convicção religiosa com respeito à pornografia, mas admite ter "conflitos morais". Em criança, ensinaram-lhe que a pornografia e a promiscuidade eram erradas porque degradavam o sexo. Essas idéias deitaram raízes desde cedo em sua mente e não é fácil livrar-se delas. Hoje, porém, classifica os seus sentimentos antipornográficos de "humanísticos". "Não sou radical nesse ponto", explica Harrison. "Por algum motivo a pornografia está aí há tanto tempo e se popularizou. Mas, com relação a ela, há mais elementos negativos que positivos. Tenho convicções morais contra a pornografia, não o nego. Já a vi provocar muito dano."

Kevin, o fotógrafo de trinta e dois anos do Colorado, percebeu o efeito dessas influências negativas em sua própria vida. Na faculdade, ele usava material pornográfico como "algo estimulante", mas havia a outra face da moeda: "A pornografia encorajou-me, sim, a manter relações casuais", lembra-se. "Eu jamais forçaria mulheres a fazer sexo daquele jeito se não fosse a enorme quantidade de erotismo que absorvi vendo pornografia. Tornei-me o imbecil que nunca quis ser porque não valorizava as mulheres."

Mas, no início da casa dos trinta, viu-se de volta à pornografia e aos problemas. Havia a questão do tempo, em primeiro lugar. O usuário médio vê pornografia no computador por mais de uma hora semanal e Kevin não era exceção. De fato, a pornografia *on-line* devorou-lhe várias horas por semana no último ano e meio. Não teve outro relacionamento desde que a noiva rompeu com ele. Não saía de casa tanto quanto gostaria e começou a sentir-se mal consigo mesmo. "Não acredito ter tabus em minha vida sexual", comenta. "Nem que haja tabus de qualquer espécie na pornografia e na nudez. Mas, de algum modo, comecei a me sentir culpado por causa do excesso de pornografia que andava consumindo." A princípio, como semipraticante da Igreja Episcopal, achou que se tratava de culpa religiosa, mas logo concluiu que esse não era o verdadeiro problema. "Apenas suspeitava estar fazendo o que não devia fazer. Como se a pornografia fosse um segredo difícil de guardar. Como se eu estivesse contando ou vivendo uma mentira." Os sentimentos de inquietação relacionavam-se em parte à família. Depois que o seu irmão sofreu um colapso emocional no colégio, a família de Kevin se desestruturou e só aos poucos se recompôs. A experiência alterou o modo como Kevin encarava muitas coisas na vida. Daí por diante, ele decidiu não ter mais segredos. Caso se aventurasse nas drogas, os familiares prontamente saberiam. Se algo desse errado, ele lhes contaria. Sucessos, fracassos, medos, problemas — tudo deveria ficar às claras. A família se deu bem sob o novo sistema. "O meu critério para determinar o modo como queria levar a vida foi: se não me sinto bem conversando à mesa com a família sobre uma coisa, então há algo de errado com essa coisa", explica Kevin. E a pornografia... sim, havia algo de errado com ela.

Indistinção

Harrison se preocupava cada vez mais com o fato de estar vendo pornografia em excesso. "Ficava horas na frente da tela, antes de me dar conta do tempo decorrido", lembra-se. "Estava gastando mais tempo do que desejaria." Esboçou-se um padrão. Freqüentemente ele entrava na Internet altas horas da noite, o que de certa forma parecia bastante apropriado. Harrison navegava, punha-se na pista de algo que lhe convinha, encontrava um *link*. Curioso, clicava nele, avançava, saltava, fazia uma pausa — site após site. "Ficava tão obcecado, tão entusiasmado com a aventura que esquecia de mim mesmo."

Quando se dava conta do tempo que gastara, sentia-se inquieto. Tantas horas perdidas! Que estava pensando, afinal? A pornografia atrapalhava-lhe a agenda diária. Chegava atrasado aos compromissos. Já nem saía de casa como antes. Não seria o caso de despender todo esse tempo procurando mais trabalho? Ou uma namorada? Harrison vivia um conflito. Por um lado, ver pornografia era tremendamente gratificante. Depois de se masturbar, sentia-se descontraído, satisfeito. Mas também culpado. "Quando você percebe que desperdiçou mais tempo do que esperava, parece que perdeu o controle", observa ele. "Já não presta atenção no que está fazendo. Notei então que a pornografia estava afetando os meus pensamentos com relação ao cotidiano. E comecei a me preocupar de verdade. A desconfiar que aquilo talvez não fosse assim tão saudável."

Harrison desligava o computador e ia para a cama, mas a pornografia continuava em sua cabeça. Ficava estirado, com as imagens flutuando-lhe na mente. "É como se você estivesse perdendo o controle dos próprios pensamentos." Despertando de uma noite de sonhos obscenos, sentia-se desorientado. Não que tivesse medo do que acontecia; desejava apenas *afastar-se de tudo aquilo*. De certa forma, o limite entre a vida de fantasia e a vida de vigília — mesmo a vida onírica — tinha ficado indistinto para ele.

Isso durou meses. Harrison não produzia muito durante o dia e não dormia bem à noite. Resolveu, pois, colocar a situação sob controle. "Preciso dar um jeito nisso", disse para si mesmo. De começo, supôs que não mais veria material pornográfico na Internet. Mas logo descobriu que semelhante decisão não era realista. O que ele precisava era de uma mudança de atitude. "Resolvi parar de me preocupar com o assunto e não permitir que aquela tendência me dominasse. Parece tolice dizer isso, mas era assim que eu encarava o problema." Às vezes, alarmava-se imaginando ter ficado viciado em pornografia, o que não estava absolutamente fora do cálculo das possibilidades. "A sensação de ter perdido o controle acendeu luzes vermelhas em minha cabeça."

Assim, moderou-se. Hoje, tenta limitar as sessões *on-line* a duas por semana. Decidiu também ser mais objetivo com relação à pornografia: masturba-se todas as vezes, quando antes, ocasionalmente, só procurava excitar-se. Ao perceber que está gastando muito tempo *on-line*, tem um assomo de culpa, o que espera poder robustecer a sua decisão de controlar-se. Houve uma certa melhora. Harrison tem uma nova namorada e acha que o seu desempenho sexual talvez esteja voltando ao normal. Já consegue manter por mais tempo a ereção. Fazendo um esforço, expulsa as imagens pornográficas da mente quando está na cama com ela. No entanto, às vezes, reincide. Não discutiu o assunto com a namorada: "Receio dizer-lhe porque, suspeito, ela não aprovará esse meu consumo de pornografia."

A perda de controle ocorre, dizem os homens, quando a pornografia não só entra em conflito com obrigações pessoais e sociais, mas afeta o seu senso do eu. Descobrir que a pornografia não era algo que ele quisesse partilhar com a família foi uma revelação para Kevin. Todos sabem que todos cultivam esse hábito, dizia a si mesmo; portanto, qual o problema? Por que se sentia na obrigação de ocultar que também *ele* o cultivava? Não sabia a resposta. Mas sabia que o seu hábito era "sombrio" e não desejava que a família tomasse conhecimento do assunto. Quando num relacionamento, ver pornografia não o perturbava muito; mas algo com o seu hábito solitário incomodava-o. "Eu associava o uso que estava fazendo da pornografia à atitude de algum camarada esquivo, sozinho em casa num sábado à noite, masturbando-se." Às vezes, ao sair da Internet, sentia-se uma pessoa "doente".

Também achava que a sua atitude para com as mulheres fora contaminada pela pornografia. Recuperando-se, após um ano, de seu compromisso amoroso rompido, Kevin finalmente começou a sair de novo com garotas. "Eu não pensava coisas como 'a entregadora de pizzas vai tocar a campainha e nós faremos sexo', ou algo assim", garante ele. "Mas suspeitava que não iria ter uma nova experiência com uma atitude franca ou positiva. Não me sentia bem saindo com uma namorada." Na mente de Kevin, masturbar-se diante de cenas pornográficas no computador equivalia a "ir a um barzinho de vez em quando e fazer sexo com a primeira que aparecesse". Duvidava da possibilidade de manter um relacionamento enquanto estivesse mergulhado nesse hábito. "Isso lembra traição", diz ele. "Ou melhor, *é* traição. Para mim, a intimidade é parte importante de um caso amoroso, mas como poderia eu ser íntimo de uma mulher se vivia olhando para outras?" Temia ainda estar retomando os maus hábitos dos tempos de faculdade: encontrava-se com mulheres apenas para fornicar. "Mas que diabo você anda fazendo?", perguntava-se.

Em 2003, Kevin decidiu interromper de vez o consumo de pornografia. Ao olhar para trás, concluiu que esse hábito coincidia com um período ruim de sua vida. A noiva o abandonara e ele ficara só. "Estava mal comigo mesmo. Precisava de uma substituta", lembra-se. "Senti-me um imbecil. Lá fora fazia um maravilhoso dia ensolarado e eu dentro de casa, vendo pornografia no computador." Interrompeu tudo, parou de beber em excesso e recomeçou a exercitar-se. "Não creio que, no meu caso, a pornografia fosse um vício", afirma. "Não, não creio. Mas sem dúvida era deprimente."

Muitos homens acham de fato que a pornografia, de um modo geral, deprime. Traz descontração, mas também melancolia. Mesmo os aficionados supõem que os outros a consumam em excesso. A pornografia não apenas objetifica as mulheres, explica Mark Schwartz, diretor clínico da Clínica Masters e Johnson em St. Louis, como acaba se tornando auto-objetificante. "O homem passa a sentir-se, ele próprio, um computador ao descobrir que é dependente de imagens virtuais para excitar-se", diz Schwartz. "Você pode estar fazendo amor com a sua mulher, mas a sua imaginação concentra-se em outra. Isso é ruim para a mulher e péssimo para o homem." Este, segundo Schwartz, precisa reconhecer que, quanto mais se dedica à pornografia, menos satisfação encontra na parceira e menos felizes os dois se sentem um com o outro. "A metáfora do homem se masturbando diante do computador é o Willy Loman de nossa década. Em termos sociológicos, trata-se de uma anomalia — o indivíduo completamente solitário, isolado, imaginando sexo com uma mulher de aparência artificial na tela. É verdadeiramente patético, trágico mesmo."

Até os homens que vão a clubes de *strip-tease* falam do quanto os freqüentadores lhes parecem "patéticos". "Perdedores." "Desesperados." Senhores solitários, gordos, repetidamente divorciados, bebericando a terceira dose de Johnnie Walker e espiando mulheres que de outro modo nunca levariam para a cama. E mulheres, por seu turno, disfarçando a repugnância no afã de empalmar mais dinheiro. Homens que vêem pornografia no confortável distanciamento do computador ou da televisão desdenham a "ralé" que se esgueira pelas livrarias de adultos. "Lugares escusos", dizem eles. "Antros de esquisitões e desajustados."

Reconhecer que você, em seu ambiente limpo, privado, de alta tecnologia, é um deles, ou quase, costuma ser uma constatação desagradável — que muitos homens preferem evitar. Dizem a si mesmos que são diferentes. Jamais consentiriam em visitar uma livraria para adultos. Só vão a clubes de *strip-tease* — os melhores, de mais alta classe — para divertir-se com os colegas, a esposa ou a namorada condescendente. Sabem que as garotas ganham para fazer aquilo. Não são bobos. Mas o encanto logo se desfaz. Na pesquisa *Elle*-MSNBC.com de 2004, 15% dos homens disseram que o hábito da pornografia *on-line* fazia-os sentir-se fragilizados. Sete por cento haviam sido surpreendidos e repreendidos por entrarem em sites pornográficos durante as horas de trabalho. Talvez estejam reservando muito tempo para escapar da realidade e pouco para permanecer nela. Não é fantasia deles gastar mais tempo virtualmente que visceralmente.

4

Estrelas Pornôs, Amantes e Esposas: Como as Mulheres Vêem a Pornografia

Aaliyah, diretora de Relações Públicas em Houston, tem vinte e cinco anos, gosta de pornografia e aprova-a, embora a sua apreciação não tenha sido imediata. A primeira exposição ocorreu certa noite, quando voltava do colégio. O namorado de uma amiga tinha um vídeo pornô e, sentindo-se um tanto entediado, o grupo decidiu assistir a ele. "Para nós, foi indecente", diz Aaliyah sobre a reação das garotas. "A câmera só captava *closes* e só o que víamos era o ato sexual."

Na faculdade, Aaliyah descobriu um tipo mais atraente de pornografia. Na grande universidade texana que freqüentava, grupos de amigas reuniam-se para ver filmes pornográficos em seu dormitório. Quase todas achavam que era divertido. Às vezes, por brincadeira, trocavam e-mails (hoje não mais, pois todas têm uma carreira e usam o computador para trabalhar). Atualmente, Aaliyah vê pornografia em casa, cerca de uma vez por mês — *on-line*, a cabo ou em DVD. Gosta de filmes com história; eles precisam ter "algo mais". Mas a maioria é feita primordialmente para rapazes. Aaliyah acha que alguns são muito pobres em termos de produção; os enredos, péssimos; a pornografia pesada, paupérrima. "Gosto do filme quando é realista", explica ela. "Detesto coisas como sujeição ou sexo exageradamente agressivo, enfim, tudo quanto tende a demonizar a mulher. Pura brutalidade. *Nunca mais* quero ver material desse gênero."

Aaliyah usualmente consome pornografia quando não está saindo com ninguém. Batista praticante do Sul, gostaria de casar-se e ter filhos, mas de momento a sua vida amorosa é nula. "Nada à vista", lamenta-se. Ver pornografia a sós talvez seja divertido, mas isso só lhe estimula o desejo por sexo e companhia. "Sou bastante exigente quanto ao tipo de rapaz que aceito namorar", declara. "Um sujeito disposto a fazer filmes pornográficos não é a pessoa de classe com quem quero estar." Nem todos os homens curtem pornografia, acha ela; talvez uns 70% apenas. "O meu pai, por exemplo, jamais traria material pornográfico para casa. Mamãe o mataria", brinca ela. Aaliyah concorda em que os homens vêem mais pornografia que as mulheres — destas, só 30% são aficionadas. Mas as suas melhores amigas vêem. Em Houston, porém, as pessoas de seu conhecimento que freqüentam igrejas alimentam uma visão negativa do erotismo. Algumas amigas de sua paróquia sem dúvida ficariam ofendidas se soubessem que ela cultiva semelhante hábito. "Muita gente pensa que a pornografia é coisa má", diz Aaliyah, "mas eu acho que não há nada de errado com ela."

Tradicionalmente, as mulheres suspeitam que há algo de *errado* com a pornografia. Ela é considerada vulgar, grosseira, "suja". A sociedade estimula as mulheres a repudiá-la e a censurar — embora inutilmente — os parceiros que a consomem. Ou a fechar os olhos para as transgressões pueris deles. Mas não se espera que as próprias mulheres consumam pornografia.

A pornografia era outrora coisa de rapazes. Em 1953, o famoso Relatório Kinsey sobre a sexualidade americana constatou que os usuários eram quase exclusivamente do sexo masculino. Ao longo dos anos 70, porém, as mulheres romperam com a postura tradicional do "não pergunte, não se queixe". As feministas começaram a fazer reivindicações nessa área. Viam as mulheres que trabalhavam no setor com piedade, lamentando um sistema que as valorizava mais pelos seios do que pelos miolos. Tais mulheres eram exploradas, mal pagas e tinham todas sido vítimas freqüentes de abusos sexuais ou emocionais. O problema, muitas concluíam, era a pornografia — uma indústria de exploração que prejudicava não apenas as profissionais, mas todas as mulheres. Solução: acabar com ela. Outras feministas enveredaram por caminho diferente, declarando que a pornografia não precisava ser erradicada... mas aperfeiçoada! A libertação, alegavam elas, pressupunha garantir direitos trabalhistas e padrões de saúde para atrizes pornôs e prostitutas (a quem prefeririam chamar de "profissionais do sexo"). As feministas pró-pornografia engalfinharam-se com as suas adversárias enquanto os homens observavam divertidos ou ignoravam totalmente essa briguinha.

Então, tudo acabou. Na década seguinte, o debate feminista em torno da pornografia enclausurou-se no mundo acadêmico e na esfera jurídica. Na cultura popular, as revistas femininas raramente abordavam o assunto. No início dos anos 90, só raramente se ouvia uma alusão ao erotismo. As que continuavam a questionar a pornografia foram etiquetadas de "feminazistas" e "radicais" por alguns grupos, de "direitistas" e "intelectualóides" por outros, dependendo da orientação política e religiosa do crítico. No todo, a mensagem era clara: "Parem de encher o saco". Como as mulheres nunca assumiram propriamente o dilema da pornografia, o seu papel no uso e na produção de material erótico deixou de estar sujeito a debate.

Ao contrário, em anos recentes, as revistas femininas passaram a discutir a pornografia com regularidade, mas de outro ponto de vista: como deverão as mulheres introduzi-la na própria vida. Enquanto algumas continuam a nutrir opiniões confusas ou negativas a respeito, dizem-lhes cada vez mais que precisam ser realistas, de "mente aberta". A pornografia, ouvem sempre, é sensual, e se você quiser ter atrativos sexuais e idéias avançadas deverá adotá-la.

Pornografia é para Garotas

A cultura popular promove a alegria selvagem e o exotismo das garotas que gostam de pornografia. É Carmen Electra, o ícone da MTV transformado em fenômeno *pop*, cujo marido, Dave Navarro, glorifica a pornografia enquanto ela vende vídeos de ginástica baseados em rotinas de clubes de *strip-tease*. É Pamela Anderson, encarte da *Playboy* que mantém a sua própria coluna na bíblia dos adolescentes, a revista *Jane*. A garota pornô é toda celebridade que acompanha condescendentemente o namorado a um clube de *strip-tease*, onde ela própria dança algumas vezes. "Strippermania!", brada uma manchete na revista *Us*. "Moda em Hollywood! Pergunte a esses garotos — e garotas — sobre as suas aventuras eróticas", e o artigo por aí vai, exibindo fotos de aficionadas como Kate Hudson e Christina Aguilera.

Na era pré-"pornocópia", vestir roupas sensuais significava sessões dolorosas de depilação e uso de saltos altos, rebolar num palco significava imitar dançarinas de baixa categoria e permitir a um homem dançar significava tolerar ou mesmo endossar a humilhação de ser traída. Hoje, a indústria pornográfica convenceu as mulheres de que vestir roupas sensuais é uma forma de emancipação, aprender dança erótica é assumir a própria sexualidade e permitir ao homem saracotear-se com outra é o que toda garota compreensiva e sensual deve fazer. Segundo uma pesquisa de 2004 pela Internet, da revista *Cosmopolitan*, 43% das mulheres já estiveram num clube de *strip-tease*; outra pesquisa similar, da revista *Elle*, constatou que 51% de suas leitoras *on-line* também estiveram lá.[1] Mais da metade se disse a favor do *strip-tease* (56%) e 52% afirmaram não se importar com o fato de os maridos freqüentarem esses ambientes.

Bem-vindos ao romantismo no novo milênio! Na comédia adolescente de 2004, *The Girl Next Door* [Show de Vizinha], Elisha Cuthbert faz o papel de Danielle, uma atriz pornô vizinha de um inocente colegial, a quem tenta conquistar. Eis o comentário de Kenneth Turan, crítico cinematográfico do *Los Angeles Times*:

> Uma das coisas mais fascinantes com respeito a *The Girl Next Door* é o modo pelo qual ele está canalizando pornografia não só para os rapazes, mas também para o público feminino em razão da oportuna inclusão de Elisha Cuthbert no elenco. [...] Elisha tem aparência suave e tocante, com uma inocência que está para a atriz pornográfica típica como Macaulay Culkin está para um lutador profissional. A sua personalidade faz a carreira na pornografia parecer pouco mais que diversão, um passo à frente, bem agradável, para as veteranas de *Girls Gone Wild* — decisão sem riscos, menos dolorosa que uma tatuagem, para a garota se tornar desejável. [...] *The Girl Next Door* cheira a veículo de recrutamento para a indústria pornográfica. [...][2]

Graças à ajuda dessas mensagens de cultura *pop*, a pornografia transformou-se num meio para ser tanto a garota má que seduz o rapazola quanto a garota boazinha que tenta conservá-lo, combinação verdadeiramente sedutora e instrutiva para adolescentes às voltas com as paixões das mocinhas.

Para os adultos, a mensagem é mais direta. Inúmeras companhias estão fomentando a produção de pornografia feita por e para mulheres, ao mesmo tempo que alardeiam a crescente predileção delas pelo assunto. Em 2004, a Playgirl TV estreou programando uma "novela erótica" do ponto de vista feminino, uma comédia romântica à moda dos anos 40 com "sabor sexual" e debates sobre "tópicos que interessam vivamente às mulheres". O resultado é uma mescla de feminismo pornô e predileção masculina. Pesquisando para o desenvolvimento da programação, Kelly Holland, executiva da Playgirl TV, observou: "Devo acreditar nas mulheres quando afirmam querer ver maior quantidade de pênis, mas pergunto-me: quanto disso se deve apenas ao fato de exigirem, por assim dizer, a sua MTV — o direito à mídia, às imagens sexuais? Isso não passa de um dos aspectos de seu processo de libertação sexual. É como aquelas estabanadas dançarinas de clubes de *strip-tease*: parece que representam um papel escrito pelos homens sobre como deve ser o erotismo".³

Outra rede pornográfica dirigida ao público feminino, a Bliss TV, planeja oferecer conteúdo pago e serviços de vídeo a pedido com espetáculos como *Thrust*, que supostamente apresentará "a Jenna Jameson dos homens", e *Stiletto*, uma série ambientada no mundo da moda.

Um número crescente de conglomerados pornográficos tem sido lançado por mulheres. Uma pioneira, Samantha Lewis, dirigiu a Digital Playground, uma empresa de DVD da Califórnia que oferece títulos como *Only the A-Hole* e *Stripped* há mais de dez anos. No dizer de Samantha, 40% das vendas a varejo de seus filmes pornográficos em 2004 foram para mulheres, o dobro do montante obtido dois anos antes.⁴ O site da companhia explica: "Com uma mulher de classe no comando, a Digital Playground abala o estereótipo pornográfico encorajando mulheres e casais a integrar o universo de seus consumidores". No entanto, o site exibe esfuziantemente sete modelos carnudas — sem nenhum homem à vista. Uma das séries mais populares da companhia, *Jack's Playground*, é descrita como "uma coletânea dos vídeos pessoais de Jack [...] mostrando a sua impressionante habilidade em persuadir garotas a transar diante de sua câmera [...] garotas reais tão sedentas de fama que são capazes de fazer tudo". E isso, ao que se presume, atrai o público feminino.

Também *on-line* as mulheres estão se encarregando das vendas. As empresárias pornôs de Nova York, Carlin Ross, advogada, e Christina Head, produtora de documentários, contaram ao *New York Times* que, para elas, a pornografia "capacita e instrui as mulheres".⁵ O site pornográfico Suicidegirls.com, de Los Angeles, alega receber mais de quinhentos mil visitantes por mês; os membros são 56% do sexo feminino. "Siren" [Sereia], pseudônimo virtual de uma das fundadoras do site, diz que o Suicidegirls é diferente da *Playboy* e outros veículos dirigidos aos homens porque "o que uma pessoa acha ser objetificante para as mulheres talvez não o seja para outra. Tudo está nas mãos das mulheres. Elas decidem como querem ser vistas. Eu mesma não me sinto objetificada. Tomo as minhas próprias decisões".⁶ Outras podem recorrer ao CAKE. Grupo de Internet e eventos vagamente concebido, o CAKE foi criado por Melinda Gallagher e os irmãos Emily e Matt Kramer como variante "feminista" da *Playboy* — "para transformar a sexualidade da mulher num movimento público e político".⁷ Desdenha a objetificação à Hugh Hefner, mas o seu logotipo mostra a silhueta de uma mulher nua; garotas são estimuladas a despir-se diante de convidados homens e dançarinas eróticas são contratadas para animar os seus eventos. Ainda assim o CAKE afeta sensibilidade feminina em seu site, com críticas ao governo Bush por limitar os direitos de reprodução.

Essas mensagens contraditórias são perfilhadas sem ironia pelas novas defensoras feministas da pornografia. Molly, de vinte e nove anos, residente em Nova York, é editora de uma revista erótica que divulga histórias para casais e fotos comedidas de mulheres. Ela se diz, com muito orgulho, pornógrafa e feminista. Boa parte da pornografia, a seu ver, é degradante e desagradável. "Gosto de poder criar uma forma de pornografia que me toca e de mostrar o sexo a uma luz generosamente positiva", explica Molly. "O que crio são opções melhores para um sexo prazeroso, consensual e mutuamente satisfatório. Acho que estou prestando um bom serviço." Molly partilha o seu trabalho com amigas, sugerindo-lhes o que considera formas de pornografia adequadas às mulheres, a fim de disseminar o seu evangelho. "Penso que as mulheres não estão acostumadas a tomar conhecimento da pornografia como sucede aos homens, que são apresentados a ela por amigos", diz Molly. "Mas, depois que a mostro às minhas amigas, elas ficam cativadas."

Imitação

Alguns atribuem o aumento do consumo de pornografia por parte das mulheres à crescente disponibilidade de material a elas dirigido. Isso pode explicar o fato até certo ponto, mas há mais coisas em jogo do que a simples equação oferta-procura. Também as grandes mudanças do papel social de homens e mulheres nos relacionamentos, bem como a correspondente alteração das expectativas e atitudes das mulheres frente à própria sexualidade, as estão arrastando para a pornografia.

Eventos recentes em *campi* universitários denunciam a nova abordagem. Em março de 2003, a Universidade do Alabama promoveu um debate entre o astro do erotismo multimídia Ron Jeremy e a ativista antipornografia Susan B. Cole. Parece absurdo. Mas os estudantes nem de longe se sentiram ofendidos ao ver um ator de filmes obscenos elevado à categoria de conferencista especializado durante um evento com patrocínio universitário — mesmo num *campus* moderadamente conservador do Sul. Também não se notou nenhuma ativista feminista tomando a defesa de Susan. Muito pelo contrário, Ron foi saudado entusiasticamente por alunas vestidas de camisetas com os dizeres "Eu amo a pornografia", enquanto Susan era vaiada e hostilizada pela platéia. Malgrado a insistência de Susan em que não se opunha ao sexo e não era membro da "polícia sexual", ela se viu ironizada por alegar que a pornografia explora as mulheres. Durante a sessão de perguntas e respostas que se seguiu ao debate, verdadeira tribuna para Ron Jeremy gabar os benefícios da pornografia e das "festinhas", alguns alunos aproveitaram a oportunidade para perguntar a Susan Cole coisas como: "Qual é o seu problema?"[8]

O sociólogo Michael Kimmel, que estuda pornografia e ensina Sexualidade na Universidade Estadual de Nova York, em Stony Brook, diz: "Há vinte anos, as minhas alunas exclamavam 'Credo, que negócio repugnante!' quando eu mostrava material pornográfico em classe. Os alunos, acabrunhados de culpa, murmuravam: 'Sim, já experimentei isso'. Hoje, os homens não se pejam de confessar que usam pornografia o tempo todo e não se sentem absolutamente culpados. A atitude das mulheres lembra a dos homens daquele tempo: admitem o consumo, mas timidamente". Elas agem cada vez mais como eles.

Kimmel não tem opinião definitiva sobre essa mudança. Do lado positivo, aventa ele, a adoção da pornografia pelas mulheres parece refletir um comportamento sexual cada vez mais decidido de sua parte — uma Samantha da série *Sex and the City* um pouco mais ousada. No entanto, a nova atitude das universitárias acabrunha-o. As fantasias femininas mudaram com os anos, em resultado da pornografia e daquilo que Kimmel considera a "masculinização do sexo". Comparadas às de dez anos atrás, as fantasias das mulheres tendem atualmente a incluir violência, sexo pesado, estrangeiros e descrições de atributos físicos masculinos. Como estudioso às voltas com as implicações feministas da pornografia durante os anos 80 e início dos 90, Kimmel se pergunta quando e como a libertação feminina tomou esse rumo abrupto. "Pessoalmente, acho que uma mulher moldar a sua vida sexual pela do homem é uma visão paupérrima de liberdade." Sobretudo, acrescenta, dada a desigualdade reinante em grande parte do material pornográfico. Da perspectiva de Kimmel, a pornografia quase sempre aguça e robustece o senso masculino do direito a observar e objetificar o corpo da mulher.

E não é tudo. Hoje muitas mulheres, em especial universitárias, consideram a produção e o consumo de pornografia uma forma de "ativismo sexopositivo". Em fevereiro de 2004, o conselho da Universidade de Harvard aprovou o lançamento do que o *Crimson* de Harvard denominou uma "revista pornográfica" — a *H Bomb*, publicada pelos estudantes, que inclui fotos de alunas nuas da universidade e outros conteúdos eróticos. As fundadoras da revista ofenderam-se e teimaram que a *H Bomb* não era "pornográfica", mas antes uma "válvula de escape" que "trata de maneira mais leve algo que não deve ser um tópico proibido ou delicado em Harvard".[9] No entanto, indagada se poria alguma objeção a que a sua revista fosse classificada como pornografia, a co-fundadora da *H Bomb*, Katherina C. Baldegg, disse que não e acrescentou: "A meu ver, a pornografia estudantil é uma espécie de cultura *underground* [subterrânea]".[10]

Subterrânea ou às claras, a pornografia não é fenômeno raro nos *campi* do novo milênio. Um aluno da Universidade de Boston anunciou recentemente o lançamento de uma nova revista, *Boink*, que declara sem rebuços ser "pornográfica" e moldada pela publicação feminina *Maxim*.[11] Alunas do Smith College, ao que se diz, mantêm um site pornográfico, Smithiegirls;* Swarthmore publica uma revista erótica, *Untouchables*; e Vassar tem a *Squirm: The Art of Campus Sex*. Segundo Sarah Zarrow, uma das alunas editoras, a *Squirm* procura "explorar a área compreendida entre o silêncio sobre o sexo e a versão *Playboy-Hustler* de erotismo", o que em teoria até soa razoável.[12] Mas *Squirm*, que é também uma organização do *campus*, promove mensalmente um espetáculo pornô que inclui, segundo outra editora, Per Henningsgaard, material "menos convencional" como "cenas pesadas de lesbianismo, de sadomasoquismo, de dominação feminina". Quanto à publicação, explica ela, "Para espicaçar as pessoas chamamos [a *Squirm*] de revista pornográfica, mas no fundo ninguém da equipe a considera assim. Não mostramos, evidentemente, pornografia pesada, que precisa ser envolvida em plástico fosco e exibe um pênis ereto. [...] Procuramos ser mais artísticos do que a maioria das congêneres. Estamos interessadas em reconceituar a pornografia".[13]

Tentar "reconceituar" ou "redefinir" a pornografia e disseminá-la rapidamente parece ser o novo projeto estudantil. Na Universidade de Indiana, alunos que participaram de um filme pornográfico foram punidos pela direção, em 2002, por infringir o código escolar de comportamento contra atitudes impudicas, indecentes e obscenas. Mas o poder das garotas se impôs. Em 2004, uma caloura da escola montou o seu próprio site pornográfico pago com fotografias tiradas nos dormitórios. "Keira", a moça responsável pelo site, criou-o por sugestão do namorado, a fim de poder pagar as despesas do estudo e da família.[14] Apesar de as autoridades do *campus* terem vociferado a princípio, ela não foi punida por violar a política da escola.

E por que deveria sê-lo? Que direito teria a universidade de interferir na decisão de uma garota de vender-se, caso o quisesse? "Keira" e as suas colegas feministas da "nova escola" acham que a pornografia representa a próxima etapa da libertação das mulheres. Como explica Abby Holland, diretor da Playgirl TV, "Desde

---

* Este site foi mencionado em diversos artigos de jornal de 2003, mas em 2004 já não se podia localizá-lo *on-line*. Deve ter sido camuflado ou removido da Internet.

tempos imemoriais, nunca se impediu que os homens vivenciassem a própria sexualidade. Em se tratando de pornografia, as tradicionais boas meninas recuam. As feministas de terceira geração — com vinte e poucos anos — estão plenamente conscientes de que as boas meninas já não recuam".[15] Redefinindo a pornografia em termos de oportunidades iguais e "aceitação" da própria sexualidade, os pornógrafos aliciam as mulheres — e talvez, incidentalmente, também ajudam a garantir que nenhuma instituição acadêmica liberal ouse interferir.

Graças ao entusiástico incentivo dos colegas e à tácita conivência dos administradores, não admira que tantas universitárias corram para *Girls Gone Wild*, para o próspero império dos vídeos, roupas sensuais, filmes, músicas e restaurantes baseados na premissa de que só o que as mulheres querem é despir-se — de graça, para os homens, por divertimento e por fama. Não raro, estão embriagadas quando fazem isso, aplaudidas por multidões de homens diante de operadores de câmera e produtores embevecidos, tudo com a desculpa das férias de primavera. A Times Square pode ter ficado livre de seus lôbregos teatrinhos adultos, mas, bem no espírito envolvente da pornografia, um restaurante com decoração baseada em *Girls Gone Wild* ali deverá abrir as portas em 2005. O responsável por *Girls Gone Wild*, Joe Francis, que vem constantemente sendo obrigado a defender-se em processos que o acusam de tudo, desde disseminar pornografia infantil até adotar práticas comerciais escusas, vive invocando a Primeira Emenda e negando todas as acusações. Afinal, gaba-se ele, "As pessoas fazem o que bem entendem por escolha própria". Francis não considera o seu produto nem de longe pornográfico. Diz que os seus vídeos são "algo que há quinze anos seria, sim, considerado obsceno, mas agora passa por imagens da realidade".[16]

Ela Vê Pornografia

As estatísticas revelam que as mulheres estão se tornando condescendentes. A empresa comScore, de avaliação da Internet, detectou 32 milhões de mulheres visitando pelo menos um site adulto em janeiro de 2004. Sete milhões delas tinham de trinta e cinco a quarenta e quatro anos, ao passo que as de idade superior a sessenta e cinco totalizavam apenas oitocentas mil.[17] A Nielsen NetRatings obteve números menores, com dez milhões de mulheres visitando sites de conteúdo adulto em dezembro de 2003.[18] Numa pesquisa de 2004 da *Elle*-MSNBC.com, 41% das mulheres afirmaram ter visto ou baixado de propósito filmes eróticos e fotos, enquanto 13% haviam assistido ou interagido sexualmente com alguém por meio de câmeras ao vivo.

Christina, de trinta e cinco anos, mãe de dois filhos, iniciou-se na pornografia com a idade de doze, quando descobriu a coleção da *Playboy* de seu pai. Queria comparar os corpos de outras mulheres ao seu próprio e por isso levava exemplares escondidos para o quarto. Christina foi uma jovem precoce de várias maneiras. Aos catorze anos, perdeu a virgindade (todas as suas colegas da escola católica já a haviam perdido e ela se sentia "por fora"). Começou a experimentar drogas e álcool pela mesma época, quando do divórcio dos pais, metendo-se muitas vezes em confusão na escola. Aos dezoito, foi embora com um namorado; aos dezenove, estava grávida do primeiro filho. Depois deste, Christina e o namorado, um leão-de-chácara de clube noturno, tiveram uma filha, antes de se separarem quatro anos mais tarde.

Embora tivesse duas crianças para criar, Christina sentiu-se finalmente livre. Passou então por um período "louco". "Eu era como um homem", lembra-se. "Não queria saber de compromissos, de relacionamentos: queria só a minha grana. Os rapazes adoravam isso." Só voltou a ter um relacionamento sério quando se casou novamente, aos trinta e dois anos; mas depois de três anos se separou do marido, um caminhoneiro sem emprego fixo. De volta ao mundo dos solteiros, começou a levar vida sexual desenfreada, com um total de mais ou menos setenta e cinco parceiros — homens e mulheres.

As pessoas parecem sentir-se atraídas por ela. Christina, desajeitada antes da adolescência, tornara-se a encarnação daquilo que chama de "típica garota californiana" — alta, esguia, loira de olhos azuis, busto opulento. "No trabalho, os homens procuram conversar comigo em tom profissional, mas nunca deixam de espiar o meu decote", conta ela. "É engraçado." A atenção masculina fez com que Christina se tornasse confiante em relação ao corpo; considera-se desinibida e não-convencional. Certa feita, chegou a tirar fotos pornográficas de si mesma, mas ficou furiosa quando um ex-namorado colocou-as na Internet. "Fizeram comigo o mesmo que com Paris Hilton!", queixa-se alegremente. Isso, contudo, não a impediu de continuar navegando *on-line*, após o trabalho, por cerca de meia hora todas as noites. Christina é assinante de um serviço de e-mail chamado Cool Sex, pelo qual os membros trocam *links*. Eles se desafiam a caçadas pornográficas: encontrar vulvas raspadas de maneira exótica e original, como em forma de coração, foi uma das propostas recentes. Christina jamais conheceu pessoalmente qualquer dos outros membros, mas todos se tornaram "bons amigos" ligados por um interesse comum. Segundo a cartilha de Christina, as pessoas devotadas à pornografia são em geral abertas e interessantes. "Acho a pornografia realmente sedutora", diz ela. "Às vezes grosseira, mas no bom sentido. Gosto de apreciá-la quando estou sozinha. É um bom estímulo para gozar."

Mulheres como Christina atribuem inúmeros benefícios à pornografia: ela as ajuda a explorar o seu lado sexual e amplia-lhes as idéias, proporcionando subsídios para o sexo na vida real, inclusive posições, encenações e atitudes. Segundo a pesquisa *Elle*-MSNBC.com, de 2004, 35% das mulheres que viram conteúdo adulto na Internet afirmaram que ele as auxiliou a encontrar "novas maneiras de parecer e ser sensual", enquanto 28% declararam que a pornografia "dilatara os limites do que eu achava erótico". Uma em quatro afirmou que ver material adulto *on-line* ajudou-a a conversar sobre o que desejava sexualmente e fê-la sentir-se mais eroticamente positiva com relação a si mesma. Ao usar pornografia, as aficionadas alegam adquirir a "posse" de sua sexualidade, arrebatando-a ao controle dos homens e destruindo as noções tradicionais de que as mulheres são passivas na cama. A pornografia empresta à mulher "uma voz" para que ela discuta os seus desejos.

Denise, solteira e funcionária de uma organização sem fins lucrativos, acha que a pornografia pode libertar e instruir. "Trata-se de um meio de comunicação que deveria ser plenamente legalizado. Não tenho problemas com ela", garante essa mulher de trinta e um anos. Nunca tendo visto pornografia *on-line* ou em filme, ficara intrigada com a vasta coleção erótica de um ex-namorado. Este lhe trouxe duas fitas de Seymour Butts, a que assistiram juntos e que ele se esqueceu de pedir-lhe de volta quando romperam. "Sempre digo que as fitas me couberam na partilha de divórcio", ri-se Denise. A primeira vez que viu os filmes, apenas se divertiu. Mas, com as repetições, começou a se masturbar durante a exibição. "Punha-as a rodar quando queria excitar-me", explica. "E como o meu namorado às vezes viaja, nem sempre tenho alguém por perto quando me sinto disposta." O namorado sabe que ela consome pornografia em sua ausência e, acha Denise, fica excitado com essa idéia.

"Admito que não vejo muito material pornográfico", confessa. "Mas as cenas *on-line* que vi com o meu antigo namorado mostravam garotas comuns. Os seus corpos eram bem menos ameaçadores para mim do que os das modelos e atrizes esbeltas que estão por toda parte. Eu achava ótimo que ele contemplasse essas moças simpáticas chupando os homens." Atos e posições sexuais que outrora lhe pareciam tabu tornaram-se aceitáveis para Denise depois que ela os presenciou na pornografia. "Concluí que, se todos esses filmes mostram sexo anal, então é porque ele excita as pessoas. Não achava essa modalidade aceitável até vê-la na pornografia."

Com as mulheres aprendendo cada vez mais as suas lições eróticas pelas lentes da pornografia, vem mudando radicalmente o modo como elas elaboram as suas fantasias e conduzem a sua vida sexual na realidade. Entretanto, no nível biológico, as mulheres absorvem a pornografia diferentemente dos homens. Num estudo de 2004 patrocinado pela Universidade de Essen, Alemanha, os pesquisadores usaram tecnologia de varredura fMRI para observar a atividade cerebral de homens e mulheres durante a sua exposição a filmes pornográficos. Os cérebros de homens e mulheres mostraram atividade nos lóbulos temporais, sede da memória e da percepção, mas só as mulheres revelaram atividade nos lóbulos frontais, parte normalmente associada ao planejamento e à emoção. Se elas estavam arquitetando aventuras para mais tarde, enquanto assistiam aos filmes, ou acionando os seus botões emocionais, não se sabe. Não se sabe também se os homens se "desligam" durante a exibição, como normalmente se presume, ou são menos propensos a reações emocionais nessas horas.[19]

Evidências indicam que os homens respondem mais a estímulos visuais do que as mulheres e numerosos estudos relatam que eles são mais sensíveis visualmente quando se trata de excitação e satisfação sexuais. Exames do cérebro mostram que certas áreas reservadas a atividades visuais entram em ação logo que o homem começa a ficar sexualmente estimulado; nas mulheres, essas áreas permanecem inativas. Num estudo da Universidade Emory, vinte e oito homens e mulheres foram expostos a fotografias pornográficas enquanto um fMRI gravava as imagens da atividade cerebral. Nos homens, as fotos provocaram atividade intensa, particularmente na amígdala rinencefálica, que desempenha papel importante nas emoções básicas como o medo e o prazer.[20] Todavia, se essa diferença resulta da biologia ou do condicionamento cultural, eis o que ainda está para ser determinado ou mesmo investigado. Segundo Stephan Hamman, professor de Psicologia e principal autor do estudo, um dos motivos para a resposta nos homens pode ser de natureza cultural. Eles tendem a absorver mais imagens sexuais e, possivelmente, a procurá-las.[21]

Em que pese o fato de as mulheres reivindicarem o direito à pornografia, para a maioria delas — inclusive as que gostam de partilhá-la — o erotismo não é como costuma ser para os homens. Keisha, de trinta e três anos, e o marido Malik, de trinta e seis, às vezes vêem pornografia juntos, mas ela garante que o que absorvem é muito diferente. "Os homens encaram a pornografia de modo mais literal que as mulheres", explica. "Usam a pornografia para excitar-se. Para mim, é mero entretenimento. Não fico necessariamente tomada de desejo depois de assistir a um filme." A pornografia pesada, diz ela, é em geral de baixa qualidade. "Faz-me rir mais que qualquer outra coisa." Malik, oficial de polícia, prefere entreter-se à noite. Na delegacia, os colegas trocam vídeos, que Malik traz para casa depois do trabalho. Há pouco, comprou um DVD insistentemente recomendado no qual uma mulher viaja pelo interior da Itália e dorme com qualquer um que encontra — um rapaz sem-teto, um velho de asilo... "Fiquei enojada. Pensar que alguém possa realmente fazer isso!", lembra-se Keisha.

Erotismo *Versus* Pornografia

Muitas mulheres que se dizem abertas para a pornografia não são abertas para aquilo que os homens em geral consideram excitante. De fato, elas se referem ao erotismo e não à pornografia franca, de domínio masculino, quando falam de material adulto. Também relutam em se considerar "antipornô" por não querer dispensar brinquedos sexuais, *lingerie*, Nancy Friday e Anaïs Nin.

Hannah, universitária de trinta e dois anos, não faz mistério de seu recente interesse pelo erotismo. Como não aprendeu a se masturbar até a idade de vinte e sete, viu no erotismo uma revelação gratificante. Mantém uma pequena coleção ao lado da cama — antigos manuais de sexo, compêndios de fantasias femininas de Nancy Friday, contos eróticos, um guia ilustrado de posições sexuais com "figuras japonesas do arco-da-velha", uma coletânea de fotos do Museu Kinsey. Possui ainda um vídeo ("filme pornô para mulheres") com diálogos e personagens.

Entretanto, pornografia demais esfria Hannah. O material encontrado na Internet não é nada satisfatório, com exceção de uns poucos sites eróticos independentes como Nerve e Cleansheets. O resto ela acha muito agressivo, mesmo invasivo. "Procuro as imagens que quero ver e deparo com cenas repulsivas, capazes até de ofender-me pessoalmente", diz Hannah. "São garotas obviamente menores de dezoito anos, mulheres de olhar vazio e uma atitude rígida, profissional demais com relação ao sexo." Ela cita, em particular, a canastrice, a fotografia malfeita. Cita também as mulheres que deixam os homens urinar sobre o seu corpo ou ficam com a boca estufada com pênis enormes. "A pornografia, pela Internet, reproduz o que freqüentemente me desaponta no material dirigido ao público masculino", diz Hannah. As revistas para homens são bem melhores, mas por motivos diversos. A *Playboy*, com o seu artificialismo, é "absolutamente entediante": as mulheres parecem bonecas, não pessoas. Revistas como *Maxim* são vulgares: "Garotas com abdomes musculosos, rostos magníficos e seios grandes, perfeitamente redondos, são apresentadas com *slogans* obscenos e pueris. É como se a maioria dos homens em nossa cultura não quisesse outra coisa e isso me irrita. Não sou como essas mulheres e elas me ameaçam", diz Hannah.

Enquanto a pornografia tornava-se parte da cultura popular, o erotismo abria caminho para as salas dos lares suburbanos. Empresas como Fantasia e Passion Parties são hoje negócios multimilionários que promovem festinhas à Tupperware para vender brinquedos sexuais e calcinhas. Ao contrário da indústria pornográfica, ainda largamente controlada por homens e para homens, o ramo dos brinquedos sexuais é dominado por mulheres e para mulheres. A Passion Parties emprega hoje 3.200 vendedoras, com lucro anual de mais de vinte milhões de dólares.[22]

Mas qual é a diferença entre pornografia para ele e erotismo para ela? No entender de Molly, a pornógrafa, o erotismo é apenas um "disfarce para vender pornografia às mulheres". Tal qual ela o vê, o erotismo "tende a ser mais florido, mais romântico", mas ao fim e ao cabo "trata-se da mesma cópula filmada de maneira diferente". Outros entrevêem uma distinção mais clara. Gloria Steinem afirmou que a palavra erotismo, derivada de *eros*, com o significado de amor apaixonado ou anseio por alguém, conota "uma expressão sexual mutuamente prazerosa entre pessoas capacitadas a relacionar-se por livre escolha". Já a pornografia, termo cuja raiz se prende a prostituição, procura objetificar as mulheres. Segundo Gloria, a mensagem da pornografia transmite "violência, dominação e conquista. É o sexo usado para consolidar ou criar a desigualdade, quando não para nos dizer que dor e humilhação realmente equivalem a prazer". Outros definem o erotismo pela qualidade das imagens. Os filmes eróticos têm maiores valores de produção que os pornôs de baixo orçamento; insistem mais na história e no enredo, usando personagens e atores convincentes cujos corpos e atitudes refletem melhor o modo como as mulheres vêem e agem. O objetivo do erotismo é, por definição, o gozo mútuo e não a exploração da mulher pelo homem.

Assistir a alguns filmes pode esclarecer a diferença de abordagens. Tome-se um vídeo pornográfico típico — sem muita perversão ou fetichismo — vendido pela Internet. *Two in the Seat #3*, lançamento de 2003 da empresa Red Light District, fala das escapadas de dois homens e uma mulher. Claire, a protagonista, tem vinte anos e três meses de experiência no ramo. Com a câmera ainda desligada, perguntam-lhe como será a sua cena. "Estou aqui para ser espancada", responde a estrelinha de belas formas. Entram dois homens, chamando-a de "putinha" e "sacana". Enquanto ambos a penetram, pela vagina e o ânus, ela se encosta, aparentemente dolorida, a um sofá. Depois que os dois lhe deixam as nádegas vermelhas de tapas, um deles pergunta: "Você está chorando?" Claire responde: "Não, estou gostando", ao que o homem replica: "Diacho, pensei que ia chorar. Isso estava me deixando excitado". Claire pergunta se ele preferiria vê-la chorar: "Sim", responde o homem, "derrame algumas malditas lágrimas". Depois que um ejacula em sua boca, o outro pede: "Cuspa tudo em meu caralho, sua cadela". Ela obedece, limpa o excesso de sêmen do rosto e engole-o.[23] Ao que se presume, dada a popularidade da série, esse é um episódio dos mais excitantes para os homens; a maioria das mulheres, porém, decerto não o acharia nem um pouco agradável.

Passemos à "pornografia para casais", gênero em que a ex-atriz pornô e hoje empresária Candida Royalle se especializou. Em seu site, Candida explica:

> Gosto de classificar os meus filmes da série Femme como "sensualmente explícitos". [...] Você os achará mais comedidos que a maioria das produções adultas tradicionais. Mas achará também história, boa trilha original e personagens reais de todas as idades. Os conselheiros matrimoniais preferem usá-los em seu trabalho com casais por causa de sua abordagem mais "feminina" e daquilo que chamam de "modelagem positiva de papéis sexuais".

Um desses filmes, *My Surrender*, conta a história de April, mulher que vive rodeada de "ternas paixões" de casais que a procuram para serem filmados representando as suas fantasias secretas. Mas April, temerosa de sofrimentos e decepções, não conseguiu encontrar uma "intimidade real" em sua própria vida. Não até Robert entrar em seu mundo, determinado a romper-lhe as inibições e debilitar-lhe a resistência. Então, a sua "flor erótica" desabrochou. Os espectadores são convidados a atestar se Robert de fato conseguirá fazer com que April se renda do mesmo modo que os casais por ela filmados. April se tornará desinibida como uma atriz pornô? O site fornece uma pista: "Ah, as doçuras da entrega! Tantas delícias, tanta pureza!"

Mas um observador do site diz desse estilo feminino: "Não sei se seria muito bom ver isso sozinho. Eu gostaria de algo menos 'romântico', mas em companhia de minha mulher foi ótimo para 'esquentar' a noite". Outras peças de pornografia "para casais" parecem mais do gosto dos homens. O site Adam & Eve gaba o filme *Group Sex: Pure Ecstasy*: "A turma está toda aí! Quatro horas e meia de orgia com nove pessoas: sexo grupal, pancadaria, felação e invasões anais... além de toda espécie de variações a três. Veja grupos maravilhosos de garotinhas frescas às voltas com os astros mais bem-dotados da categoria XXX. No caminho, você encontrará Nikita Denise exibindo os seus talentos de retaguarda e Brianna 'Faz Tudo' Banks chupando qualquer um!"

A despeito dos esforços das produtoras de erotismo e pornografia feminina, e das mulheres que apreciam o seu trabalho, a maioria dos homens não acha esse material realmente excitante. Os que o vêem com as suas parceiras dizem que só o fazem para agradá-las. Para se excitarem eles próprios, assistem sozinhos a pornografia de orientação masculina. Enquanto isso, material erótico para mulheres pode ser mais provável e efetivamente encontrado nas produções tradicionais de Hollywood. Como diz Diana Russell, estudiosa da pornografia, a mídia convencional já adotou boa parte daquilo que ela considera erotismo — cenas de sexo em filmes de classificação X, por exemplo. "Não há nada de errado na excitação", enfatiza Diana. "Não se trata de ser contra o estímulo, mas contra o estímulo diante de material degradante, deletério." Tome-se por exemplo *Unfaithful*, história de uma suburbana casada que tem um caso com um cobrador estrangeiro do centro de Nova York, interpretado pelo símbolo sexual internacional Olivier Martinez. Ao longo do filme a protagonista, interpretada por Diane Lane, está ao mesmo tempo no controle da situação e emocionalmente em conflito. Há algumas cenas picantes de nudez, mas o enfoque é na mulher, bem como nas conseqüências emocionais e práticas que o caso provoca em seu casamento.

A autêntica pornografia de orientação masculina ainda ofende a maior parte das mulheres. Mas a cultura popular e a mídia atualmente confundem as duas coisas, referindo-se a elas indiscriminadamente. Um artigo recente no *Chicago Sun-Times* intitulado "A Linguagem do Amor", escrito por uma jornalista, é bom exemplo disso: "As feministas freqüentemente consideram a pornografia uma perversão baseada na objetificação das mulheres", começa o artigo em tom sombrio. Em seguida, a autora afirma que "a pornografia e o erotismo podem desempenhar um papel benéfico" e tenta fazer uma distinção: a pornografia passa por ser "mais pesada" enquanto o erotismo "é considerado mais leve, com imagens sexuais que apelam para o nosso lado sensual". No quarto parágrafo, o artigo deixa de lado a "pornografia" propriamente dita e restringe-se ao erotismo, conclamando as mulheres a ver material para elas produzido: "Como encontrar vídeos desse tipo?", pergunta a articulista. "Bem, você poderá visitar a sua butique local de artigos eróticos, mas toda loja virtual do ramo oferece grande variedade de opções. [...] Não é nada vergonhoso para nós ter curiosidade e explorar o nosso lado erótico."[24]

O resultado foi que não só as duas idéias — erotismo e pornografia — se confundiram na mente do público como a pornografia se tornou plenamente aceitável. Agora que a mídia convencional, dos filmes de classificação R aos espetáculos televisivos da HBO, exibem regularmente peças eróticas antes consideradas pornográficas, quem deseja consumir pornografia é arrastado para além dos limites daquilo que outrora considerava admissível.

Mulheres que não Gostam de Pornografia

Laura gostaria de acreditar que a pornografia é coisa boa. Com trinta e dois anos, mãe de dois filhos, formou-se em estudos femininos na universidade e trabalha como consultora pedagógica, defendendo a educação progressiva. Ela e o marido criam os filhos de igual para igual. "A feminista radical que existe em mim quer aceitar a pornografia", diz Laura. "E há mesmo alguns aspectos de que gosto nela: por exemplo, o fato de as mulheres reconhecerem que o sexo está à venda em toda a América e elas também podem entrar no jogo. Que, teoricamente, há espaço para desempenharem um papel ativo." Faz um pausa e dá de ombros. "Mas o modo como a pornografia é apresentada parece-me em geral bastante repulsivo. Para a grande maioria das mulheres que entram nesse cenário, a escolha não é real. Mãe de duas meninas e esposa de um homem que tem uma coleção da *Playboy* no armário, não posso concordar com isso. Vamos nos mudar a semana que vem e as revistas *não* irão conosco."

Por mais que as mulheres sejam festejadas como as novas consumidoras de pornografia, ainda estão bem atrás dos homens. As manchetes não refletem acuradamente a realidade das experiências da maioria delas e as estatísticas não condizem com as asserções do movimento pró-pornografia e da mentalidade *go-go girl* dos provedores de material pornográfico feminino. Se algumas pesquisas mostram que metade das mulheres navega *on-line* por razões sexuais, a percentagem das que confessam isso é sem dúvida exagerada pela inclusão, na definição de conteúdo "adulto" da Internet, de material erótico e de sites de encontros e informação, áreas para as quais as mulheres se sentem muitíssimo mais atraídas que os homens. Muitas mulheres rastreadas por ferramentas de filtragem na verdade entram em sites pornográficos por acaso, por curiosidade ou por estarem investigando o que o parceiro costuma procurar na Internet. Outras acham que admitir desinteresse por pornografia é o mesmo que afixar uma etiqueta com a palavra "frígida" ao seu cinto de castidade: não convém parecer "por fora".

Mulheres que não consomem pornografia pela Internet apresentam inúmeros motivos para a sua abstenção. A pesquisa *Elle*-MSNBC.com forneceu os seguintes dados: seis em cada dez disseram não estar interessadas em sites pornográficos ou não gostar deles; 35% garantiram não ter vontade nem necessidade de vê-los porque já levavam uma vida sexual satisfatória; 29% afirmaram que isso as faria sentir-se imorais e 24% não toleravam os anúncios e *pop-ups* que aparecem na tela durante a exibição. Nem todas gostariam de ser atrizes pornôs, principalmente as que têm um leque amplo de opções. Numa pesquisa de 2004 com 107 alunas da Universidade Estadual da Califórnia, 96% asseguraram que nunca participariam de um vídeo da série *Girls Gone Wild*. Em alguns setores, a figura da atriz pornô começa a cansar. No editorial do número de fevereiro de 2004 da revista *Elle*, a editora Roberta Myers classificou a nova moderação no vestuário feminino como um movimento contra a ubiqüidade das imagens pornográficas na cultura vigente. Roberta aventou que esses estilos costumam ser adotados por mulheres "que nunca conseguiram encontrar a sua estrela pornô interior, a despeito da atmosfera cultural a sugerir que não encontrá-la equivale de alguma forma a fracasso sexual, puritanismo, rompimento com a deusa que mora dentro delas".[25] Ao fim daquele outono, notou-se que a moda adolescente estava mais bem-comportada.

Há outros indícios da revolta feminina. Na Universidade da Carolina do Norte, Chapel Hill, dez alunas decidiram em 2004 protestar contra a onda de fotos de "Garotas da ACC" na *Playboy* oferecendo-se elas próprias para posar. Em seguida, cancelaram o compromisso por carta, enquadrando cuidadosamente a sua indignação em termos impessoais: "Não estamos dizendo que a pornografia ofenda os nossos sentimentos e a nossa sensibilidade. Estamos, isso sim, denunciando vídeos e revistas como a *Playboy*, que estimulam a objetificação sexual da mulher".[26] No *campus*, quinze alunas se juntaram para protestar contra a revista. (Mas, enquanto as ativistas as apoiavam, outras cinqüenta alunas se apresentaram para posar para a *Playboy*.)

Entre mulheres na casa dos vinte e trinta anos, a pornografia é hoje abertamente consumida, defendida e festejada, sem o desejo de privacidade que continua a caracterizar as gerações mais velhas. Como muitas universitárias e recém-formadas, Ashley, jovem de vinte e quatro anos que trabalha como publicitária em Baltimore, sente-se só em seu desgosto e desdém pela pornografia. Na universidade católica que freqüentou, os homens não faziam segredo de seu amor à pornografia, com vídeos e DVDs espalhados por seus quartos e revistas *Playboy* misturadas a seus livros. Ashley não consegue se lembrar de um banheiro masculino que não tivesse uma pilha de exemplares da *Maxim* ou da *FHM* sobre a pia. Antes da *Maxim*, diz ela, era preciso ter dezoito anos para comprar a *Playboy* e isso costumava ser considerado embaraçoso; hoje, é perfeitamente aceitável adquirir revistas com fotos explícitas de mulheres na capa. Sobretudo a Internet tornou a pornografia onipresente entre as suas colegas. Amigas se convidam para assistir, no computador, a material pornográfico de especial interesse. Escapadas para clubes de *strip-tease* são a regra. "Todos os homens que conheço acham que não há nada de errado com a pornografia", diz ela. "Nem sequer procuram esconder essa predileção." Ao contrário, tentam disseminá-la como algo engraçado. "Eles garantem que é pura diversão, mas creio que mentem. Dizem que vêem pornografia porque ela é histérica, o que não passa de uma desculpa. Jamais admitem que a usam para o objetivo que sei que têm em mente." Todas as suas amigas também se dizem à vontade com a pornografia, mas Ashley não acredita nisso. Sucede que, para as mulheres, é melhor não se queixar. "Os rapazes pensam que não cai bem a elas indignar-se por tão pouco."

Para Ashley, que é republicana, pornografia não tem nada a ver com política. Acredita na livre expressão e condena a mistura de religião e política que muitas vezes se insurge contra a pornografia. Deus também não entra na história. Ela própria não é muito religiosa e nunca vai à igreja. Não se considera de modo algum puritana. Perdeu a virgindade aos dezesseis anos e, desde então, fez sexo com outros dez homens, cinco deles namorados firmes. A pornografia, no entanto, é "pessoalmente ofensiva" para Ashley. Ver amigos e namorados empenhados nisso deixa-a fora de si. Além do mais, como feminista ("Sei que essa palavra tem conotação pejorativa em nossos dias"), Ashley acredita que a pornografia seja visceralmente humilhante e objetificante, capaz de "impedir o progresso das mulheres". Quanto à alegação de certas feministas de que a pornografia deve ser uma oportunidade igual para ambos os sexos, Ashley acha isso uma racionalização de desejo. "Não creio que somos consideradas tão iguais pelos homens a ponto de poder aderir à postura pró-pornografia", diz ela. "Até que eles nos coloquem no mesmo nível, não é sensato de nossa parte encorajá-los a objetificar-nos."

Condescendência

Muitas mulheres aprendem a objetificar-se. Assim como os homens, elas observam uma mudança em seu comportamento sexual motivada pela pornografia. Valerie, de trinta e dois anos, conheceu a pornografia quando tinha doze. Costumava surrupiar revistas dos pais e dar uma espiadinha na TV a cabo. "Tinha isso impresso em minha mente", confessa ela.

Valerie, que é solteira, admite ter vida sexual ativa com mais parceiros do que a média, embora não consiga determinar exatamente o número deles. Gosta de jovens, artistas, homens com quem possa manter um relacionamento francamente sexual. "Quando estou com um cara que começa a imitar atos aprendidos em filmes pornográficos, fico à vontade e acho excitante", revela. "O meu senso de erotismo foi, em definitivo, influenciado pelas mesmas forças pornográficas que afetam os homens, por isso respondo bem às mesmas atitudes, posições e estilos de seu agrado. Também eu passei por uma lavagem cerebral." Mas, embora fisicamente satisfatório, o sexo que daí resulta tem o seu lado negativo. "Ele é, ao mesmo tempo, chato", tenta explicar. "Não quero ser apenas o Corpo A. Quero que os homens se sintam comigo, com *Valerie*, uma mulher individualizada, com o seu próprio corpo e personalidade. Quero que estejam presentes no ato, não que reproduzam alguma forma de comportamento. Ou seja, que aquela seja a nossa experiência, não uma encenação baseada na pornografia."

Uma vez que convive com a pornografia há muito tempo, sempre que se envolve sexualmente com um homem Valerie é capaz de dizer desde logo se ele também cultiva esse hábito. A primeira experiência desse tipo foi com Bill, um advogado famoso. Ela tinha vinte e cinco anos na época e estava encantada com a boa aparência, o encanto e a ambição profissional de Bill. "Era de fato um rapaz culto, inteligente", diz ela. "Mas era obcecado pela pornografia. Espalhava-a por todo o apartamento, pendurava fotos de garotas nas paredes... e, veja só, era advogado!" Intimidada, Valerie não se achava no direito de queixar-se. Mas a pornografia se manifestou em suas relações. "Ele gostava mesmo de trepar", diz. "Você sabe, luzes fortes, exame detalhado das partes de meu corpo, movimentos estudados." Poucos meses depois, ambos empreenderam uma viagem juntos e transaram no banheiro do avião. Bill lhe assegurou mais tarde que ela "ganhara pontos" por ter feito aquilo, mas Valerie não se sentia à sua altura. "Não me considerava sexualizada o bastante para ele. E achei estranho que me concedesse 'pontos' por transar num banheiro. A meu ver, só ganhamos pontos quando ajudamos financeiramente um necessitado ou realizamos algo de significativo."

Ela tentou aderir ao estilo pornossexual de Bill, mas a falta de sensualidade e romance a impediu. Era como se ele, inconscientemente, tentasse afastá-la, mantê-la emocionalmente a distância. "Estou certa de que Bill me achava careta. Quanto a mim, achava-o acanhado", conta. Em retrospecto, era estranho que ele, com vinte e seis anos, pregasse figuras de mulheres nas paredes. "Garotos fazem isso quando têm doze ou treze e estão entusiasmados com modelos e atrizes bonitas", explica Valerie. "Bill agia como se fosse um rapazinho de doze anos, encantado com a beleza das partes do corpo feminino." Ainda assim os dois continuaram amigos e Valerie não ficou surpreendida ao saber que, anos depois, Bill entrou para diversos grupos de auto-ajuda a fim de livrar-se de sua tendência "mulherificante". "Agora ei-lo às voltas com o seu grande problema. Tem lá o seu ideal de como uma mulher deve ser, mas, quando uma se torna disponível, ele a dispensa." A pornografia, supõe Valerie, estava por trás dos problemas de relacionamento de Bill.

Depois desse caso, Valerie teve outros parceiros que não pareciam influenciados pela pornografia, a qual, entretanto, continuava a martelar a sua cabeça. Então, de novo o impasse. Aos vinte e nove anos, ela começou a sair com Miguel, um músico. Na primeira noite que dormiram juntos, foi a mesma história: luzes ofuscantes, exame detalhado de corpo, exigência de posições típicas da pornografia para que ele pudesse admirá-la. Miguel era agressivo, confiante, adepto de uma fórmula. Encarava tudo com frieza. "Cheguei a pensar que ele era ator pornô", confessa Valerie, "pois parecia estar representando para uma câmera." Mais tarde, encarou-o e perguntou-lhe: "Você vê muita pornografia?" Miguel achou que Valerie perguntava isso por ser, ela própria, amante da pornografia; estava visivelmente impressionado. "Sim", confessou ele. "E você?" Em vez de responder, Valerie explicou: "Percebi isso pelo modo como você faz sexo". Miguel ficou assustado. Jamais suspeitara que uma mulher pudesse associar o seu desempenho à pornografia; nem sequer percebera que era exatamente isso que ele fazia. "Pensava que a coisa era excitante, que ele próprio era um garanhão." Valerie achou que seria muito ousado mencionar a sua reação depois da primeira transa, mas viu-se obrigada a isso: "Sentia-me desvalorizada. Era como se, pelo fato de ele me diminuir, eu também devesse diminuí-lo. Tinha de afastar-me, pois a experiência me comunicara uma sensação de vazio".

Outras mulheres apreciam na vida real o sexo cru que vêem na pornografia. Christina, a mulher de trinta e cinco anos que assinou o Cool Sex, afirma que a pornografia ampliou-lhe os horizontes sexuais. Passou das cenas de "sexo normal entre homens e mulheres" para as que mostram sexo grupal e outras excentricidades. Aberta para tudo, menos para material "sórdido" — práticas escatológicas, por exemplo –, Christina gosta de imitar as mulheres da pornografia. Coleciona brinquedos e acessórios sexuais que vê nos filmes, mantendo-os sempre ao lado da cama (cuidando de trancar a porta do quarto ao sair, para que o filho de catorze anos e a filha de doze não os descubram). Freqüentemente pensa em pornografia quando está transando. "Isso acende os sentidos", garante ela, "e sugere idéias malucas a serem postas em prática." Durante algum tempo, ela e o ex-marido iam juntos a clubes de erotismo. Isso acabou quando ele se tornou obcecado demais e desejoso de a ver fazendo sexo com outro homem. Além disso, era agressivo.

Muitos homens, afirma Christina, aceitam o fato de ela gostar de pornografia, o que melhora os seus relacionamentos. Com o rapaz que namora há sete meses, foi recentemente a um hotel, onde encomendaram uma batelada de filmes pornográficos. Ele exclamou: "Caramba, que ótimo! Os meus amigos não irão acreditar que assistimos a isso juntos e que você gosta dessas coisas ainda mais do que eu". A reação do rapaz, segundo Christina, foi típica: "Os homens acham que uma mulher um pouquinho excêntrica não tem inibições e é superousada na cama".

No entender de Christina, a sua maior qualidade e fraqueza é querer sempre agradar. "Sobretudo com namorados, nunca sei dizer não. Longe de contrariar os sentimentos das pessoas, acabo fazendo o que elas querem." A sua filha não é diferente nesse ponto e Christina teme que ela se torne promíscua a fim de comprazer aos homens. Para Christina, tentar agradar significou aceitar coisas que não devia ter aceitado. Um ex-namorado atirou-lhe comida e cuspiu-lhe no rosto; os seus olhos azuis viviam roxos e inchados por causa das pancadas. O ex-marido violentou-a, obrigando-a a denunciá-lo.

A pornografia pode ser, para as mulheres, um meio de agradar. A mensagem dirigida a elas é bastante clara: Quer ser *sexy*? Quer conquistar este homem? Quer segurá-lo? Então imite uma atriz pornô ou, pelo menos, admire mulheres que se parecem com atrizes pornôs. E, nem é preciso dizer, não fique brava se o seu homem olhar para elas. Num número de 2004 da revista *Glamour*, um artigo intitulado "31 Experiências Básicas de Sexo & Amor" explicava aos leitores que ver pornografia é "um dos pontos fortes no currículo de qualquer relacionamento". E aconselhava: "Leve isso em conta ao elaborar a lista das coisas que tornam feliz uma vida amorosa".[27] Um artigo de 2004 da *Self*, "Melhore a Sua Vida Sexual", incluía a pornografia em sua "Lista Prazerosa" de coisas a fazer. "Sem dúvida, a pornografia pesada pode ser ofensiva", reconhece o artigo. "Mas, quando você seleciona cuidadosamente, algumas dessas peças costumam ser excitantes." E por aí vai, sugerindo que se gastem uns poucos dias vendo pornografia e depois se faça uma pausa de vários meses para tornar a atividade "novamente estimulante".[28]

Para Keisha, dona de casa casada com um oficial de polícia, ver pornografia com o marido é um modo de atualizar-se, de obter a reputação de "mulher liberal". Keisha explica: "Especialmente depois que têm filhos, muitas mulheres se tornam arredias. Há menos tempo para o sexo e os maridos se sentem repelidos. Achavam ter desposado uma mulher liberal e ei-los com uma puritana. Quando um homem gosta de pornografia, fica feliz se a esposa a compartilha com ele".*

Outras mulheres esforçam-se para acomodar ou incorporar a pornografia do homem a seu relacionamento. Depois de um primeiro encontro insípido e de um convívio sexual pouco satisfatório, Valerie e Miguel resolveram melhorar as coisas. Miguel, criado numa rica família porto-riquenha, cultivava uma abordagem "tipicamente latina" ao sexo e aos casos amorosos, no dizer de Valerie. Pensava saber agradar a uma mulher. "Ele odiava a idéia de que eu possivelmente me sentisse por fora ao fazermos sexo", conta Valerie. "Tentei, pois, acompanhá-lo. Afinal, também eu tinha contato com a pornografia desde tenra idade. Achava esse tipo de comércio carnal excitante e procurei convencer-me de que semelhante tendência estava entranhada em mim." Podiam abraçar-se e beijar-se depois, mas não era a mesma coisa que durante o ato.

Arriscaram várias soluções. Uma noite, alugaram um filme pornográfico. Valerie tentou enfronhar-se, continuando a assistir enquanto Miguel começava a possuí-la. "Foi um verdadeiro desastre", confessa ela. "Ele ficou furioso ao notar que eu continuava vendo o filme enquanto transávamos." Valerie protestou que, no seu entender, era o que o namorado queria, mas isso só agravou as coisas. "Toda vez que imaginava estar agindo a seu gosto, acabava irritando-o", diz ela.

"Não me Pornifique"

O mais das vezes, em se tratando de pornografia, o que estimula os homens esfria as mulheres. O que é erótico para a mulher faz o homem bocejar. Lauren, residente na Virgínia e mãe de dois filhos, declara que, embora "queira" considerar a pornografia um libelo radical em prol da libertação feminina, não vê com bons olhos o modo como o marido folheia a sua coleção de *Playboy*. "Essas revistas me irritam em certo sentido porque ignoro se ele as compra para fins revolucionários", explica. "O meu marido, claramente, não as usa com esse propósito — usa-as à maneira genérica de todos os homens. A coisa não é necessariamente problemática, mas

---

* Meses depois de nossa entrevista, Keisha se divorciou do marido.

nem de longe é a minha favorita. Sem dúvida, eu preferiria que ele contribuísse para a Organização Nacional das Mulheres a que lesse a *Playboy*." De fato, o marido levou consigo a coleção em duas mudanças da família. "Alega que talvez as revistas ainda sejam úteis algum dia", ri Lauren. "Suspeito que uma parte nele evita reconhecer a contradição entre essa atitude e a sua postura de outro modo liberal, feminista."

Lauren acredita que a sexualidade do homem e da mulher não é diferente sob o ponto de vista biológico; eles apenas são socializados de maneira diversa. Em teoria, homens psicologicamente equilibrados e com bons relacionamentos, que gostam de mulheres e as respeitam, podem muito bem folhear a *Playboy* ou ver uma forma não-violenta de pornografia a sós. "Quem sou eu para julgar?", diz ela. Afinal, o seu próprio marido tem opiniões favoráveis às mulheres. "Não creio que cultivar a pornografia signifique que você não possa manter um relacionamento normal e saudável com uma mulher." De fato, nem sabe se o marido ainda olha as revistas. "Nunca o surpreendi", garante ela. "E honestamente, com duas crianças de menos de dois anos em casa, ignoro onde ele encontraria tempo para isso. Quando tem tempo, está lavando louça."

Para muitas esposas e namoradas, fica imediatamente claro que o tipo de pornografia apreciada por seus homens diz respeito só a eles — às suas necessidades e gostos, não às mulheres, aos relacionamentos ou às famílias. Os homens também não o negam de todo: muitas vezes reconhecem que o seu tipo de pornografia não reflete perfeitamente o relacionamento deles e de suas parceiras. Assim, não causa surpresa para nenhuma das partes que a mulher se sinta inferiorizada.

Por fim, Valerie "declarou guerra" à pornografia. Tinha lá a sua munição. Quando começou a sair com Miguel, ele acabara de romper um relacionamento de cinco anos com uma namorada com a qual morava. Mas Valerie, ao visitar o apartamento onde os dois tinham vivido, achou uma fotografia desbotada de uma garota escondida no armário de remédios de Miguel. Valerie ficou perplexa ao saber que a ex-namorada não ligava para aquele seu hábito. Perguntou a Miguel se Edie jamais o censurara. "Ela era totalmente moderna", respondeu ele. Daí por diante, toda vez que Valerie objetava à pornografia de Miguel, ele citava Edie como a namorada exemplar. Por que Valerie deveria se preocupar se Edie nunca se preocupara? Valerie não podia também ser "moderna"? Finalmente, após uma discussão acalorada, Miguel aconselhou-a a ir conversar, ela própria, com Edie.

Valerie telefonou então para Edie, a qual lhe contou que não fizeram sexo pelos últimos dois anos de seu relacionamento porque ela não se sentia bem na companhia dele. Durante algum tempo, tentara entender o comportamento de Miguel. Até lhe oferecera uma festa de aniversário num clube de *strip-tease*. Mas, no íntimo, sentia-se péssima. Odiava o próprio corpo, acreditava-se degradada, o sexo não era bom. Depois da conversa com Edie, Valerie enfrentou Miguel novamente. "Ele precisava saber por que Edie passara a evitá-lo e até que ponto a pornografia afeta as mulheres." Quando lhe contou a verdade, as cores fugiram de seu rosto. Ele nunca imaginara tal coisa. Valerie levou a peito a tarefa de explicar-lhe que o seu "estilo pornô" magoava as pessoas. Aquela era agora a sua missão.

Não tardou a decepcionar-se. Certa feita, estando Miguel doente, ela pediu um dia de licença no emprego para cuidar dele. Saiu para comprar comida e, ao voltar ao apartamento, viu que, longe de ficar deitado para se recuperar, ele estivera todo o tempo diante do computador, masturbando-se. "Desmoronei", confessa Valerie. "Senti-me completamente traída." Após dois anos tentando endireitar as coisas, Valerie rompeu com Miguel. Hoje, empenha-se em modificar a sua maneira de ser. "Nunca pensei em ter um relacionamento baseado apenas na atração física. Quero o meu amor de volta." Parte do problema nada tem a ver com os homens que namora. "Receio que eu própria crie essa carnalidade", diz ela. "É como um hábito, um esquema que promovo inadvertidamente. Os homens respondem prontamente aos meus atos e isso os encoraja."

Atualmente, Valerie prefere ficar com um homem desligado da pornografia. "Não conheço nenhum que, consumindo material pornográfico, consiga ser realmente íntimo", declara. Se fosse uma "ditadora fascista", tornaria 95% da pornografia de orientação masculina ilegais, a fim de empurrar ambos os sexos para o erotismo. "Parece pueril", confessa Valerie, "mas acredito que, havendo personagens e histórias, a coisa se humaniza."

Quando os homens vêem pornografia, absorvem mensagens sobre o que significa uma mulher ser *sexy*. A pornografia não apenas dita a aparência das mulheres como distorce as suas expectativas quanto ao modo de agir delas. Os homens passam a cultivar esses ideais, mas as mulheres também os internalizam. Segundo a pesquisa *Pornified*/Harris, a maior parte das mulheres (seis em cada dez) acha que a pornografia afeta as expectativas dos homens quanto à sua aparência e comportamento. De fato, apenas 15% das mulheres acreditam que a pornografia *não* eleva as expectativas dos homens em relação a elas.

Até Molly, a pornógrafa feminista, percebe um vínculo desconcertante entre o seu trabalho de vender fantasia e a realidade de sua vida amorosa. Na esfera do namoro, ela conhece homens que literalmente salivam quando sabem de sua profissão. "O encontro se envolve num clima lascivo", explica Molly. "Quando digo a um homem o que faço, ele logo começa a bancar o idiota. Quase me despe ali mesmo." Por ela ser voluptuosa e não usar roupas "conservadoras", a percepção distorcida dos homens cresce "para além das medidas".

O que Pensam os Homens das Mulheres e da Pornografia

E como os homens encaram os sentimentos das mulheres em relação à pornografia? São contra ou a favor? Thomas, o auxiliar técnico de Seattle, trinta e quatro anos e solteiro, diz que, segundo a sua experiência, cerca de metade das mulheres gosta de pornografia e as outras se sentem ofendidas. "Não há nada como uma garota que examina a sua coleção de vídeos pornôs e põe um a rodar!", diz ele sonhadoramente. "Isso significa que ela é sexopositiva, está interessada no sexo em geral e há boa chance de que vá se entregar a você." Ou seja, exatamente o contrário das mulheres que não gostam de pornografia. Nas paredes da casa de Thomas há pôsteres de garotas, a maioria modelos. Uma namorada acolheu a foto da modelo Kathy Smith, que saiu na *Sports Illustrated*, com um assomo de revolta. "Não entendo uma atitude dessas", diz Thomas, exasperado. "Quero dizer, aquela era uma modelo esportiva e estava de maiô inteiriço. Mas a garota não gostou nada da 'idéia' de eu ter esse pôster." Mulher que se ofende com uma imagem assim não lhe convém, decidiu Thomas. "Ela controlaria e exigiria demais. Ora, isso não é nem um pouco *sexy*."

Pelo que Thomas sabe, uma mulher que não gosta de pornografia é puritana ou intransigente. Ou então instala o sexo num cenário muito acanhado: no namoro ou no casamento. "Não consigo entender por que uma mulher não deva gostar de pornografia. Mas acho que é porque sou homem", raciocina ele. Se se apaixonasse por alguém que condena a pornografia — não acha, contudo, que isso vá acontecer —, discutiria o assunto antes de se envolver demais no relacionamento. "Diria a ela que isso me cheira a ciúmes", explica. "Procuraria investigar a fundo os motivos de tamanho ódio à pornografia e por que se sente ofendida só de vê-la." Ri. "Quem sabe? Talvez ela me convencesse a abandonar esse hábito. Já fiz coisas mais estúpidas."

Num mundo ideal, a mulher certa — aquela com quem irá se casar — tornaria a pornografia desnecessária. "Tive uma assim", conta Thomas. "Ela era tudo em que eu pensava, dia e noite." Nesse relacionamento, chegou ao ponto de renunciar por completo à pornografia — não a pedido dela, mas por vontade própria. (Há pouco, a mulher deixou Thomas por outro.) Foi essa a única vez que ele ficou longe da pornografia, embora durante todos os seus casos o consumo decresça muito — de duas sessões por semana a duas por mês. Não que a pornografia haja sempre constituído um problema em seus encontros amorosos; ele não toca no assunto. "Quero causar boa impressão, por isso não me apresso a confessar algo que vá me fazer parecer um idiota ou pervertido. É difícil adivinhar como uma mulher irá reagir, portanto convém ser cauteloso."

Os homens tendem a polarizar-se em duas escolas diferentes quando se trata de mulheres e pornografia. Ou querem que as suas se interessem pelo assunto ou fazem questão que fiquem de fora. Muitos traçam um limite claro entre mulheres da pornografia e mulheres da vida real. Uma mulher de Manhattan escreve ao correio sentimental da revista *New York*: "Sou uma garota normal de vinte anos e, após as primeiras semanas de loucura, o meu namorado de há oito meses fica mais distante do que eu desejaria durante o sexo (fecha os olhos ou põe-se a ver pornografia, por exemplo, e não toma iniciativa como eu). Quando questionado, diz que sou 'tão bonita e inteligente' que ele não consegue me ver 'desse jeito'. O fato de a nossa vida sexual ter descambado não o preocuparia se não fossem as minhas queixas. [...] Não posso deixar de me sentir repelente e rejeitada".[29]

Os homens costumam dizer às mulheres que o seu consumo de pornografia é coisa natural e normal. Daí que, se a mulher não gosta, é considerada controladora, insegura, rígida, mesquinha ou uma combinação de tudo isso. Exigente. Irracional. Quer obrigá-lo a renunciar a algo que vem cultivando desde a infância. Não se mostra solidária. Para ela, tudo assume proporções gigantescas. "Os homens vêem pornografia", escreve um leitor irado à Cara Abby, sucessora de Pergunte a Amy, em resposta à sugestão dela de que uma mulher censure o noivo por sua mania de enviar e-mails com fotos de garotas nuas aos amigos:

> Eles sempre viram e sempre verão. Pedir que o marido ou o namorado deixe disso não é, da parte da mulher, nem um pouco razoável ou realista. [...] O noivo [dessa mulher] admira fotos de nus com os amigos. Sem dúvida, faz isso desde que um de seus colegas de colégio apareceu no vestiário com um exemplar da *Playboy* surrupiado ao pai, quando estavam na sétima série. [...] Se ela permitir que uma bobagem dessa arruíne o que parece ser um relacionamento afetuoso, então não merece o rapaz. E afirmo que você está alimentando as inseguranças dela.[30]

Se esperam que a parceira aprove ou ignore o uso que eles fazem da pornografia, os homens às vezes se sentem intimidados ou críticos diante de mulheres que consomem, elas próprias, material pornográfico. A pesquisa *Elle*-MSNBC.com., de 2004, revelou que seis em cada dez homens se preocupavam com o fato de as suas parceiras freqüentarem sites pornográficos da Internet. Um em cada quatro declarou que achava esse material humilhante para as mulheres e que o conteúdo sexual *online* era medíocre. O homem, via de regra, não deseja ter por esposa uma atriz pornô nem que a sua esposa seja uma devota da pornografia; se quiser ver, ela deve fazê-lo na presença dele, para que apreciem as cenas como um casal. Independentemente do que as mulheres possam pensar, a maioria dos homens ainda considera a pornografia "coisa de macho". Uma mulher de vinte e dois anos conta à "Cosmo Confessions" que o namorado se sente pouco à vontade ao vê-la intrometer-se em seu mundo pornô. "Uma vez por mês, ele sai para uma noitada com os amigos. Normalmente, jogam sinuca ou assistem a um jogo de futebol. Todavia, no mês passado, ouvi-o fazendo planos para ir a um clube de *strip-tease*. Fiquei realmente magoada por ele nem sequer me perguntar o que eu sentiria ao sabê-lo enfiando notas de dinheiro na calcinha de uma dançarina. Em vez de pô-lo contra a parede, fiz algumas investigações e descobri que aquela noite seria para amadoras, ou seja, qualquer mulher poderia subir ao palco e rebolar. Convidei então algumas amigas e fomos todas ao clube. Depois de alguns drinques, surpreendi o meu namorado aparecendo como uma das novas *strippers*. Ele, de tão chocado, não esboçou um movimento... até eu começar a me despir. Saltou então para o palco e implorou-me que descesse, prometendo nunca mais ir de novo a um bar daqueles."[31]

Denise, dona dos dois filmes de Seymour Butts, cortesia do ex-namorado, ficou perplexa ante um incidente com o seu amiguinho atual. Há dois anos, ela fora a um clube de *strip-tease* com algumas colegas e gostara muito. "As mulheres eram maravilhosas", diz ela. "Foi excitante ver todos aqueles homens fora de si. Tudo muito 'voyeurístico'." Ansiosa por voltar ao clube, pediu ao namorado atual que a acompanhasse. "Por que quereria eu admirar essas mulheres de mentirinha, quando tenho uma de verdade?", perguntara ele. Denise ficou confusa. De um lado, sentia-se embaraçada por ter-lhe sugerido semelhante programa. De outro, a reação dele a deixara agradavelmente surpreendida. "Creio ter pensado que todos os homens gostam de ir a clubes de *strip-tease* e que freqüentá-los na companhia da namorada é excitante", explica Denise. "Mas foi ótimo saber que ele só queria ficar comigo, olhar para mim e não para outras mulheres. Isso me fez sentir muito bem."

5

Eu, Você e a Pornografia: Como a Pornografia Afeta os Relacionamentos

Só depois de quatro anos de namoro, quando resolveu ir morar com Rob, escritor, é que Kara, médica de trinta anos, descobriu que ele via pornografia *on-line* diariamente. Sabia que ele gostava de pornografia e parecia preocupado com isso, fazendo freqüentes piadas sobre o assunto, mas não tinha idéia do volume de seu consumo. Mesmo assim, não achou que era um problema grande demais. "Tenho mente aberta", explica Kara. "Já experimentei quase tudo e estou convicta de ter dormido com mais gente do que ele." E insiste: "Não sou, em definitivo, nenhuma puritana".

Assim, Kara sugeriu que assistissem a um filme pornô juntos. Uma noite, alugaram um vídeo, mas ela não se excitou. "Os homens, é claro, não eram atraentes. As mulheres, todas postiças, produzidas, cheias demais de acessórios", lembra-se. "Não havia intimidade, sensualidade." O clima do filme, de fato, lembrava a sua própria vida sexual. "Mesmo quando eu e ele éramos íntimos, o sexo não o era. Cada um cuidava de si." Além disso, Rob não parece ter muito interesse pela parceira. "Nunca me disse que sou *sexy* e bonita", lamenta-se Kara. "Eu não me pareço com uma estrela pornô. Sou magra e atlética, nem um pouco voluptuosa."

Rob se preocupava muito com a aparência das mulheres. Lamentava que Kara não se depilasse com tanta freqüência e pedia-lhe que só deixasse no púbis uma faixazinha de pêlos. "Ai de mim se eu esquecesse um pelinho no mamilo", ri-se ela. Rob também não achava que ela se vestia de maneira suficientemente sexy. "No entanto, quando eu punha uma roupa sensual, ele ria de mim. Comentava: "Sim, é uma calça bem sexy. Só não sei como você conseguirá andar por aí com ela!" Rob parecia gostar da ultrafeminilidade de longe; quando a encarava no mundo real, dava logo um jeito de safar-se. Kara suspeita que Rob talvez sentisse medo pelo fato de ela ter tido mais experiências sexuais que ele e mostrar-se bem mais à vontade com a própria sexualidade.

O relacionamento começou a esboroar-se por uma série de motivos e os dois resolveram fazer terapia de casais. Kara supunha que Rob usava pornografia para satisfazer-se sem precisar estar às voltas com as vulnerabilidades de uma mulher ou enfrentar as suas próprias inseguranças e medos. Ele não queria saber de amarras, responsabilidades, riscos. "Acho que Rob temia a sexualidade da vida real e que o mundo pornô era uma fantasia segura para ele", arrisca Kara. "Em retrospecto, não creio que gostasse realmente de mulheres." A certa altura, discutiram violentamente sobre se dançar num clube de *strip-tease* era traição. "Eu sustentei que sim, pois afinal havia o contato com um corpo feminino", explica Kara. "Mas Rob não pensava assim."

Há um ano, ambos romperam de vez. "Agora, se eu descobrisse que um namorado vê pornografia, honestamente o alarme começaria instantaneamente a soar", diz ela. "Isso me faz parecer muito com a Dra. Laura, mas é verdade!" Por sorte o seu novo caso, um músico, não consome pornografia. Karla o pôs na parede e ele se abriu de todo: "Acha a pornografia idiota, pura perda de tempo, nada excitante. Foi um alívio imenso." Além disso, considera as tais danças nos clubes uma traição e ponto final. "E não é que ele seja o Sr. Conservador ou coisa parecida", garante Kara. "Deve ter estado com mais mulheres do que eu gostaria de saber. Talvez tudo se resuma ao fato de ser mais confiante e não precisar esconder nada."

Eu e a sua Fantasia

A monogamia nem sempre é fácil. Cada pessoa leva os seus próprios desejos e fantasias para a vida sexual a dois. Em verdade, essas fantasias podem preservar e aperfeiçoar um relacionamento. Erradicá-las não é sequer uma alternativa aceitável. Não é direito do homem — e da mulher — acalentar lá os seus sonhos pessoais? Um parceiro não pode controlar o que passa pela cabeça do outro; em determinado ponto, uma pessoa acaba e a outra começa.

Então, o que há de errado em fantasiar desde que se consiga manter a fantasia separada da realidade? Elliot, músico de vinte e oito anos residente em Nova York, diria: "Nada". Elliot não vê pornografia. Já viu, é claro, e não nega que em parte ela é excitante; mas prefere dar livre curso à sua fantasia. "Quase sempre eu me relaciono melhor com pessoas com as quais já tive algum contato", explica ele, "seja uma namorada ou uma mulher a quem conheci numa festa." Elliot namorou Sophia por seis anos e mora com ela há cinco. Sophia, que como ele se considera feminista, é absolutamente contrária à pornografia. Criada por um pai que não apenas gostava de material pornográfico como traía a esposa e abandonou a família quando Sophia era menina, ela estava desde cedo predisposta a não apreciar aquilo. Além disso, segundo Elliot, não é uma pessoa muito erotizada; é racional demais para perder o controle. Os dois não fazem sexo com tanta freqüência quanto Elliot gostaria, o que é assunto corriqueiro de discussão entre eles. Mas Elliot, ainda assim, não pensa em acabar com o relacionamento; pretende fazer o que for possível para mantê-lo. No seu caso, a fantasia preenche esse espaço vazio.

Elliot sempre se masturbou uma vez por dia, estando ou não namorando. "O homem sente a todo instante a necessidade de aliviar-se", diz ele. "Não creio que possa ficar satisfeito só por ter um relacionamento." Pensa em Sophie só por alguns segundos quando se masturba; muitas outras mulheres lhe ocupam a mente. "Creio que, se ela soubesse disso, acabaria por encará-lo de maneira racional. Mas mesmo assim talvez achasse tudo um pouco perturbador e inquietante. Sem dúvida, perguntar-se-ia se eu no fundo não tenho sempre vontade de sair para concretizar essas fantasias." Elliot não vê aí motivo de preocupação. O pai lhe confessou que, após quase quarenta anos de casamento, nunca foi infiel, mas até hoje sonha com mulheres de todas as idades, sejam atrizes ou esposas de seus amigos. "Fantasiar em torno de outras pessoas ajuda a preservar a fidelidade", garante Elliot. "Acho que os chamados pensamentos impuros são importantes. Eles nos mergulham na fantasia para que não os concretizemos na vida real."

Em suas miríades de formas, a fantasia muitas vezes faz parte do matrimônio. Mark Schwartz, diretor da Clínica Masters e Johnson, observa que alguns casais permanecem fiéis por quarenta ou cinqüenta anos. "Naturalmente, as pessoas pensam: 'Por que não colocar aí um pouquinho de sal e pimenta?'", diz ele. "Não creio que a fantasia seja necessariamente perigosa. Que há de errado com algo que pode melhorar as relações entre marido e mulher? Em se tratando de pornografia, contudo, sucede o mais das vezes que o homem passa a fazer amor com uma imagem e não com a sua parceira." Há uma diferença entre fantasia livre e fantasia induzida por pornografia. Embora ambas quase sempre envolvam "outras" mulheres, a primeira é uma prerrogativa individual, ao passo que a segunda é uma indústria de prescrições. A fantasia está toda na mente; a pornografia está na revista, na fita de vídeo, no computador. A fantasia inspira o homem a buscar e compreender os seus desejos; a pornografia deixa que outros decidam por ele. A fantasia tem final aberto; a pornografia tem começo, meio e fim. A fantasia é privada; a pornografia, mediada. A fantasia é natural; a pornografia, artificial e comercializada. Além disso, a pornografia não afeta as mulheres do mesmo modo que os homens. "Conte-me as suas fantasias" é frase bem apropriada para uma conversa na cama; mas "Ei, benzinho, venha dar uma olhadinha em meu site pornô favorito", não.

Muitos homens alegam que as mulheres da pornografia não são "reais" para eles, o que, entretanto, talvez não tranquilize uma esposa cujo marido se masturba regularmente diante de imagens de colegiais ou gosta de ver mulheres recebendo dupla penetração completada por tapas no traseiro. As mulheres tendem, mais que os homens, a achar que a pornografia prejudica os relacionamentos (47% contra 33%).[1] Menos de um quarto das mulheres acha que a pornografia não traz perigo algum para o convívio dos casais, segundo a pesquisa *Pornified*/Harris. Um homem dizer "Não se preocupe, você é diferente das atrizes pornôs; você é a minha mulher" não é nada tranquilizador.

Muitas fantasias de cunho pornográfico nada têm a ver com o casamento. No estudo conduzido por Zillmann e Bryant, em que um grupo de adultos foi exposto a fortes doses de material obsceno durante um período de seis semanas, 60% dos que não viram pornografia ao longo do experimento declararam o matrimônio "uma instituição importante"; só 39% dos submetidos a quantidades "maciças" de pornografia concordaram com isso. O resultado não deve surpreender: esposas afetuosas e maridos fiéis raramente aparecem no universo pornográfico. A pornografia é a fantasia do celibato permanente e desimpedido; personagens casadas que dão aí o ar da graça estão, isso sim, buscando aventuras sexuais escusas. Na pornografia, a vida a dois anula o prazer erótico.

Contudo, apesar das aparências, a pornografia não é também uma atividade a sós. Conforme atestam entrevistas com homens e mulheres, a pornografia diz muito sobre o modo como as pessoas encaram e vivenciam um relacionamento. Quer os parceiros a consumam juntos ou separados, ela desempenha papel significativo não apenas no âmbito do sexo, mas também na esfera do senso de confiança, segurança e fidelidade do casal. Diz Mark Schwartz: "A pornografia vem afetando seriamente os relacionamentos em muitos níveis e de diferentes maneiras — e ninguém, fora do campo do comportamento sexual e da comunidade psiquiátrica, fala a respeito".

Juntos na Pornografia

Quando as pessoas discutem o papel da pornografia nos relacionamentos, concluem que ela lhes acrescenta alguma coisa, sobretudo devido às mensagens onipresentes da mídia que justificam o envolvimento dos homens nessa prática, encorajam as mulheres a adotá-la e aconselham os casais usufruí-la. Um segmento do *Today Show* de março de 2004 mostra até que ponto a pornografia se tornou aceitável:

> **Katie Couric:** Estamos de volta com o nosso *Today Show* especial, respondendo a mais perguntas enviadas por e-mail. [...] JW escreve: "O meu marido gosta de ver pornografia e isso me faz sentir pouco à vontade mais tarde, na cama. Como competir com isso?"
>
> **Dra. Gail Saltz:** Eis outra situação muito comum. [...] Você deve conversar com o seu marido e dizer-lhe como está se sentindo. Bem, ele talvez distorça um pouco as coisas, mas, felizmente, o que acabará lhe confessando será o seguinte: "Pois é disso que gosto em você". Se ele for do tipo que aprecia uma sexualidade mais explícita e você não tiver nada a opor, vista uma roupa íntima mais sexy, sabe como é, e faça um *strip-tease*...
>
> **Katie Couric:** Mas... mas... quero dizer, eu realmente não curto pornografia, apenas... apenas... bem, creio que muitos casais curtem e por que não dizer...
>
> **Dra. Gail Saltz:** Os parceiros devem fazer isso juntos.
>
> **Katie Couric:** Bem, mas... não é justamente o que alguns casais fazem?
>
> **Dra. Gail Saltz:** Os homens gostam mais de material pesado. As mulheres preferem filmes mais leves, românticos, sensuais. Portanto, sugira ao seu marido: "Vamos ver algo capaz de agradar a nós dois", o que, sem dúvida, será um pouquinho diferente daquilo a que ele está acostumado.
>
> **Katie Couric:** Ótimo. Então, embarquemos nessa, certo?[2]

Entretanto, persistem ainda discrepâncias entre o que os defensores da pornografia e os terapeutas sexuais aconselham, e o que o americano médio deseja em sua vida sexual, conforme se nota pela ambivalência de Katie Couric. Nota-se também nos resultados contraditórios de algumas pesquisas. Na pesquisa *on-line* do Instituto Kinsey, que registrou as opiniões de um grupo auto-selecionado de entrevistados, 55% dos americanos declararam acreditar que a pornografia pode melhorar os relacionamentos. Mas essas pesquisas, apesar do rebuliço que causam, provavelmente exageram a verdade. Em compensação, a pesquisa *Pornified*/Harris, de representatividade nacional, aponta apenas 22% de americanos convictos de que a pornografia melhora a vida sexual daqueles que a consomem. De fato, somente um terço dos entrevistados para a pesquisa de âmbito nacional para este livro acha que ver pornografia não *prejudica* o relacionamento de um casal.

Não obstante, muitos a consideram boa num relacionamento sério desde que os parceiros a consumam juntos. Pessoas na casa dos trinta anos — integrantes da chamada Geração X — tendem mais a acreditar nos benefícios da pornografia para a vida sexual do que os jovens na casa dos vinte.[3] Nina, de trinta e dois, e Sam, de trinta e cinco, são advogados e sentem-se felizes ao dizer que a pornografia funciona para eles. Casados há pouco mais de um ano depois de um namoro de um, costumam ver filmes juntos de vez em quando para "apimentar as coisas". Usualmente, economizam na pornografia para poder viajar. "Ela está sempre disponível nos hotéis", diz Nina, "o que torna o caso bastante especial e diferente de fazer sexo apenas em casa. Também vemos filmes quando estamos cansados do trabalho ou não temos transado tanto quanto gostaríamos. Funciona quase como um afrodisíaco: dá mais pique." Sam concorda: "É só para começar. Na verdade, assistimos por uns cinco ou dez minutos, se tanto. O mesmo que tomar um vermute em vez de três copos de vinho".

Sam acha que a pornografia é parte da vida. "Os homens estão acostumados a esse tipo de coisa", afirma ele. Os dados de pesquisa corroboram a opinião de Sam. Quase três em cada dez homens garantem que a pornografia melhora a sua vida sexual, contra apenas 17% das mulheres. "Os rapazes vivem folheando revistas de nudismo ou algo do tipo. Quando você vai à casa de um amigo, quase sempre encontra cerveja e vídeos pornográficos ou então é convidado a navegar pela Internet. Nós gostamos de mostrar uns aos outros os nossos sites preferidos e por aí além."

"Você *faz* isso!", exclama Nina, rindo com gosto. Aparentemente, ignorava que Sam via pornografia pela Internet sozinho, mas logo acrescenta: "Não me sinto ameaçada por isso ou seja lá o que for. A pornografia está muito distante da realidade. Em se tratando de mulheres como Jenna Jameson, tudo é tão perfeito, tão diverso do cotidiano!" E a comparação não é necessariamente negativa. "No outro extremo, às vezes me sinto até mais atraente que algumas estrelas pornôs", diz ela. "Se a minha auto-imagem estivesse em baixa e eu acima do peso, talvez me tornasse mais sensível."

Nina tem certeza de que a pornografia melhorou a sua vida sexual. "Se víssemos filmes o tempo todo, provavelmente acabaríamos desistindo", suspeita ela.

"Não creio que colheríamos os mesmos benefícios se esse fosse um hábito constante. E, tenho certeza, se eu dissesse a Sam que a coisa estava me aborrecendo, ele pararia." Não discorda por inteiro dos que se opõem à pornografia, em cujo número estão várias de suas amigas. "Em nossa sociedade, muita coisa poderia ser melhorada, sobretudo no caso da objetificação de pessoas. Não deve ser difícil; quero dizer, acho que é possível, para adultos conscientes, usar a pornografia de maneira positiva. Nós, decerto, a usamos por um bom motivo. Mas eu pararia se isso significasse o fim dessa indústria." Sam assume, perante a pornografia, uma postura mais no espírito da Primeira Emenda. "Não vejo absolutamente nada de errado nela", declara. Além disso, "Nina e eu temos um ótimo relacionamento. Inúmeras pessoas que conhecemos jamais permitiriam a intromissão da pornografia em seu convívio. Os meus amigos e eu costumamos ser convidados para despedidas de solteiro no bar de nudismo local e alguns não podem ir — ou melhor, preferem não ir — porque isso atormenta as suas esposas. Nina e eu, entretanto, achamos que admirar outras mulheres faz parte da natureza humana".

Terapeutas sexuais e conselheiros matrimoniais estão freqüentemente por trás da mútua aceitação da pornografia. Às vezes, recomendam que parceiros vejam filmes "eróticos" juntos, dando a entender que, principalmente para casais com baixo nível de desejo sexual, tais imagens podem suscitar novas idéias, aumentar a tolerância pelas predileções do outro e promover a excitação. Quando uma mulher está irritada ou confusa por causa do interesse do parceiro em pornografia, os terapeutas freqüentemente aventam que, talvez, ela entendesse melhor os desejos e necessidades dele caso também os explorasse. Sem dúvida, aprenderia como satisfazê-lo melhor ou compartilharia de seus prazeres "extracurriculares". E se descobrir que ela própria gosta de pornografia, os dois terão atinado com um interesse mútuo capaz de ligá-los ainda mais. Dessa perspectiva, a pornografia não é obstáculo ao relacionamento, a menos que a mulher o queira — e, para ela, julgar a pornografia uma prática negativa é condenar o parceiro ou, pelo menos, a vida sexual dele. Estar pouco à vontade com a pornografia equivale também, para a mulher, a não aceitar plenamente a própria sexualidade.

Alguns terapeutas, porém, insistem em que certas diretrizes sejam seguidas. A terapeuta sexual e psicóloga Aline Zoldbrod, de Lexington, Massachusetts, diz que os parceiros devem construir uma sólida base emocional antes de adotar a pornografia como atividade de sua vida a dois. No melhor dos casos, ambos se interessam igualmente. Quando um parceiro não se sente motivado por determinado tipo de pornografia, o outro deve renunciar a ele, pois ambos têm de consumi-la juntos. Além disso, Zoldbrod recomenda mais o erotismo que a pornografia, embora admita que alguns casais "perfeitamente normais" gostem de material mais pesado. "Mas essa é uma encosta realmente íngreme", adverte. "Grande parte do que se vê por aí é degradante para as mulheres e vai piorando cada vez mais. As mulheres são artificializadas; já não há tanta diversidade e naturalidade como há duas décadas." Muitas pessoas, para ser agradáveis, selecionam filmes tendo em mente a satisfação do parceiro: mulheres alugam fitas um pouquinho mais ousadas, para conquistar os homens; homens condescendem em ver erotismo edulcorado ou pornografia leve para apaziguar as mulheres. O que o excita raramente a deixa excitada, e vice-versa. Quase todos os homens entrevistados para este livro motejaram da idéia do erotismo, que consideram "tedioso", "estúpido" ou "sem sentido", quando não fruto da imaginação feminina. Além disso, dada a quantidade de material mais ousado *on-line*, muitos preferem ver pornografia pela Internet a alugar filmes; contudo, sentar-se junto de outra pessoa diante da tela do computador dificilmente seria considerado uma noite sexy pela maioria das mulheres. E, de qualquer maneira, os homens preferem manter em sigilo o seu consumo de pornografia *on-line*. Ver pornografia a dois tornou-se quase uma manobra de diversão: se ela pensar que estão consumindo juntos, provavelmente não suspeitará que ele consome sozinho. Se pensar que vêem juntos aquilo de que ele gosta, provavelmente não tentará descobrir quais as suas preferências pornográficas *reais*.

O que começa como sensualidade às vezes acaba como ruptura ou alienação. Nathalie, de trinta e três anos, recém-casada, lembra uma fase turbulenta de quatro anos de relacionamento quando estava na casa dos vinte, época em que a descoberta sexual desempenha papel proeminente. O namorado de então, um músico, tinha franco interesse em pornografia e recriação de aventuras eróticas. Ela, curiosa, queria ser parte de sua vida, de modo que passaram a ver pornografia dos anos 70 juntos, excitados com algumas cenas e intrigados pelos cenários em voga nos primeiros tempos do videocassete. Um Natal, o namorado deu-lhe de presente um dildo, com o qual brincavam juntos.

Mas Nathalie também se sentia curiosa quanto à vida sexual privada do namorado. A sós no apartamento, ela ligava o computador para descobrir o que ele via quando ela não estava por perto. Os sites visitados contavam a história dele. Com o passar do tempo, as práticas secretas do namorado foram anulando a satisfação mútua. Pelo fim do relacionamento, ele se dedicava ao que Nathalie chama de "pornografia ruim, ridícula, com enredos à Robin Hood". Nathalie sentia-se diferente das mulheres dos filmes — garotas com unhas compridas e cabelos maltratados. "Quando ele começou a ver essas coisas comigo por perto, o relacionamento terminou", recorda Nathalie. "Mais ou menos pela mesma época, deu-me de presente um vibrador. Era como se estivesse dizendo: 'Aí está o seu brinquedinho. Não precisa mais de mim'. Aquilo foi o fim de tudo."

As mulheres presumem muitas vezes que, quando vêem pornografia com os parceiros, estão satisfazendo às necessidades sexuais deles. Mas isso raramente acontece. Judith Coché, terapeuta em Filadélfia, conta a história da experiência funesta de um casal. Leigh era uma mulher muito atraente — expansiva, sensual, com gosto pelas roupas provocantes. Assistia a filmes eróticos em companhia do segundo marido, Max. Achava que ambos tinham uma ótima vida sexual — ousada e até um tanto picante. Mas uma noite, ao verificar o correio eletrônico dele, deparou com centenas de sites pornográficos registrados no computador. A princípio, conteve-se. Contou ao marido o que descobrira, mas, longe de se mostrar perturbada ou enraivecida, disse que gostaria de introduzir a pornografia dele em seu relacionamento. "Vamos ver juntos", propôs. Daí por diante, sentavam-se lado a lado diante da tela, explorando os sites favoritos.

Max, porém, não parecia satisfeito. Leigh surpreendeu-o certa feita vendo os mesmos sites sozinho. Dessa vez pressionou-o, pois ficou irritada. Afinal, não se mostrara aberta, receptiva? Sugeriu que fizessem terapia juntos e Max acedeu. Procuraram um terapeuta sexual e as coisas pareceram melhorar. Exceto num ponto: Max recusou-se a parar de ver pornografia sozinho. Leigh não conseguia entender por quê. Por fim, a pornografia abriu uma brecha em seu relacionamento e eles se separaram.

Leigh não é a única. Uma mulher do Colorado escreve ao conselheiro de uma revista feminina:

> Eu e o meu namorado moramos juntos. Há três meses, surpreendi-o vendo pornografia na Internet. Fiquei chocada! Discutimos o assunto e decidimos que, se fosse para um de nós ver pornografia, teria de ser com o outro e teria de ser um filme. Achei essa solução perfeita. Ele tem a sua pornografia e a sua atriz pornô: eu. No mês passado, apanhei-o vendo pornografia na Internet DE NOVO! Conversamos e ele se disse arrependido, mas eu estava tão irritada que me recusei até a dormir na mesma cama. Prometeu acabar de vez com aquilo. [...] Na semana passada, ao voltar para casa, adivinhe? Lá estava ele vendo pornografia na Internet. [...] Disse-lhe que isso me fazia sentir inadequada para ele na cama. [...] Eu o amo, ele é ótimo em tudo o mais; contudo, não será já tempo de partir para outra?[4]

A despeito da aparente boa vontade das mulheres em aceitar a pornografia como parte da natureza sexual do homem, a grande maioria delas não gosta que os seus parceiros cultivem esse hábito. Segundo a pesquisa *Elle*-MSNBC.com, cerca de seis em cada dez mulheres acreditam que o parceiro usa a Internet para fins de sexo. Participar, elas próprias, das sessões não parece aliviar a sua inquietude. Das que consomem pornografia *on-line*, 37% admitiram que, em conseqüência disso, temem não ser capazes de satisfazer sexualmente os parceiros. Pelo menos uma em cinco acha que precisa fazer mais para manter o interesse do parceiro, 15% se sentem pressionadas a simular as cenas que ele viu em sites da Internet e 12% culpam a Rede pelo fato de estarem fazendo menos sexo.

Pornografia à Parte

Não importa o quanto a mulher esteja disposta a participar com o seu homem ou até que ponto ela concorde em se comprometer, muitos homens não gostam de ver pornografia em companhia de mulheres e, pela maior parte, não desejam que a pornografia se torne uma atividade exclusivamente a dois. Alguns terapeutas sugerem que, sob certas circunstâncias, não faz mal o homem ver pornografia a sós — desde que, é claro, a mulher não ponha objeções, ele a use com moderação e esteja sempre, tanto emocional quanto fisicamente, disponível para a parceira. Mas é raro que todos esses fatores se conjuguem. "A pornografia é uma válvula de escape para o homem", pontifica uma mulher de trinta e um anos de Ohio. "Ele se volta para isso e não para a parceira a fim de não ter de encarar certos problemas ou não fazer certas coisas com ela. A pornografia evita que as pessoas se envolvam em relacionamentos íntimos, vulneráveis." Antes de casar-se, um de seus namorados era ávido consumidor, o que logo se notava: "Ele vivia obcecado com tudo o que dizia respeito ao sexo. A pornografia contaminava toda a sua visão das relações sexuais". Caso descobrisse que o seu próprio marido consome pornografia, sentir-se-ia magoada mais que por qualquer outro motivo. "Isso, temo eu, nos afastaria um do outro."

Há razões pelas quais o homem prefere manter a sua pornografia em sigilo. Ela é o seu reino particular, onde pode fazer o que bem entende. Um dos grandes atrativos da pornografia é que ela parece dissociada das pressões da vida real, dos conflitos emocionais, dos compromissos. Para muitos, qualquer interferência ou sobreposição pode ser desagradável e mesmo ameaçadora. Consumir pornografia ao lado de uma mulher de carne e osso, a quem se ama e com a qual se desenvolveu um relacionamento, parece, na melhor das hipóteses, desconcertante — e, na pior, perturbador. Jonah, de vinte e nove anos, professor de Religião numa escola judaica de Chicago, tenta partilhar um pouco de sua pornografia com a noiva com quem mora há quatro anos, Stephanie, na esperança de melhorar a sua vida sexual. Nos últimos três anos, Jonah vem tendo problemas intermitentes durante a cópula. Por alguns meses, tudo vai bem, mas logo reaparecem as dificuldades, quando então se vê incapaz de manter a ereção ou chegar ao orgasmo. Já com a masturbação, tudo é diferente. Ao consumir pornografia *on-line*, ele consegue ejacular com facilidade. Embora Stephanie quase sempre se mostre compreensiva, sente-se frustrada, magoada ou aborrecida com a dificuldade que ele tem com ela e o prazer que obtém sem ela.

Ver pornografia a dois pareceu-lhes uma boa idéia, mas Jonah não se sente à vontade. "Temo que ela esteja me julgando", diz ele, "embora tenhamos conversado sobre isso e ela garanta que não. Lá no fundo, creio que Stephanie me acha uma pessoa ruim e depravada." Ver pornografia ao lado de uma mulher parece a Jonah tolo ou ridículo, a ponto de fazê-lo rir em vez de excitá-lo. "Suspeito que, em geral, me sinto inibido sexualmente e isso é parte do problema de fazer sexo", explica ele. "Não consigo estar presente porque temo ser julgado." No caso da pornografia, é claro, não existe a ansiedade de desempenho; ele a vê sozinho cinco dias por semana. "A pornografia, para mim, é uma maneira de gozar privacidade. Disponho desse tempo e desse espaço para encontrar um modo de me sentir melhor."

Algumas mulheres se resignam a que os seus parceiros consumam pornografia a sós. Os rapazes são criados assim, concluem, e é o que se espera deles. A mulher pode pôr obstáculos, mas não há muito que fazer, especialmente se o parceiro não parece disposto a dividir a experiência ou a mulher decide não participar. Lily, secretária meio período e estudante em Boston, sabe que o marido vê pornografia; assiste a filmes pagos duas vezes por semana, sempre sozinho. "Os homens são visualmente estimulados e é isso o que a pornografia faz por eles", diz. "É como os romances de Arlequim: as mulheres se masturbam do mesmo jeito, só que diante de uma versão mais romantizada."

Aô crescer, Lily se viu exposta aos caprichos da sexualidade masculina. "Vivi com um velho sujo", diz ela do pai adotivo. Casado em idade avançada, ele e a mãe adotiva de Lily nunca tiveram propriamente um relacionamento sexual: eram mais colegas de quarto que amantes. Dormiam mesmo em camas separadas. Lily suspeita que a mãe haja sido estuprada ou molestada a certa altura, pois não parecia interessada em sexo. O pai freqüentava clubes de *strip-tease* e bebia tanto que o dono tinha de ligar para a mãe de Lily e as duas iam buscá-lo de carro altas horas da noite. "Penso que os hábitos pornográficos do meu pai contribuíram em definitivo para a ausência de vida sexual entre ambos", diz ela. "Sei que o meu próprio marido tende a ver mais pornografia e a masturbar-se com mais freqüência quando faz tempo que não transamos."

Lily explica: "Sou tolerante com respeito ao comportamento sexual dos homens devido à minha criação". Algumas amigas já a criticaram por aceitar que o marido dê as suas escapadas para clubes noturnos. Ficam furiosas quando os seus próprios parceiros expressam desejo semelhante e alegam: "Mas Lily não se importa que o marido vá!" Lily não acha estar agindo de maneira irracional. "Não é que eu perdoe *qualquer* coisa só porque 'rapazes são rapazes'", garante ela. "Mas algumas coisas são de esperar." Para ela, dançar com garotas nos clubes é passável e um beijo de bêbado em outra mulher é admissível, dependendo da situação. Só exige uma coisa: se o marido quiser farrear, peça antes o divórcio. Lily não é tão peremptória quanto a maioria das mulheres em se tratando dos flertes do marido.

O Sexo Egoísta

Todavia, na maioria das vezes, as mulheres se declaram tolerantes com relação à pornografia dos maridos. Jessica diz não se importar: "Acho antinatural esperar que alguém nunca olhe para outra pessoa ou fantasie estar com ela. E fazer isso com um objeto inanimado como é uma atriz pornô, não com um ser humano real, diminui o risco do apego emocional". Mas Jessica teve de se acostumar com isso. "O meu namorado possui uma enorme coleção de pornografia nos armários e debaixo da cama." Ela não quer parecer incomodada. "Afinal, quase todas as pessoas vêem pornografia — até eu, de vez em quando." Como muitas mulheres, Jessica gosta de se dar ares de liberal.

Mas há pouco Jessica, que tem vinte e oito anos e é gerente de Produto em Nova York, travou com o namorado, Joe, um "debate" sobre o hábito dele. "Não faço da pornografia de Joe um problema; contudo, para ser honesta, não acho a nossa vida sexual tão boa quanto a que tive com outros namorados." Joe parece sexualmente egoísta e não faz grande esforço para agradar-lhe. Também não há muita energia sexual no relacionamento. "Graças à pornografia, ele dribla a própria insegurança. Acha melhor 'pegar' a mulher de sua fantasia sem arriscar a autoestima de forma alguma", explica ela. A determinada altura, Jessica disse a Joe: "Creio que você anda substituindo a realidade pela pornografia e, em conseqüência, a pessoa real com quem transa não está obtendo a mesma satisfação que você." Joe pôs-se na defensiva: "Uso pornografia para dormir", explicou ele. "É uma coisa boa para mim."

Muitas mulheres se queixam da falta de preliminares por parte de homens que vêem pornografia em excesso. Uma vez que se destina sobretudo à satisfação masculina, a pornografia raramente se preocupa com preâmbulos. Aaliyah, a batista sulista de Houston, declara: "Já estive com rapazes que consumiam muita pornografia e isso afetava a sua visão do sexo". Homens assim querem sexo oral o tempo todo, mesmo quando a mulher não mostra interesse, e esperam que ela se sinta tremendamente entusiasmada com essa prática. O problema, diz Aaliyah, é que na pornografia a mulher está sempre a serviço do homem. "O cara que vê pornografia demais não irá necessariamente satisfazer uma mulher na vida real, pois a pornografia nunca mostra isso. Não há carícias preliminares; não há sexo romantizado. Tudo se resume em 'vamos trepar'." O primeiro homem com quem Aaliyah dormiu insistiu em ver pornografia enquanto transavam. Tinham ambos vinte anos. "Ele ficou deitado olhando para a TV. Isso, em definitivo, o distraía." Aaliyah também se pilhou assistindo às cenas em vez de concentrar-se no parceiro. "Era como se nem estivéssemos fazendo sexo. Eu fiquei estirada ao lado dele, observando transas numa tela." Quanto ao próprio sexo, não foi nada satisfatório. O rapaz apenas "entrou" nela: "Era assim que ele sabia fazer".

Aline Zoldbrod acredita que muitos rapazes são hoje péssimos amantes porque foram criados numa cultura pornificada. "Na vida real, sexualmente falando, as mulheres são pipocas e os homens são microondas", explica a terapeuta. "Mas na pornografia tudo o que o homem faz é tocar a mulher, que em dois minutos grita de prazer. Se os homens acham que essa é a resposta real das mulheres, então serão amantes da pior espécie. Hoje, a pornografia é tão usada por rapazes que eles acabam aceitando essas falsidades. A seu ver, não é preciso mais para excitá-las. Há sólidas evidências de que, quanto mais um homem vê pornografia, menos satisfeito se sente com a aparência e o desempenho sexual da parceira." E mais a desaponta. Segundo estudos feitos com homens nas décadas de 70 e 80, os mais expostos à pornografia mostravam-se mais propensos a concordar com enunciados do tipo "O homem deve procurar mulheres, cantá-las, fodê-las e esquecê-las", "A mulher só está querendo dizer 'não' de fato quanto o esbofeteia" e "Se a mulher já tem idade para sangrar, tem idade para dar", mostrando um agravamento do que os pesquisadores chamam de "imaturidade sexual" entre os consumidores de pornografia.[5] Os consumidores habituais de pornografia tradicional — ou seja, não-violenta, mas ainda assim objetificante — correm o sério risco de tornar-se sexualmente imaturos em relação à sexualidade e às preocupações femininas.[6]

As mulheres que o digam. Numa história publicada pela revista *New York* em 2002, Naomi Wolf escrevia: "Homens e mulheres jovens estão realmente aprendendo o que é sexo, como parece, quais as suas etiquetas e expectativas por meio do adestramento pornográfico — e isso afeta em muito a maneira de interagirem". Wolf cita entrevistas com garotas de colégio, que se queixam dos efeitos deletérios da pornografia em suas vidas sexuais — a "libido masculina desgastada frente a mulheres reais", a incapacidade das mulheres de serem "dignas da pornografia" aos olhos dos rapazes, a inutilidade de competir com a pornografia e a solidão induzida pelo sexo pornificado.

Não sabendo a quem recorrer quando os seus namorados as trocam pela pornografia, muitas mulheres escrevem para conselheiros de revistas ou entram em fóruns *on-line* a fim de pedir ajuda. Comunidades voltadas para a mulher, na Internet (salas de bate-papo, quadros de boletins, fóruns, etc.), discutem o assunto. Toda semana, um conselheiro de qualquer parte do país aborda o problema; e, presumivelmente, muitas cartas parecidas ficam sem resposta na imprensa. Uma mulher, de Atlanta, escreve ao "Conselheiro Playboy", de todos os lugares: "O meu namorado tem vinte e oito anos, lê *Playboy*, sai à rua na hora do almoço para ver garotas com os seus amigos da mesma idade, gasta cerca de cem dólares por mês com pornografia pela Internet (para não falar das fotos e filmes grátis que grava) e mantém pelo menos mil e seiscentas imagens em arquivos 'secretos' de seu computador. [...] Sempre pede que eu me vista como uma putinha de quinze anos e não pensa duas vezes para começar uma briga quando me recuso a usar roupas mais ousadas. [...] Você, honestamente, acha que ele está obcecado com pornografia?" Outra mulher escreve a um jornal local: "Namoramos por cinco anos e vivemos juntos metade desse tempo. [...] Recentemente, descobri via computador que ele é fascinado por pornografia pesada, em grande quantidade. Indagado a respeito, disse que eu não tenho o direito de ficar aborrecida, embora reconheça que esse hábito me ofende; insistiu em que eu deixasse as coisas como estavam. Continua vendo as tais cenas durante horas e eu me sinto desgostosa. [...] Acho que não conseguirei satisfazer-lhe as necessidades porque sou realmente incapaz de fazer as coisas que o excitam. Tentei explicar-lhe até que ponto isso é degradante e coercitivo para mim, mas ele não quer desistir. Muita gente, bem sei, acha que a pornografia é inofensiva; mas agora estou me questionando sobre se vale a pena continuar um relacionamento com alguém que desdenha tanto os meus sentimentos".[8]

Tempo para a Pornografia

A energia sexual do homem é limitada. Sobretudo depois que ultrapassou o ponto alto e se encaminha para a casa dos trinta anos, já não é tão fácil para ele ter dois ou três orgasmos por dia. Muitos se sentem atraídos pela pornografia porque ela é uma rota mais fácil, emocional e fisicamente, para a satisfação sexual do que o convívio com outro ser humano, ainda que se trate de uma parceira receptiva, a quem é preciso cortejar e satisfazer. No entanto, a pornografia acaba por sugar as forças emocionais e sexuais do homem. Segundo a pesquisa *Elle*-MSNBC.com, de 2004, 45% dos homens que viam pornografia pela Internet por cinco horas ou mais durante a semana confessaram estar-se masturbando em excesso e um em cinco declarou que já não fazia sexo com a parceira como antes. Isso não surpreende, porque 35% disseram que o sexo real com uma mulher se tornara menos excitante, e 20% admitiram que o sexo real já não se podia comparar ao virtual. "O que me aborrece é ele alegar estar cansado demais para transar comigo, mas não para entrar nesses sites e satisfazer-se sozinho", escreve uma mulher chamada Madison no site iVillage, sob o título "O Consumo de Pornografia de Meu Marido Ofende os Meus Sentimentos". "Que eu não consiga chegar ao orgasmo parece bastante mau; mas eu *consigo* chegar ao orgasmo [...] porém não mais com ele. [...] Ele me 'esfriou' tantas vezes, dizendo-se cansado, que eu própria passei a cuidar de mim." Cara Dra. Shoshannah, escreve outra mulher no iVillage à colunista conselheira de plantão, "O meu marido não pára de ver pornografia. Já lhe disse que não aprovo isso e me sinto magoada, mas ele insiste. [...] E o pior: sei que o faz quando estou no trabalho e ele em casa com o nosso filho de dez meses. Como detê-lo?"[9]

Em que pese tudo isso, muitos homens se crêem no direito de reservar tempo e espaço para a sua pornografia. Jonah, o professor de Religião, valoriza muito as suas horas a sós com a pornografia, quando pode cultivar interesses que excluem a participação da noiva. Aprecia cenas pesadas de sadomasoquismo com as suas diferentes fases e fetiches: mulheres no presídio, tortura genital, estupros, sujeição. Fica excitado ao ver uma mulher amarrada e inerme, sob total controle do homem. "Gosto muito de ouvi-la gritar de dor", diz ele. "Tenho, sim, esses impulsos e desejos escabrosos; ora, a pornografia é um modo de expressá-los de maneira saudável."

O que Jonah gosta em pornografia não é necessariamente o que pratica em sua vida sexual real. Mesmo admitindo que cultive boa dose de cólera, considera-se gentil e controlado, ou ao menos não-violento. A sua vida sexual com Stephanie, noiva e namorada há seis anos, vai mais pelo caminho da doçura. Bem que gostaria de arriscar um pouco de sadismo leve com ela — apenas amarrá-la sem machucá-la — e Stephanie já concordou; mas Jonah teme perder o controle e o melhor é confinar semelhantes desejos à pornografia. Ou seja, ele está obtendo satisfação sexual de alguém mais. "Momentos há em que me conscientizo de não procurar essas coisas e, em vez disso, procurar Stephanie", admite. "Se me masturbo olhando outra mulher, estou me afastando de minha noiva. O fato de não usar esse tempo para melhorar a nossa vida sexual e estreitar o nosso relacionamento significa que há algo de errado conosco."

Não pergunte o que um homem vê nem onde encontra tempo para isso: observe o seu próprio marido ou pai. Um emprego de tempo integral geralmente significa que ele se levanta às seis e sai de casa às sete e meia. Às vezes, freqüenta a academia após o trabalho, mas quase sempre volta direto para casa a fim de jantar. Gostaria de ter uma hora à noite para ficar com os filhos, de mais tempo para dedicar à esposa, de ler um pouco. Mas há sempre alguma coisa a fazer — passear com o cachorro, pagar contas, ajudar um pouco nas tarefas domésticas, talvez. Nos fins de semana, divide-se entre assistir ao jogo de futebol dos filhos, lavar o carro e dar umas tacadas ocasionais de golfe. Duas ou três horas extras semanais necessariamente são ganhas à custa de alguma coisa. Sem dúvida, pode suceder que ele consiga fazer tudo e lhe sobre um tempo que não seria tão bem gasto com os amigos, a esposa, os filhos, os pais ou ele próprio — para ler, aperfeiçoar o jogo de tênis ou examinar papéis. Para a maioria dos homens, entretanto, a pornografia se faz à custa de tempo e energia que seriam mais proveitosamente gastos com o casamento e a família.

Tina Tessina, psicoterapeuta em Long Beach, Califórnia, constatou por experiência própria que os problemas relacionados à pornografia motivam um quarto dos casais dispostos a buscar aconselhamento. "A pornografia permite que os homens fujam dos problemas matrimoniais", explica ela. "E eles devem falar sobre isso em vez de tentar substituir necessidades emocionais e sexuais por pornografia, o que é puro escapismo." Casais que trabalham fora costumam queixar-se do pouco tempo que lhes sobra para passar com a família. Imagine-se, pois, o tributo que cinco ou seis horas semanais devotadas à pornografia cobram da vida familiar. Refeições que poderiam ser preparadas e consumidas por todos os membros, trabalhos de casa que poderiam ser feitos em colaboração, filmes que poderiam ser vistos em mútua companhia. Pense-se na angústia e tensão de uma mãe cujo marido está *on-line* vendo pornografia enquanto o filho se desespera pela atenção do papai.

A pornografia não afeta apenas o modo como a esposa e os filhos se sentem. Sem surpresas, os pesquisadores descobriram que a exposição prolongada à pornografia agrava a ojeriza dos homens à *possibilidade* de terem uma família. Para aqueles que já têm uma, o impulso é repudiá-la. Em 2002, a psiquiatra Jennifer P. Schneider conduziu um estudo com noventa e uma mulheres e três homens cujos maridos ou esposas estavam envolvidos com sexo virtual. Entre os casais com filhos, 37% relataram que as crianças mereciam pouco tempo e atenção da família devido às atividades sexuais *on-line* de um dos parceiros.[10] Na pesquisa *Elle*-MSNBC.com, homens confessaram que a pornografia pela Internet estava lhes roubando horas outrora dedicadas a outras atividades. Um em cada cinco disse que a pornografia consumia-lhe tempo antes devotado ao trabalho ou à esposa e filhos. Usuários contumazes (cinco horas ou mais por semana) foram ainda mais enfáticos: 37% declararam que estavam perdendo horas de trabalho e outros 37% admitiram que a pornografia lhes consumia tempo antes reservado à família.

Não bastasse isso, o fato de tantos homens considerarem a pornografia um assunto pessoal, sigiloso ou não, obviamente os distancia das namoradas ou esposas. Segundo Schwartz, não importa como seja vista, a pornografia é sempre indício de alheamento; os que a procuram geralmente o fazem por tédio ou insatisfação em alguma esfera de sua vida, particularmente o relacionamento amoroso. Pesquisando, ele descobriu uma "nova epidemia", estreitamente relacionada à Internet, que vem contaminando pessoas habituadas a usar pornografia para isolar-se dos parceiros. "Se a pornografia estreita o envolvimento com a sua parceira, se você se excita e corre para junto dela, ótimo", explica Schwartz. "Mas o que estamos vendo é um número crescente de homens e mulheres com distúrbios de convívio, incapazes de se entrosar."

Ciúme

Bridget, trinta e oito anos, contadora em Kentucky, estava casada há sete quando testemunhou algo curioso. Uma noite, ao entrar no escritório da casa, pôde jurar ter visto uma imagem pornográfica piscando na tela do computador diante do qual se achava o seu marido, Marc, inteiramente absorto. Num segundo tudo desapareceu, mas as suspeitas de Bridget tinham sido despertadas. Dias depois, Bridget usava o computador quando descobriu um arquivo estranho entre os *downloads*. Abriu-o e deparou com uma foto inquestionavelmente pornográfica. "Senti um aperto no estômago", diz ela. "Não sabia o que fazer ou dizer. Não sabia como encarar a situação." Bridget decidiu interpelar o marido. Ele negou que o arquivo fosse dele. Mas de quem seria então? O mais velho de seus dois filhos, na época com treze anos, vivia com o pai, ex-marido dela. O mais novo tinha apenas oito. "Percebi logo que Marc estava mentindo. E me senti perturbada." Mas o casal ia a um jantar e ela resolveu esquecer o assunto por enquanto.

Não conseguiu deixar de ruminar o caso a noite inteira. Seria mesmo aquele o homem com quem se casara? Marc vinha sendo um padrasto exemplar. Era respeitado na cidade. Cantava no coro da igreja. Trabalhava para o governo do Estado. Conhecera quase todos os seus amigos na igreja e os colegas o admiravam muito. "Quando nos casamos, todos me disseram que ele era um grande sujeito", lembra-se Bridget. De volta a casa, ela tocou de novo no assunto, com insistência, e Marc acabou confessando tudo. Vinha consumindo pornografia em bases regulares desde que se casaram — tomando as devidas precauções. Revistas pornográficas eram entregues em sua casa embrulhadas em papel comum. Marc apagava religiosamente o material que via *on-line* (exceto por aquela malfadada imagem). Quando não era possível ver pornografia em casa, ele visitava livrarias para adultos e ali gastava um bom dinheiro assistindo a filmes XXX.

Bridget sentiu-se rejeitada. "Ele preferia contemplar imagens de outras mulheres quando podia ficar comigo a qualquer hora", lamenta-se. Passou em revista a sua vida a dois. Nos últimos tempos, Marc não parecia muito interessado nela sexualmente. Bridget estava insatisfeita com a freqüência de suas relações sexuais. "Quando descobri que ele estava envolvido com toda aquela pornografia, senti-me jogada fora."

Segundo Lonnie Barbach, terapeuta sexual em Long Beach, Califórnia, quando uma mulher descobre que o marido vem usando pornografia, conclui que não é suficientemente boa para ele. "De outro modo, por que ele se meteria nisso?" Evan, de vinte e um anos, estudante de Ciência da Computação, admite que há base para os receios femininos. Uma de suas ex-namoradas não gostava que ele consumisse pornografia. "Ela considerava isso um insulto pessoal", lembra-se. "Achava que não era boa o bastante." Quando o via folheando a *Maxim* ou a *Playboy*, ou assistindo a um DVD, dizia: "Por que você precisa disso? Eu não lhe basto?" A verdade, admite Evan, era que não. Nenhuma mulher pode ser tão atraente ou sensual como as atrizes pornôs — e por isso Evan gostava tanto delas. Além do mais, a namorada tinha alguns problemas de auto-estima. Não importava quantas vezes lhe dissesse que era tão boa quanto as mulheres da pornografia, ela continuava insistindo para que ele parasse. Evan suspeitava que a namorada estivesse procurando elogios.

Independentemente do que os homens dizem às mulheres, muitas delas se sentem "menos que" as garotas pornôs pelas quais os namorados parecem tão atraídos sexualmente. Conforme explica Mark Schwartz, da clínica Masters e Johnson, "Imagine-se um homem que engordou um pouco, cuja esposa comece a assinar uma revista na qual, a cada mês, admira abdomes 'sarados', dizendo 'Uau, dê só uma olhada nestes músculos'. Como um homem em tal situação se sentiria? Toda vez que o homem olha a foto de uma garota de dezoito anos, bem-produzida, está insultando a mulher com quem vive. No fundo, o que diz é o seguinte: 'Esta sim, me excita. Não a mulher que está ao meu lado'".

Quando Mia e Jesse começaram a namorar, ela notou que ele era bastante ousado. Por brincadeira, ambos começaram a ver filmes pornográficos juntos. A princípio, Mia, nova-yorkina de trinta e quatro anos, aderiu com gosto. Havia o fator novidade, o elemento picante. "Eu queria bancar a namorada moderna", diz Mia. "Ou seja, 'vejo pornografia, sim, dane-se'. Não tencionava ser do tipo Poliana." Mas, em pouco tempo, ela observou que Jesse já não se comportava tão cavalheirescamente diante da pornografia; insistia em ligar a TV antes do sexo e não tirava os olhos da tela durante o ato. Parecia mais motivado pela televisão do que por ela. "Estou cansado", costumava dizer durante o sexo e perdia a ereção.

"Jesse, de algum modo, necessitava da objetificação de outra mulher para excitar-se", diz Mia. "Então, ele podia transferir essa excitação para o meu corpo." Mia não achava que estivessem realmente unidos. "Já tive casos de uma noite que foram mais íntimos", confessa ela. Certa feita, na cama, Mia pediu a Jesse que desligasse a TV. Jesse rebateu: "Gosto disso. Faz-me sentir mais excitado". Mia começou então a perguntar-se se não havia algo de errado com ela. As suas necessidades sexuais não estavam sendo satisfeitas; talvez fosse erotizada demais. A auto-estima despencou: "Passei a me sentir muito insegura quanto à minha imagem corporal, eu que nunca antes fora preocupada com isso. Concluí que era gorda e pouco sexy".

Na revista *Glamour* (detalhe: o mesmo número que incentivou as mulheres a darem uma chance à pornografia), um artigo sobre imagem corporal incluiu a "explosão pornográfica" na lista dos motivos pelos quais as mulheres entram em conflito com a sua aparência. O artigo citava uma funcionária de um centro de tratamento de distúrbios alimentares descrevendo as queixas de algumas pacientes sobre o efeito da cultura pornificada na imagem de seus corpos: "No entender delas, os homens que vêem pornografia são vis, mas perguntam-se também como poderão concorrer com as mulheres magérrimas de seios aumentados cirurgicamente. Afirmam ainda que é difícil encontrar um homem cujos padrões não tenham sido distorcidos pela pornografia ou pela mídia".[11]

Para Ashley, a mulher de trinta e quatro anos de Baltimore que combate o franco consumo de pornografia dos seus parceiros, o resultado é maior insegurança. O seu ex-namorado de um ano e meio ia dançar em clubes de *strip-tease* a cada dois meses. "Tentei explicar-lhe por que achava isso ofensivo dizendo 'Se eu entrasse em seu apartamento e o visse na cama com uma mulher nua, sairia imediatamente e nunca mais falaria com você'. O fato de a mesma coisa acontecer num clube que sanciona esse tipo de comportamento não melhora as coisas para mim." Ela se sentia constantemente insegura no relacionamento, sabendo que, para o namorado, nunca seria o bastante. "A minha imagem corporal sofria muito", diz ela. De nada adiantou contar-lhe que estava perdendo a autoconfiança. "Ele garantiu que o meu corpo era 'perfeito', asserção obviamente desmentida pelas revistas pornográficas espalhadas no chão a poucos metros de nós."

Ashley, uma loira alta, esbelta e atraente, em tudo o mais se considera satisfeita com a própria aparência. Os seios pequenos, no entanto, não são a seu ver o que desperta a fantasia masculina. Na cama, diz ela, os homens parecem não prestar muita atenção ao seu busto. "Presumo que eles não fiquem excitados com essa parte de meu corpo e por isso se concentram em outras", explica. O namorado atual, com quem sai há dois meses, nada faz para aumentar-lhe a confiança. Tem dificuldade em manter a ereção, o que ela não pode deixar de encarar como uma ofensa pessoal. Aficionado confesso da pornografia, vive falando em seios femininos. "É do que ele gosta", informa Ashley. Certa feita, ela venceu a timidez e mencionou a sua insegurança quanto aos próprios dotes. "Sim", concordou o namorado, "de fato isso é mau porque sou um homem que gosta de peitos." Ela por pouco não deixou de falar com ele depois disso. Mas o que poderia fazer? "Como mulher heterossexual, quero atrair e contentar o sexo oposto."

Competição

Muitas mulheres que descobrem as preferências pornográficas do parceiro sentem-se pressionadas a entrar numa competição. Se ele não está obtendo satisfação comigo, raciocinam, irá obtê-la da pornografia. A mulher tem de lutar. Jessica, a jovem de vinte e oito anos cujo namorado, Joe, consome pornografia sem disfarces, vem fazendo esse esforço. "As atrizes pornôs que ele vê passaram, quase todas, por cirurgias. Não creio que a maioria dos homens ainda tenha uma idéia realista do que seja um corpo normal", queixa-se Jessica. Pequenina, afirma que nunca se sentiu pouco à vontade ou insegura com namorados anteriores. Na verdade, gostava de despir-se e voltar nua diante deles. Com Joe, não. Ao compreender a extensão do hábito pornográfico do novo namorado, já não deseja "ficar pelada à sua frente". Prefere "ir para o banheiro ou esperar que as luzes se apaguem. Quero dizer, comparada às garotas que ele admira, sinto-me insignificante". Afinal, explica, quando você se vê constantemente confrontada com mulheres de seios enormes, que excitam de fato o seu namorado, só o que pode sentir é: "Bem, não sou nem um pouco atraente. Para ser honesta, se eu tivesse seios maiores, ficaria bem mais à vontade e lhe pediria que renunciasse de vez à pornografia. Mas, sendo como são as coisas, não posso censurá-lo por procurar o que aprecia e não estar obtendo de mim o que deseja. Quero crer que, lá no fundo, ele gostaria que eu me parecesse mais com Jenna Jameson, por isso não devo apoquentá-lo".

Em vez disso, Jessica tenta agradar ao namorado. Por sugestão de Joe ("Muitas namoradas de amigos meus fizeram isso"), ela consultou um cirurgião plástico e se prepara para receber implantes. "Joe me disse, 'Imagine que corpaço você terá se ganhar uns seios opulentos'. Infelizmente, o médico explicou que, dada a minha constituição pequena, só poderei ter seios do tamanho B, no máximo. Joe acha que isso não basta, mas quer que eu faça a operação de qualquer maneira. Estou pensando em consultar outro médico."

Em anos recentes, mulheres nos Estados Unidos e Reino Unido chegaram a ponto de fazer operação plástica nos genitais. Uma forma de cirurgia, o estreitamento vaginal, consiste em seccionar uma parte da vulva para torná-la menor. Outra tem orientação mais estética: graças à redução labial, tecido gorduroso é removido da área à volta da vagina, dando-lhe uma aparência mais definida e infantil.[12] Entretanto, agradar a um homem criado na pornografia significa bem mais que melhorar ou modificar a aparência. Uma em cada dez mulheres disse na pesquisa *Elle*-MSNBC.com, de 2004, que o parceiro se tornou mais crítico com relação ao corpo dela depois que começou a ver pornografia pela Internet e uma em cada cinco declarou que, em conseqüência, sentia-se compelida a fazer malabarismos para manter o parceiro sexualmente interessado.

As mulheres têm certa razão. "O pior é quando elas dizem que a pornografia as faz sentir-se insuficientemente boas, presumindo que todas as mulheres são

NECESSARIAMENTE boas sem nem sequer se perguntar se estão se esforçando o bastante para ser melhores que a pornografia para os seus parceiros", queixa-se um homem numa discussão de "grupo de apoio" *on-line* sobre pornografia.[13] Segundo Diana Russell, socióloga que vem pesquisando pornografia há décadas, homens que consomem esse material em excesso "chegam à conclusão de que atos sexuais inusitados são bem mais freqüentes por todo o país do que na realidade, pois, obviamente, é o que vêem na pornografia". Passam a acreditar que sexo anal e sadomasoquismo constituem práticas comuns, parte do repertório de todo casal feliz. E que, se os casais não se entregam a essas práticas, há algo de errado com eles. Não são audazes o bastante. Estão perdendo muita coisa. Mas que fazer a respeito? Traga pornografia para a sua esposa. Apresente a pornografia à sua namorada.

Uma vez que todos os seus amigos e namorados são consumidores de pornografia, Ashley é levada inevitavelmente a comparar o que eles vêem na tela com o que esperam na cama. "A sua visão do sexo é de fato distorcida. Tornou-se mais suja, mais abjeta. Querem que você faça um monte de coisas degradantes." Muitos homens nem sequer percebem que o que pedem é humilhante ou desagradável para as mulheres. Os vídeos e clipes *on-line* a que assistem mostram garotas sorrindo em antecipação à "facial" (termo para o ato de um homem ejacular no rosto de uma mulher), espalhando o sêmen pelas faces e seios, lambuzando com ele o corpo todo, saboreando-lhe o gosto, gemendo de prazer e agradecendo ao parceiro sexual por sua generosidade. Aquilo que raramente ocorre na vida real é especialmente excitante na fantasia, de onde a pornografia glorificar práticas a que as mulheres em geral não se acomodam. Por isso as expectativas masculinas mudam. Todo homem, afirma Ashley, pede sexo anal — "É a moda". Hoje, a coisa mais popular é "fazer por trás". Todo homem com quem ela esteve desde os tempos de faculdade — e as suas amigas dizem o mesmo — quer ejacular no rosto da parceira (e, em menor grau, no corpo). "Do pescoço para cima" é o máximo. Ashley não acede, a menos que se encontre num relacionamento sério. Os dois últimos namorados pediram-lhe que deixasse. "Penso que estavam sondando o terreno", diz ela. "E creio que, se tivesse concordado, eles veriam isso como a norma. Para mim, entretanto, em definitivo *não* é." No caso do ex-namorado de um ano e meio, ela às vezes permitia que ejaculasse em seu corpo. "Não me preocupava muito porque éramos bastante íntimos."

Confiança

Fato surpreendente, muitas mulheres não imaginam que os seus maridos ou namorados cheguem sequer a considerar a hipótese de ver pornografia enquanto num relacionamento monogâmico. Terapeutas de casais contam histórias de esposas chocadas ao surpreender os maridos grudados na tela do computador, à noite, masturbando-se. Descobrem arquivos pornográficos baixados e temem perguntar se aquilo foi obra dos maridos ou dos filhos adolescentes. Uma jovem depara *online* com uma lista de sites no computador do namorado, que espantam tanto quanto repelem: garotas pré-adolescentes, mulheres peludas, dois homens e uma mulher, sexo grupal na Tailândia. Então é *disso* que ele gosta? "Os homens de quem trato geralmente escondem a pornografia de suas parceiras", diz Marlene Spielman, psicoterapeuta de Nova York. "Sabem que não podem fazer isso porque se acham envolvidos num relacionamento e — encaremos o fato — quando alguém se masturba vendo pornografia está, de qualquer forma, com outra pessoa."

Não é assim que a maioria dos homens encara o problema. Os meninos em geral vêem a sua primeira pornografia juntos e assinam um pacto tácito: esse será o nosso segredo. Então crescem e se transformam em homens que não contam às esposas o que estão vendo. Scott Halzman, psiquiatra especializado em aconselhamento de homens casados, diz que quando um cliente lhe confessa estar usufruindo de uma "pornografia saudável", mas não inteira disso à esposa, Halzman aconselha-o a precaver-se: "Se você quer chamar a isso de segredo, ótimo. Entretanto, como a maior parte das fantasias, é mais excitante quando mantido em caráter pessoal. Perderá o mistério caso a sua esposa fique a par". Halzman não sabe muito bem como lidar com o problema na prática. "Sim, basicamente a pornografia é um engodo no relacionamento", reconhece. "Mas sinto-me confuso. O meu trabalho consiste sobretudo em convencer os homens de quão importante é respeitar as opiniões de suas esposas e encontrar meios de satisfazer às necessidades delas. Ora, se um homem se masturba vendo pornografia, de certo modo está roubando à esposa o que lhe pertence por direito próprio. Quero crer, entretanto, que esse não é necessariamente o caso quando o homem não é viciado em pornografia e apenas a usa." Na visão de Halzman, se um homem usa pornografia, não deve dizê-lo à parceira ou, caso o faça, tem de contar com a sua cólera e desapontamento. "Alguns dos homens mais bem-sucedidos no casamento nem sempre se abrem com as esposas", concede Halzman. "A realidade é que a maioria das mulheres sente-se incomodada com a pornografia. Intelectualmente, eu penso, acham normal que rapazes tenham esse hábito; psicologicamente, porém, condenam-no. Não conseguem justificá-lo."

Quando descobrem que os maridos vêem pornografia, muitas esposas ficam chocadas com esse franco desrespeito às suas opiniões sobre o assunto. Mas elas são bastante ingênuas com relação ao comportamento deles, diz a psicoterapeuta Tina Tessina. "Toda mulher parece acreditar que o seu parceiro é um santo. Poucas compreendem até que ponto os homens são suscetíveis às atividades sexuais." Pela experiência de Tina, as mulheres ficam intrigadas com isso. "Sentem-se usualmente chocadas quando descobrem que os seus maridos estão vendo pornografia." Bridget, a mãe de dois filhos de Kentucky, confessa que a descoberta do hábito do marido "acabou com a confiança em nosso relacionamento". Ao saber do subterfúgio de Marc por tantos anos, "Comecei a me preocupar o tempo todo. Se ia partir em viagem de negócios, perguntava-me o que ele veria em minha ausência". Tentou manter os olhos bem abertos, controlar de perto a família e o uso do computador por parte de Marc. Não acreditava na promessa dele de que não iria mais consumir pornografia. O segredo que os homens conservam com respeito à pornografia tem um efeito colateral inevitável: se a escondem, pensam as mulheres, é porque deve haver uma boa razão para isso. Não querem que as esposas ou namoradas saibam de nada. Então, há motivos para se preocupar: só se esconde o que é errado.

Infidelidade

Um homem passa muito tempo longe da esposa. E esse tempo é gasto com outras mulheres. Delas é que ele está obtendo alívio sexual. Está obtendo, digamos, uma satisfação "emocional", seja ela excitação, relaxamento, massagem do ego ou senso de poder. Sem dúvida, num caso amoroso, há outro ser humano envolvido; não, porém, na pornografia — ou, pelo menos, nem tanto. Mas, ainda assim, um ser humano está em causa: o marido. Segundo o estudo de Jennifer Schneider, cerca de um terço das mulheres casadas com usuários de sexo virtual considera as atividades pornográficas *on-line* do parceiro uma espécie de adultério.[14] Na pesquisa *Elle*-MSNBC.com de 2004, um terço das mulheres afirmou considerar as atividades *on-line* do parceiro uma mostra de infidelidade e uma em cada três sentia-se "traída". A pesquisa *Pornified*/Harris, de representatividade nacional, concluiu que 34% das mulheres consideram o uso de pornografia pelos homens uma infidelidade em absolutamente todos os casos. Ashley, a jovem de vinte e poucos anos de

Baltimore cujos namorados não escondem o seu uso de pornografia, sustenta saber "racionalmente" que pornografia não é infidelidade — mas, emocionalmente, sente que é. "Você está obtendo prazer de outras pessoas, não daquela com quem vive", explica. "Que posso sentir diante disso?"

No entanto, apenas 13% dos homens entrevistados para a pesquisa *Elle*-MSNBC.com consideravam a atividade sexual *on-line* uma infidelidade; pela pesquisa *Pornified*/Harris, só alguns mais — 17% — equiparavam a pornografia com a traição. Em verdade, a maioria dos homens *não* considera a pornografia uma traição: o homem tem as suas necessidades e procura satisfazê-las recorrendo a um meio que os impede de trair a esposa com uma mulher de carne e osso. Segundo a pesquisa *Pornified*/Harris, 41% dos homens sustentam que a pornografia jamais deve ser considerada infidelidade (só 18% das mulheres são da mesma opinião). Trey, editor de filmes, casado, explica: "Há uma enorme diferença entre ver pornografia e fazer sexo. A pornografia é mera extensão do ato de fantasiar; e, se pornografia é infidelidade, então todos traem o tempo todo". Não, Trey jamais trairia a sua esposa, Eliza. Se em relacionamentos anteriores achava que devia manter a sua pornografia em segredo (as outras namoradas desaprovavam esse hábito), com Eliza ele pode ser mais franco. Contudo, se Eliza lhe pedisse para parar, ele provavelmente continuaria a alimentar o seu hábito às escondidas. "O que os olhos não vêem o coração não sente", pontifica.

É assim que os homens encaram a monogamia, diz Trey. Parte dele gostaria de ter dormido com dez mulheres antes do casamento — além das catorze com quem de fato dormiu —, mas as coisas não funcionam assim. A pornografia ajuda-o a enfrentar essa realidade. "O que vou dizer pode contrariar o que afirmei a respeito de infidelidade", concorda ele, "mas há pouquíssima diferença entre fantasiar e fazer sexo." Para os homens, continua, fazer sexo com uma garota pela primeira vez é sempre melhor e, graças à pornografia, Trey pode ter essa "primeira vez" o tempo *todo*, com quantas mulheres quiser. "Você fica com ela uma noite — admira-a nua e transa com ela — e adeus. Bem menos complicado que ter um caso na vida real."

O sexo oposto nem sempre pensa assim. "Querido Harlan", escreve uma mulher ao responsável pela coluna de aconselhamento masculino, "saí com um homem maravilhoso por pouco mais de um ano. [...] Ontem à noite, pilhei-o se masturbando enquanto assistia a cenas pornográficas pela Internet. [...] Não pude deixar de me sentir enganada. Aquilo me fez pensar que algum dia ele me trairá de verdade. E me afastou dele, pois agora suspeito que pense em outra quando está comigo. [...] Essa reação é exagerada? Trata-se de um problema grave, capaz de levar à separação, ou de algo que os rapazes fazem mesmo e eu tenho sido ingênua nesse ponto?"[15]

Nem todos os homens deixam de se dar conta de que a pornografia pode significar traição. Após um ano queixando-se das escapadas do namorado para clubes de *strip-tease*, Ashley finalmente se sentiu disposta a romper com ele. "Tivemos uma conversa séria ao final de nosso relacionamento", conta. "Pelo tempo que passamos juntos, ele sempre pensou que eu estava sendo ridícula por me irritar com pornografia. Mas acabou confessando que não fazia idéia de quanto isso me magoava." Ashley acreditou nele. Afinal, ninguém nunca lhe dissera que o que fazia era errado. Os pais do rapaz sabiam que ele freqüentava os tais clubes. "Apenas riam", lembra Ashley. "Para eles, 'homens são homens'." Da última vez que os amigos planejaram uma farra no clube, o namorado ficou para trás, em atenção a ela. Foi um grande passo, no entender de Ashley. "Mas ele mentiu aos amigos para que não soubessem o verdadeiro motivo da recusa."

Mentiras da pornografia. "Não importa o que você faça, jamais conseguirá esconder os seus hábitos pornográficos dos amigos e familiares", sustenta um pai. "Em que pese o fato de a minha esposa não se preocupar muito, é embaraçoso e desagradável quando você esquece uma fita obscena no videocassete e sua irmã a descobre, ou a tela do computador anuncia o fim da gravação de um vídeo pornô, ou ela surpreende você vendo pornografia." A pornografia, explica ele, leva a "uma série de pequenas mentiras". Alguns de seus amigos surpreendidos no ato de ver pornografia alegaram para as namoradas que o material pertencia a ele (o que não era verdade) a fim de evitar as conseqüências. A dificuldade de confessar a pornografia não é, obviamente, um problema isolado e de fácil solução.

Ruptura

Depois que a mulher descobre a pornografia do parceiro, o que sucede? A psicoterapeuta Marlene Spielman diz que, quando uma mulher se inteira dos hábitos pornográficos do homem, o resultado é em geral um torvelinho de emoções violentas. A mulher, quase sempre, sente-se magoada, enraivecida, enganada. Postos contra a parede, maridos muitas vezes começam por negar antes de confessar tudo, seguindo-se a briga, as queixas, as acusações. O marido pode então acusar a mulher de tê-lo induzido àquilo; ela, retrucar que ele sempre evitou os problemas do relacionamento. Depois que Bridget recriminou o marido por sua pornografia,

Marc prometeu mudar. Bridget pediu-lhe que fosse conversar com o pastor e Marc concordou de má vontade... depois que Bridget ameaçou ir em pessoa falar com ele. O pastor teria sido condescendente com Marc, talvez condescendente demais. Bridget achou que a postura de sua igreja era: "Você cedeu a uma fraqueza natural. É compreensível". Assim, embora Marc continuasse a se avistar com o pastor, Bridget resolveu tomar medidas adicionais. Comprou um computador novo e programou-o com conteúdos infantis, criando contas especiais de e-mail para todos os membros da família. Só o filho mais velho, então com dezenove anos, tinha pleno acesso. Problema resolvido.

Três meses mais tarde, o filho veio ter com ela em particular. Alguém estivera usando o seu e-mail. Ao pesquisar o histórico, descobrira sites que não visitara e a caixa de entrada estava repleta de arquivos pornográficos. Bridget ficou arrasada. "Senti-me absolutamente ferida e traída", lembra ela. "Foi uma facada nas costas. A pessoa em quem você confia, com cuja honestidade você contava... depois descobre que ela lhe escondeu o tempo todo a sua vida secreta." O episódio deixou Bridget "emocionalmente em baixa". Fazia três anos desde o primeiro confronto com Marc e ela cuidara que "tudo aquilo" havia ficado para trás. Furiosa demais para chorar no momento, Bridget exigiu que o marido fosse pedir desculpas ao filho.

Por essa época, ela descobriu que o filho mais novo, então com treze anos, se metera também com pornografia. Instalara outro provedor de Internet no computador da família e passava horas *on-line*. Bridget deparou com um filme de lesbianismo pesado entre os arquivos. A princípio, não sabia quem era o responsável: Marc, ao que supunha, parara de novo com aquilo. Quando constatou que se tratava do filho mais novo, procurou discutir o assunto com ele, que após muitas negativas confessou tudo. "A minha reação foi ainda pior do que fora com Marc", recorda. Disse ao rapaz que, embora o que estivesse vendo pudesse parecer inocente no momento, não se podia prever aonde semelhante hábito o levaria e até que ponto afetaria a sua vida. Mas Bridget não podia fazer muita coisa. O filho passava a maior parte do tempo na casa do pai, para quem a pornografia não é nenhum problema. O pai do garoto deu de ombros ante as preocupações de Bridget, o que não a surpreendeu, pois sabia que o primeiro marido também gostava de pornografia.

Mulheres, em número cada vez maior, estão instalando programas como o NetNanny em seus computadores domésticos a fim de limitar o acesso pela Internet a sites inadequados. Segundo uma empresa de filtragem, a WiseChoice.net, mais da metade dos seus três mil clientes são adultos que usam o *software* não para bloquear o acesso dos filhos, mas para impedir-se, e a outros adultos, de visitar sites indevidos.[16] Outros reconhecem a necessidade de uma dose mais forte de intervenção. A pesquisa *Elle*-MSNBC.com revelou que uma em quatro mulheres se preocupa com o "hábito incontrolável" dos maridos de ver pornografia virtual e uma em quatro divorciadas revelou que esse hábito, bem como os bate-papos *on-line*, haviam contribuído para a separação. No encontro de 2003 da Academia Americana de Advogados Matrimoniais, reunião de profissionais especializados em divórcio, os membros constataram uma tendência surpreendente. Quase dois terços dos advogados presentes haviam testemunhado um súbito aumento no número de separações relacionadas à Internet, 58% das quais se deviam ao fato de um cônjuge consumir pornografia *on-line* em excesso. Segundo o presidente da associação, Richard Barry, "Há oito anos, a pornografia quase não desempenhava papel algum nos processos de divórcio neste país. Hoje, temos um número substancial de casos em que ela é motivo decisivo de separação". Num fórum *on-line* do site Women On-line Worldwide, uma mulher que se identifica como "Antipornografia" explica:

> Há dois anos, descobri que o homem com quem vivia há dez, que apoiara o meu ativismo de todas as maneiras — ideologicamente, praticamente, emocionalmente — estava na verdade usando, ele próprio, pornografia pela Internet. [...] Que fiz eu? Bani-o de minha vida. [...] Nenhum relacionamento pessoal, para mim, vale mais que a vida de mulheres feridas e humilhadas pela produção ou consumo de pornografia. [...] Dizem que pornografia é "livre expressão". Pois sim! Quem, exatamente, se expressa aqui? A pornografia são os homens contando mentiras sobre as mulheres. A pornografia assassina o amor e todo o senso de humanidade para que um ricaço, em alguma parte, junte milhões disseminando o ódio contra as mulheres.[17]

Advogados de família de todo o país atestam o aumento dos casos. "A pornografia destrói casamentos", afirma Marcia Maddox, advogada em Vienna, Virgínia. Os cinco profissionais de seu escritório estão sempre às voltas com algum caso que envolve pornografia. Por exemplo, uma esposa descobriu que o marido navegava pela Internet enquanto ela e a filha trabalhavam num projeto escolar. Estavam as duas diante do computador quando, de repente, uma grande janela apareceu mostrando um pênis gigantesco ejaculando. Horrorizada, a mãe desligou imediatamente o aparelho. Em seguida, chamou um técnico, que descobriu uma batelada de material pornográfico pesado no disco rígido. O casal se divorciou e a mãe ficou com a custódia da filha. Em outro caso, que também redundou em divórcio, o marido via pornografia costumeiramente no computador até as duas horas da madrugada. Segundo Maddox, muitos conflitos não chegam ao tribunal porque é embaraçoso para o homem que a sua pornografia venha a público, sobretudo havendo crianças envolvidas. "Tenho sessenta e dois anos", diz Maddox. "Não fui criada com computadores e casos assim perturbam a minha cabeça." O fato é que "usar pornografia é ser infiel. Não se trata de adultério *legal*, que requer penetração. Há, contudo, muitas maneiras de trair, como por exemplo abandonar a família para gastar tempo com pornografia". Muitas vezes os juízes entendem que, mesmo quando crianças não estão diretamente expostas à pornografia do pai, ainda assim são afetadas porque o pai as ignora em favor de seu hábito escuso. A visitação, em casos tais, pode ser restringida.

Mary Jo McCurley, advogada que exerce advocacia familiar em Dallas desde 1979, concorda. Nos últimos cinco anos, vêm surgindo mais e mais casos em que o principal fator é a pornografia do marido. "Temos situações em que o marido se abisma a tal ponto em pornografia *on-line* que acaba destruindo o casamento", explica Mary. "Esse hábito não apenas é insuportável para a esposa, que assim o vê obtendo prazer de outras mulheres, como rouba o tempo que os cônjuges poderiam passar juntos." Nos casos de divórcio, atualmente, enormes quantias de dinheiro são gastas para limpar computadores de material pornográfico. "Pode-se contratar especialistas em vasculhar discos rígidos", explica Mary Jo. "Muita gente vem fazendo disso uma profissão. Tornou-se coisa comum nos casos de divórcio no Texas."

Mas muitas mulheres ainda não sabem bem como lidar com o hábito do marido, questionando-se e a seus sentimentos. "Querida Abby", escreve uma mulher de Kentucky, "o meu marido vem gastando cerca de quinze mil dólares em contas telefônicas. [...] Quando saio de casa, ele imediatamente manda as nossas filhas para o quarto e vai ver pornografia *on-line* ou conversar com mulheres. Está tirando de mim e de nossas crianças, para seu divertimento, um dinheiro que nos faz falta. Implorei-lhe que parasse, mas o problema está piorando. Devo apegar-me à minha palavra e deixá-lo, caso ele não me ouça?"[18]

Negação e Racionalização

Infelizmente, o que talvez não seja de surpreender, as mulheres costumam censurar-se por seus parceiros consumirem pornografia. "Cara Dra. Ruth", escreve uma mulher, "estou casada há dois anos (segundo marido). Ele parece bastante interessado em sexo, quero dizer, fotos na Internet, revistas, canal Playboy, bate-papos *on-line*. Eu, porém, não tenho sexo nenhum! Já conversamos a respeito e agora tenho de implorar. [...] Amo-o de todo o meu coração. Estamos criando dois adolescentes. Às vezes, parece-me que somos uma grande equipe como pais, mas não como casal. Que devo fazer? Esse problema me preocupa muitíssimo e preciso de ajuda."[19]

Todavia, em vez de serem consoladas em seu infortúnio, as mulheres são induzidas a se censurar ainda mais — não apenas pelos parceiros, mas freqüentemente também por conselheiros sentimentais, terapeutas sexuais e outros membros da comunidade médica. Esses especialistas apressam-se a recomendar às mulheres que ignorem o problema, parem de queixar-se ou aprendam a "compreender" melhor o parceiro, em vez de dizer-lhes que elas são normais por se sentirem daquela maneira. Foram-se os dias em que consumir pornografia era considerado degradante tanto para o parceiro quanto para as mulheres em geral. Tais idéias foram postas de lado como a moda irressuscitável dos anos 1970. Ao contrário, as mulheres são instadas a aderir a ela. Uma mulher, escrevendo a um conselheiro sexual *on-line* sobre o trauma que sentiu ao descobrir fotos pornográficas no computador do marido após sete anos de união, é sumariamente dispensada e repreendida nestes termos: "Diz um velho ditado: 'O que é lixo para um homem é tesouro para outro'. O que parece desagradável e sujo para você pode ser o caminho do prazer sexual para o seu marido. [...] Sei que, para você e outras mulheres que ficam indignadas frente a imagens sensuais de garotas no computador do amado (ou em outro lugar qualquer), isso costuma ser um choque. [...] Pode até provocar reações como 'Não sou suficiente para ele? Quererá ele ficar com essas mulheres e não comigo?' Garanto-lhe que os homens sempre procuraram e sempre procurarão imagens de mulheres bonitas, vestidas ou nuas. Até os habitantes das cavernas deviam fazer isso — que, aliás, nada tem a ver com os sentimentos dos homens para com as suas parceiras. Na verdade, é provável que VOCÊ tenha violado a privacidade DELE vasculhando-lhe o acervo de fotos, que ele sem dúvida reservava para os seus momentos mais íntimos, longe da mulher real que ama ou de quem gosta. [...] Digo, pois, que o deixe lá com os seus brinquedinhos. E fique longe de seus arquivos. [...] Precisará dar uma explicação para aquele arquivo apagado, especialmente se quiser que o seu relacionamento amadureça e se transforme num vínculo de confiança duradoura".[20]

Assim, as mulheres ficam sabendo não apenas que o consumo de pornografia do homem é certo, mas também que elas estão erradas por aborrecer-se com isso.

E não só os homens ministram o remédio amargo. "Eis a verdade dolorosa", lamenta E. Jean Carroll, colunista da revista *Elle*, aconselhando uma leitora perturbada pelo hábito escuso do namorado. "Quase todos os rapazes que você conhece vêem essas imagens odiosas. Motivo? O seu homem está simplesmente seguindo o plano esboçado pela Mãe Natureza. Para assegurar a propagação da espécie, Mamãe instilou um desejo insopitável no animal masculino de ver (e atiçar) mulheres nuas. [...] Assim, se o seu parceiro consome pornografia em excesso (mais de uma hora por semana, pelos meus cálculos) [...] que fazer? Gosto de sua idéia antiburguesa do 'Querido, vamos ver filmes sujos juntos'."

Jonah, o fã de sadomasoquismo de Chicago, costumava sentir-se muito mal com o seu hábito; mas agora, graças à ajuda da terapia, mudou de atitude. A sua terapeuta, uma mulher com quem se trata há vários anos, diz-lhe que não há aí motivo para culpas; não há nada de errado em perseguir fantasias por meio da pornografia. "Ela de fato me encorajou muito", conta Jonah. "Ajudou-me a superar a culpa." Atualmente, Jonah procura convencer-se de que a pornografia é uma válvula de escape inofensiva para desejos tipicamente humanos. No seu entender, os homens são propensos a querer fazer sexo com todas as mulheres, sendo disso impedidos unicamente pela realidade social e psicológica. Ademais, não é *sua* culpa. Antes, sentia-se culpado quando ia pela rua desejando cada mulher atraente com quem cruzava; supunha que a pornografia estava afetando o modo como via as mulheres, que esse hábito lhe insuflava uma opinião desairosa sobre elas e corrompia o seu conceito de mulher atraente. A terapeuta discordava. Dizia-lhe que a pornografia não influenciava a forma de ele ver ou tratar o sexo oposto.

Jonah receava que a pornografia atrapalhasse a sua vida sexual; hoje, recorre a ela como incentivo. Adestrou-se para pensar em imagens pornográficas ao fazer sexo com a noiva, Stephanie, a fim de se manter excitado e envolvido, sem esconder dela o fato. A princípio, isso afetou o senso de individualidade de Stephanie, o que ela deixou claro durante a terapia de casais. Mas, após três anos de impotência intermitente, ela prefere deixar Jonah fazer o que bem entende para manter a ereção quando estão juntos. Quer por todos os modos ficar sexualmente satisfeita no relacionamento e Jonah acha que a pornografia ajuda. O que antes parecia a Jonah uma traição, agora lhe parece um incremento em sua sexualidade.

Enquanto isso, as mulheres temem estar "empurrando" os seus parceiros para a pornografia. Talvez o erro seja delas: não foram tão boas esposas, amantes tão sensuais. Mulheres casadas com usuários de pornografia passam pelo mesmo sofrimento. Uma mãe de dois filhos, com trinta e oito anos e residente num subúrbio de Chicago, diz que a pornografia do marido a faz sentir-se inadequada. Ele exige perfeição e ela se acha decepcionante. Não usa as roupas certas. Essas roupas, aparentemente, não lhe caem bem. Nunca agiu na cama como o marido gostaria que ela agisse. "Comecei a suspeitar que, fisicamente, não era um ser sexualizado", lembra-se. "Achava que nunca poderia estar à altura e desisti de competir." Tentou ver pornografia com o marido. "Se não pode derrotá-los, alie-se a eles", pensou. "Mas conservava a impressão de estar caindo ainda mais, comprometendo os meus sentimentos e crenças." Uma professora de Dallas conta que, ao descobrir que o marido usava pornografia às escondidas, sentiu-se doente e colérica. "Essas mulheres são tão irreais!", exclama com desalento. "Não se parecem em nada com a média das pessoas. Eu não tinha meios de competir com elas." Talvez, pensou, por estar um pouco acima do peso. "Fora isso, quem sabe, que o arrastara para a pornografia." Mas mesmo que estivesse no peso certo nunca se pareceria com as tais mulheres. O melhor então seria desistir.

As mulheres tendem a chegar à mesma triste conclusão: a pornografia é inevitável, não há nada que possam fazer. Em parte, o motivo pelo qual homens e mulheres acabam por acreditar que a pornografia é tão desculpável, tão natural e tão inevitável brota daquilo que aprenderam em casa — das lições que os seus pais lhes ministraram, da indiferença e desculpas de outros adultos, das recomendações e encorajamentos de amigos ou colegas e das mensagens da mídia que os bombardearam em seus anos de formação. Meninos a quem se diz que "meninos serão meninos" tornam-se homens que são meninos. Pais que fornecem pornografia ensinam aos garotos uma lição duradoura: a pornografia é um imperativo masculino natural. Mães que fingem não ver nada estabelecem padrões para futuras esposas. Hoje, uma cultura pornificada reforça e dissemina essas mensagens. E a nova geração adere.

6

Nascidas na Pornografia: As Crianças numa Cultura Pornificada

Como se dá que um menino comece a usar pornografia, chegue à idade adulta vendo pornografia infantil e tenha filhos que consomem pornografia? Passando em revista o seu longo envolvimento com pornografia, Charlie acha que pode detectar os sinais. A sua vida parecia fortemente sexualizada desde tenra idade. Enquanto crescia, ouvia o pai fazer constantes referências ao sexo, abertamente ou por insinuações. No entanto, o pai tinha uma idéia muito pouco lisonjeira do sexo oposto, e tratava a esposa e outras mulheres de uma maneira que Charlie considera "sexista". Era autoritário em casa, mantendo regras e disciplina rígidas. Por fora, Charlie obedecia ao pai; era uma pessoa "estóica e disciplinada". Por dentro, tornou-se um jovem introvertido, socialmente inepto e acanhado.

Charlie folheou pela primeira vez uma revista de sexo leve quando tinha oito anos, em 1973, na casa de um amigo. Passou para as de sexo pesado, também em companhia de amigos, aos onze. Os garotos faziam das suas enquanto viam juntos as revistas, a maior parte das vezes masturbação grupal. Por essa época, diz Charlie, descobriu a coleção de vídeos do pai. Na verdade não chegou a surpreender o pai assistindo a esses vídeos, nem ele próprio o fez; mas sabia que estavam lá.

Mesmo em criança Charlie se dava conta de que ver pornografia era errado. A família freqüentava regularmente uma igreja presbiteriana. A sua educação religiosa fê-lo sentir-se culpado com relação à pornografia, lançando-o num ciclo de comportamento compulsivo e remorso. Mas, a despeito das dúvidas, o hábito de Charlie foi se reforçando. Tornou-se o fornecedor de material pornográfico da escola: comprava revistas em pacotes e revendia-as aos colegas. Ganhou o apelido de "Depravado", do qual se orgulhava. Obcecado por sexo, passou a rondar o vestiário feminino da escola e a espiar as vizinhas pela janela do quarto, à noite. Aos dezoito anos, assistiu ao primeiro filme pornográfico num *drive-in* para adultos. Não precisou voltar à cidade para ver outro; era 1983 e a revolução do Betamax começara. Passou a alugar fitas. E logo descobriu que ele e o pai freqüentavam a mesma locadora.

Minha Primeira Pornografia

As crianças entram em contato com a pornografia de várias maneiras. A tradicional é por intermédio de um amigo mais velho ou parente: um primo, irmão ou tio passa revistas pornográficas a um garoto púbere ou então o próprio garoto descobre a coleção de um parente por conta própria. Os pais às vezes podem fornecer material pornográfico por inadvertência ou descuido. "Querida Amy", escreve uma jovem de dezessete anos à consultora do *Chicago Tribune*, "encontrei no computador de meu pai uma coisa verdadeiramente alarmante. Afora alguns sites de entretenimento adulto, encontrei outros pornográficos [...] a maioria com adolescentes. Eu poderia atribuir isso à natureza masculina, mas persiste o fato de ele estar vendo imagens obscenas de garotas da minha idade. Falei com mamãe a respeito, mas ela apenas disse que ele é homem e os homens 'fazem dessas coisas'."

Alguns pais (e algumas mães) na verdade encorajam os filhos a consumir pornografia ou olham deliberadamente para o outro lado. Christina, a mãe divorciada de dois filhos que assina sites pornôs, tem um rapaz de quinze anos que vive rodeado de revistas em quadrinhos e DVDs pornográficos desde os doze. O pai, ex-namorado de Christina, fornece-lhe material, que ele pendura nas paredes do quarto com a permissão da mãe. A filha de doze anos acha essas imagens "sujas", mas Christina está quase certa de que ela também andou vendo pornografia *on-line*, talvez por simples curiosidade. Pelo que Christina observou, o filho tem gostos um tanto "extremos" — sujeição, lesbianismo, *bukkake*, ejaculações no rosto —, ou seja, material bem mais pesado do que o que ela própria via na idade dele. "Isso não me incomoda", garante Christina. "Quando eu tinha a mesma idade, era igualmente curiosa e vasculhava o material de meu pai." Ainda assim, procura manter a sua própria pornografia longe do alcance dos filhos. Sempre apaga o seu histórico da Internet todas as noites, depois de navegar. Regras, porém, não há — nem filtros de Internet, nem discussões.

Quer os pais passem pornografia aos filhos deliberada ou inadvertidamente, quer tentem escondê-la deles ou consumi-la fora de casa, as crianças hoje entram muitas vezes em contato com esse mundo por sua própria conta e em geral nem sequer esperam pelo surgimento dos hormônios. Podem sintonizar um canal a cabo na televisão, descobrir um programa de acesso público ou pedir um filme pago. Podem ainda encontrar um vídeo ou DVD na coleção do vizinho ou do irmão mais velho. Segundo um estudo de 1995 com adolescentes da Califórnia, conduzido por Gloria Cowan e Robin Campbell, 83% dos garotos e 48% das garotas de colégio declararam já ter assistido a vídeos ou filmes de sexo explícito. Três em dez garotos admitiram ver pornografia pelo menos uma vez por mês (contra uma em dez garotas). Em média, os garotos revelaram ter visto o primeiro filme aos onze anos; as garotas, aos doze. Eles tinham assistido a doze filmes ou vídeos pornôs; elas, uma média de cinco.

Esses números são sem dúvida mais elevados atualmente, já que as crianças descobrem cada vez mais pornografia na Internet. Segundo um estudo de 2001 feito pela Kaiser Family Foundation, sete em dez adolescentes de quinze a dezessete anos admitiram ter deparado "acidentalmente" com cenas pornográficas *on-line*. As garotas, mais que os garotos, se diziam "perturbadas" pela experiência (35% contra 6%). Enquanto a maioria dos jovens de quinze a vinte e quatro anos (65%) declarou que a seu ver esse hábito pode afetar seriamente pessoas com menos de dezoito, os mais jovens não levaram a coisa tão a sério: 41% dos entrevistados com idade entre quinze e dezessete disseram que a pornografia não é nenhum bicho-de-sete-cabeças. Aprender a curtir pornografia *on-line* está se tornando rapidamente a nova regra. Nos termos da pesquisa *Pornified*/Harris, 71% dos jovens de dezoito a vinte e quatro anos concordaram com o enunciado "Vi mais pornografia na Internet do que em outros veículos (revistas, cinemas, TV)" — o dobro dos mais velhos que também concordaram com essa afirmação. Mais da metade dos entrevistados admitiu que é difícil entrar na Internet *sem* ver pornografia. Não se trata de fenômeno exclusivamente americano. Um estudo realizado em 2004 pela London School of Economics revelou que 60% das crianças que usam regularmente a Internet entram em contato com a pornografia.[1]

É fácil, para as crianças, encontrar material obsceno *on-line* considerando-se os recursos que os pornógrafos empregam para aliciá-las (por exemplo, endereços eletrônicos enganadores ou páginas pornográficas vinculadas a conteúdos mais inocentes). A pornografia se integrou por completo à Internet. Num estudo sobre redes de intercâmbio de arquivos, o CyberSmuggling Center do U.S. Custom's Department descobriu que a busca de frases inócuas, normalmente usadas por crianças (frases que incluíam os nomes de uma cantora popular, atores infantis e personagens de histórias em quadrinhos), conduzia a sites pornográficos. Mais da metade das imagens baixadas eram pornografia adulta, pornografia em quadrinhos, erotismo infantil ou pornografia infantil.[2] Em outro estudo de âmbito nacional com crianças de dez a dezessete anos, feito em 1999-2000, perto de três quartos da exposição acidental delas à pornografia *on-line* ocorreu quando estavam procurando páginas sobre surfe, muitas vezes devido a erros de grafia nos endereços, mas a exposição por e-mail e mensagem instantânea também foi significativa. Das imagens encontradas, 94% eram de pessoas nuas, 38% de pessoas fazendo sexo e 8% de violência sexual.[3] Um estudo mais recente, encomendado pelo Congresso, detectou que dos setenta milhões de americanos usuários de pornografia pela Internet, onze milhões (16%) tinham menos de dezoito anos.[4]

Se as crianças não conseguem obter pornografia em casa, há sempre a biblioteca. "Gosto da biblioteca", escreve Stephen Jones, jovem de catorze anos residente no Estado de Washington, no jornal de sua cidade. "Gosto de ler. Aprecio o serviço prestado pela biblioteca através da Internet. Mas temos um problema: há pornografia disponível nessa biblioteca. A biblioteca tem filtros, mas como andam agora as coisas qualquer garoto com mais de doze anos pode removê-los."[5] Um estudo sobre as bibliotecas públicas da nação, em 2000, confirmou a gravidade do problema. David Burt, bibliotecário público, contou mais de duas mil queixas envolvendo pornografia em bibliotecas nos anos de 1997 e 1998* (29% dos 9.767 sistemas de bibliotecas públicas do país participaram do estudo). Os casos eram de crianças acessando pornografia nos computadores da biblioteca, situações em que adultos expunham crianças à pornografia no local, material pornográfico preparado intencionalmente para crianças e imagens obscenas deixadas na impressora ou na tela.[6] Em seu estudo, Burt cita um bibliotecário de Washington que lhe confidenciou: "Segunda-feira da semana passada apareceu por aqui um grupo de dez a doze adolescentes que me perguntaram se podiam ver pornografia pela Internet. Respondi que sim. [...] Mais tarde, um dos garotos mais novos (de escola primária) veio me dizer que os mais velhos lhe haviam mostrado imagens sujas no

---

* Imagine quanto aumentou o número de incidentes em 2005 — um éon em termos de tempo da Internet.

computador. [...] Quando comecei a trabalhar na biblioteca, gerenciar uma loja de pornografia não fazia parte do trabalho. [...] Estamos fornecendo obscenidades a crianças sem o conhecimento ou a permissão dos pais".

As crianças também podem encontrar pornografia na escola. No Colégio Monessan, em Pittsburgh, alunos do sexo masculino aprendiam lições interessantes nas aulas de Estudos Sociais. O professor Joseph Fischer, de trinta e cinco anos, mostrava-lhes pornografia pela Internet durante o "tempo livre" que ele, também técnico da equipe de futebol, lhes concedia no intervalo das aulas. Dois alunos relataram que, de dezembro de 2002 a dezembro de 2003, Fischer baixou fotografias e clipes pornográficos para consumo dos garotos. Só depois de o professor ter, ao que se diz, molestado um aluno de quinze anos é que os outros apresentaram as suas queixas.[7] Um aluno do Colégio North, no Arizona, declarou ter visto o seu professor de Matemática, Richard Hutchison, de cinqüenta e um anos, absorvido em pornografia pela Internet dentro da classe. Hutchison, também técnico de tênis na escola e veterano há nove anos e meio do Phoenix Union High School District, teve trinta dias para fazer a sua defesa. Declarou que visitara o site por acidente. Não foi a primeira vez que o sistema escolar do Arizona enfrentou o problema. Anualmente, cinco ou seis queixas são apresentadas, todas contendo a mesma acusação: professores vendo pornografia pela Internet dentro da classe.[8] Um professor de Política e História no Colégio de Ciência e Tecnologia de Tulsa, Oklahoma, demitiu-se depois que três alunos com idade entre catorze e dezesseis anos pilharam-no vendo imagens pornográficas em seu computador. O professor, Donald Eric Cherry, de vinte e sete, rapidamente apagou as imagens, mas quando os alunos lhe pediram para vê-las de novo, ele acedeu. Oito das fotos seriam de pornografia infantil. Cherry foi considerado culpado de três acusações de felonia por exibir material obsceno e metido na prisão. Conforme explicou no tribunal, "Sou muito propenso ao escapismo, a deixar a realidade para trás". Ao ir para a cadeia, Cherry deixou também para trás uma filhinha de um ano e sete meses.[9]

Se os professores não lhes mostram pornografia, as crianças descobrem-na por si mesmas. Na Escola Média de Richland, Texas, os alunos aprendem a burlar os filtros de Internet da escola e acessar pornografia durante as aulas de computação. Segundo uma aluna de treze anos, os alunos se aglomeram no fundo da classe após concluir os exercícios para ver pornografia. O professor de Computação nunca tentou monitorar-lhes as atividades. "Todos insistem em que há bloqueios no computador, mas metade dos garotos tem acesso ao que querem", conta ela. Alguns alunos criam telas de descanso pornográficas e simplesmente as apagam quando o professor se aproxima. Na mesma escola, outro professor foi punido por entrar em sites pornográficos. Tudo isso aconteceu a despeito da insistência da administração em que os seus sistemas de filtragem barravam eficientemente quaisquer tentativas de acessar material inadequado.[10]

As estatísticas mostram que metade dos adolescentes — se não todos — está exposta à pornografia de uma maneira ou de outra. Um estudo de 2004 da Universidade de Colúmbia revelou que 11,5 milhões de adolescentes (45%) têm amigos que vêem e gravam regularmente pornografia pela Internet.[11] O número de adolescentes com amigos que vêem e baixam arquivos pornográficos aumenta com a idade: um terço tem doze anos e dois terços, dezesseis. Os garotos têm mais amigos desses que as garotas: na idade de dezesseis/dezessete anos, 65% contra 46%. A proporção entre garotas e garotos de doze/treze anos é de 25% e 37%, respectivamente.[12]

"Quem se Interessaria por *Isto*?"

A despeito de seu interesse pueril por pornografia, a experiência sexual concreta de Charlie era restrita: ironicamente, tinha medo de sexo e ainda se sentia moralmente em conflito com respeito a relações extraconjugais. Quando, com a idade de vinte anos, desposou a sua colega de colégio Elise, ele era virgem. Elise sabia da reputação de "depravado" de Charlie, mas apenas por ouvir dizer; não imaginava quanto material obsceno ele consumia. Só se inteirou de tudo depois do casamento. A princípio, faziam sexo cerca de uma vez por semana, mas depois de um ano esfriaram. Charlie ainda estava interessado em transar com a esposa, mas o desejo de Elise parecia mínimo. A fim de animá-la, Charlie tentou convencê-la a ver vídeos pornográficos com ele e encorajou-a a imitar as práticas dos filmes, que Elise não apreciava. "Para ser franco, eu achava os vídeos mais satisfatórios do que me dar ao trabalhao de fazer sexo com ela", admite Charlie. "Entretanto, nunca fui infiel."

Após doze anos de casamento, Charlie descobriu a Internet. Era em 1997 e ele se preparava para fazer um curso de serviço social; um amigo sugeriu-lhe que visitasse um site adulto. Sentiu-se imediatamente atraído. Todas as noites navegava horas a fio, preocupado, diz ele, "em encontrar uma cena pornográfica capaz de me excitar".

Os seus gostos mudaram rapidamente. Começou com as obscenidades e as mulheres bonitas de sempre. Depois passou a se interessar por amadoras, atraentes ou não. O próximo passo foram as líderes de torcida e mulheres jovens produzidas de modo a parecerem adolescentes. Por fim, via de tudo, conforme a disposição do momento. A certa altura, começou a gostar de mulheres mais velhas. Sentia-se curioso com relação ao bestialismo (de modo geral, não com um bicho específico). Tudo começou com *pop-ups* que mostravam mulheres com animais. "Lembro-me de ter pensado: 'Quem se interessaria por *isto*?', diz Charlie. "Que tipo de pessoa se excitaria com cachorros e cavalos?" Mas, pelo rumo que as coisas estavam tomando, "qualquer tipo de sexualidade, com qualquer tipo de criatura, era bem-vindo". Pensou então: "Se hoje me interesso por coisas que nunca supus fossem me interessar, o que significa isso? Aonde irá me levar?"

Quando Charlie descobriu as salas de bate-papo, começou a participar diariamente de conversas em torno de toda variedade de fetiches. Os contatos *on-line* fizeram-no sentir-se melhor com respeito à sua curiosidade e predileções. "Falar sem papas na língua com pessoas nessas salas de bate-papo distorce a realidade", explica Charlie. "Concluí que havia muita gente por aí interessada nas mesmas coisas que eu e, portanto, aquilo talvez não fosse errado."

Enquanto isso a esposa de Charlie, Elise, não tinha idéia do que o marido andava fazendo. Muitas vezes estava dormindo quando ele ia para o computador. Quando acordava, ele lhe dizia que estivera estudando para o curso. Às vezes, confessava ter visto pornografia; outras, negava-o. Nunca esclareceu que tipo de coisa costumava ver e, temendo ser descoberto, sempre apagava os arquivos do computador. Não obstante, Elise sentia-se magoada, traída, humilhada. Por que Charlie não estava sempre disponível, não só para ela, mas também para a família? Que pode dizer uma mãe quando o filho pergunta "Onde está papai?" Ele não está ali para ajudar nos deveres de casa, ir ao zoológico, buscar os filhos depois do futebol. Dirigir uma casa que abriga um consumidor inveterado de pornografia atrapalha muito a vida familiar. Mas que poderia ela fazer?

A despeito do casamento e das obrigações familiares, Charlie — cuja vida sexual pregressa fora completamente definida pela pornografia — mergulhava cada vez mais no mundo pornô. Ele não se lembra muito bem de quando aconteceu, mas acabou por cruzar a linha dos sexos. Começou nas salas de bate-papo, onde passou a conversar também com homens, de início sobre mulheres e casais. "A minha teoria é que toda pornografia se concentra na ejaculação", explica Charlie. "Os homens falam na 'tomada áurea' e, se você está às voltas com pornografia, acaba obcecado com a ejaculação, que às vezes se torna um atrativo em si mesma. Isso então pode despertar o interesse pela sexualidade masculina." Charlie comprou uma *web camera* e daí por diante masturbava-se conversando não apenas com mulheres e casais, mas eventualmente com outros homens na mesma situação. Ficava em seu escritório de casa horas e horas, correspondendo-se visualmente com quem o atraísse no momento. Se tantas pessoas faziam aquilo, por que estaria errado?

A Pornografia é "Quente"

Não é lá muito fácil chocar Judith Coché. "Fui eu própria terapeuta por mais de vinte e cinco anos", diz essa psicóloga que dirige a Clínica Coché em Filadélfia e ensina Psiquiatria na Universidade da Pensilvânia. "Creio ter visto de tudo." Faz uma pausa e continua, quase como se estivesse se defendendo: "Vou dizer uma coisa que pode parecer estranha. Após tantos anos de prática, concluí: 'Estamos às voltas com uma epidemia'. O aumento da pornografia e seu impacto sobre os jovens são coisas realmente, mas *realmente*, perigosas. E a parte mais perigosa é que nem sequer sabemos o que está acontecendo."

"Com franqueza, preocupo-me com os pré-adolescentes e adolescentes de hoje", prossegue. "Tenho trabalhado com muitos jovens viciados em Internet. Há pouco, tive dois casos que me abalaram. No primeiro um casal, ambos professores, descobriu que a filha de onze anos usava uma linguagem sexualmente explícita em seus *e-mails* às amigas. Falava sobre o seu clitóris e contava que um garoto lhe havia acariciado as virilhas. Os pais até então pensavam que ela era perfeitamente inocente — nem sequer tivera ainda educação sexual na escola. Ficaram perplexos... e eram pessoas cultas, liberais! Nunca esperariam que a sua filhinha tivesse consciência desse tipo de coisas e muito menos falasse sobre elas. O segundo caso foi ainda mais horripilante. Outra menina, também de onze anos, criou o seu próprio site pornográfico. Quando os pais a interrogaram, ela declarou que a pornografia era considerada 'quente' entre as suas amigas. Talvez não fosse uma grande idéia, admitiu a menina, mas todas as amigas faziam o mesmo. Os pais ficaram aterrados." Meninos em número cada vez maior — em geral pré-adolescentes — estão sendo tratados de vício pornográfico, revela Coché. "Antes da Internet, eu nunca tive conhecimento disso."

Segundo Coché, o efeito dessa pornografia onipresente sobre as crianças que ainda estão se desenvolvendo sexualmente — ou nem sequer atingiram a puberdade — está para ser compreendido. Ela tem conversado com pais que viram aparecer *pop-ups* pornográficos na tela do computador enquanto os filhos estavam empenhados em seus joguinhos. "A pornografia, muitas vezes, associa-se à cultura do videogame e chega a insinuar-se em áreas não-obscenas da Internet. É difícil, para um garoto de doze anos, evitá-lo." Em conseqüência, as crianças estão aprendendo a ligar-se sexualmente antes ao computador que a seres humanos. "É aí que descobrem o que as excita. E que se espera que façam a respeito? Se, no passado, os meninos beijocavam as meninas atrás do muro da escola, hoje não sabemos como os que estão aprendendo a relacionar-se com estrelas pornôs virtuais se comportarão quando ficarem mais velhos."

A pornografia se tornou tão popular entre os adolescentes que as espiadelas fortuitas de ontem à *Penthouse* parecem monásticas. Para os adolescentes, a pornografia não passa de mais uma atividade *on-line*; não há muitos obstáculos para entrar e quase nenhum senso de tabu. Ao contrário, a pornografia é hoje um rito natural e um passatempo aceitável. Um garoto de Boston explicou há pouco ao *New York Times*: "Quem precisa da chatice do namoro quando tem pornografia pela Internet?"[13] A pornografia se integrou à cultura *pop* adolescente; a cultura do videogame, por exemplo, exalta a obscenidade. Uma fita de 2004, *The Guy Game*, mostra mulheres exibindo os seios quando dão respostas erradas num teste; o jogo, disponível em Xbox e PlayStation 2, sequer recebeu a classificação "Só para Adultos". (O fabricante está sendo processado porque uma das mulheres teria apenas dezessete anos e não deu consentimento para ser filmada.)[14]

Sem ninguém para lhes dizer que é errado ou inconveniente, não admira que as crianças tenham se tornado arrojadas em seu consumo de pornografia. Em 2004, um aluno do Colégio Weston, em Connecticut, tentou levar uma atriz pornô ao baile da escola depois de ganhar um encontro com ela no programa de rádio de Howard Stern.[15] No Colégio Xavier, conceituado estabelecimento para meninos de Springfield, Ohio, dois alunos foram acusados de vender DVDs pornográficos pelos corredores da escola a treze colegas. Viram-se apanhados quando um inspetor ordenou a um deles que levantasse a camisa e um DVD escondido caiu ao chão.[16]

Na época em que os rapazes vão para a faculdade, a pornografia é mais que aceita: é exaltada. Jim Weaver, professor de Comunicação e Psicologia no Virginia Tech, ministrou um curso de pornografia durante anos. "Os jovens de minha classe, hoje em dia, nem mesmo entendem por que devemos falar sobre isso", observa ele. "Acham a pornografia inofensiva, simples divertimento. A sua postura é: 'Vivemos num país livre e vejo pornografia pela Internet desde o colégio. Não há aí nada de errado'. Recentemente, os alunos se tornaram defensores inflexíveis da pornografia. Antes eu não notava isso nos jovens. Foi uma mudança radical de atitude". Na Universidade de Jacksonville, Flórida, alunos foram repreendidos por instalar um mastro de *strip-tease* num apartamento do *campus* e dar uma festa em que calouras embriagadas concorreram a um prêmio de cem dólares da Victoria's Secret dançando apoiadas ao mastro e sendo fotografadas.[17] Segundo antigos alunos e formandos recentes, nas faculdades de todo o país os rapazes costumam colocar no quadro de avisos de seus dormitórios mensagens como esta: "Deixem-me em paz. Estou vendo pornografia".

Os rapazes estão na pornografia e as moças, dizem eles, também deveriam entrar no jogo. No Colégio Scarsdale, um vídeo com duas alunas de catorze anos praticando atos libidinosos foi largamente disseminado entre os colegas. No filme, a voz em *off* de um rapaz incentivava-as: "Hoje em dia, todo mundo faz isso". Outro espectador reclamava mais "sacanagem". Quando uma das garotas parecia relutante em continuar e gritava "Parem", a voz chamava-a de puritana. "Por favor, vocês serão pagas", resmungava uma segunda voz. Alguém lhe garantia que, se ela continuasse, seria "a garota mais 'quente' do mundo".[18] Muitas outras vão nessa onda. Ao promover o seu livro *How to Make Love Like a Porn Star*, Jenna Jameson confessou-se surpresa com o número de suas fãs de tenra idade. "Causou-me impacto que mocinhas de treze anos me tomem por modelo", declarou a atriz pornô ao *Los Angeles Times*. Um grupo de admiradoras de dezoito anos esperava à porta por ocasião de uma palestra em Los Angeles. Uma delas explicou: "Gosto dela porque quero ser parecida". "Você então quer ser uma atriz pornô!?", espantou-se uma amiga. "Não", retrucou a primeira, "apenas sensual e confiante. Uma mulher 'quente'."[19]

Garotas "por fora" estão condenadas. Em Orange County, Califórnia, três rapazes adolescentes filmaram-se fazendo sexo com uma jovem de dezesseis anos aparentemente inconsciente, ameaçando penetrá-la com um taco de bilhar, uma garrafa de suco, uma lata de cerveja e um cigarro aceso.[20] Ao fundo, uma canção *hip-hop* bradava: "Gostamos de xoxotas. Gostamos de xoxotas.... Também foder um rabo..." Enquanto os rapazes se revezavam enfiando o pênis na boca e na vagina da garota, um deles manobrava a câmera, correndo a aproximar-se para registrar *close-ups* das penetrações. Usaram o taco para penetrá-la analmente, golpeando-lhe o ventre ao ritmo da música. Em seguida, quando lhe enfiaram o taco na vagina, a garota urinou sobre si mesma, provocando o riso de um dos rapazes: "Mas que foda!", divertiu-se ele.

Quando o caso foi ter ao tribunal, os advogados dos rapazes tentaram trazer duas atrizes pornôs para testemunhar que a vítima poderia ter apenas representado num filme pornográfico amador.[21] Alegaram que a garota induzira meninos "doces", "carinhosos" e "gentis" a um frenesi sexual. Durante o julgamento, um dos advogados referiu-se à jovem como "provocadora", "atriz pornô", "garota fora de controle" e "embusteira".[22] No dizer dos defensores, a garota confessara querer ser uma atriz pornô — e longe deles não acreditar em suas palavras. Sharon Mitchell, ex-atriz pornô transformada em sexóloga, ocupou por alguns instantes a tribuna a fim de explicar que as ações mostradas no filme eram "consistentes com a pornografia" e que muitas das "posições" são corriqueiras em fitas do gênero.[23]

As garotas, vez por outra, reclamam. Em 2004 uma menina de treze anos de Nova Jersey contou à revista *People* que se sentia mal por saber que os garotos vêem pornografia na Internet. Do interesse do ex-namorado por essas obscenidades, ela disse: "Queria que eu fosse magra como as atrizes pornôs. Achava-me gorda, chamava-me de hipopótamo".[24] Mas às vezes as garotas aderem. Também em 2004, uma estudante de dezesseis anos foi suspensa de um colégio de Fort Worth, Texas, por ter exibido um vídeo de si mesma e outras alunas da mesma idade fazendo sexo com colegas de classe. Um dos garotos da fita era seu primo; duas das meninas eram suas colegas da décima série. Quando questionada num primeiro momento pela polícia, a garota explicou que o vídeo a mostrava fazendo tranças no cabelo. Agora ela enfrenta acusações de delinquência, venda, distribuição ou exibição de material prejudicial a menores. Se ela é vítima, infratora ou uma combinação das duas coisas, o tribunal o decidirá.[24] Em outro caso, uma jovem de quinze anos de Pittsburgh foi presa por tirar fotos nua e colocá-las na Internet. Mostrava-se em vários graus de nudez, praticando toda uma variedade de atos lascivos, e mandou as fotos a pessoas que conhecia nas salas de bate-papo *on-line*. Depois que a polícia requisitou o computador, repleto de fotos dela mesma gravadas no disco rígido, a garota foi processada por abuso de crianças, posse e disseminação de pornografia infantil.[26] Em abril de 2004, uma jovem de treze anos da oitava série de uma conceituada escola particular fez um vídeo onde aparecia se masturbando e simulando sexo oral. Passou a fita a um colega, que imediatamente a colocou *on-line*. O vídeo de três minutos não tardou a alcançar o circuito das escolas particulares de Nova York e a Internet, onde todos, de parentes afastados e amigos de acampamentos de férias a predadores sexuais desconhecidos, puderam degustá-lo.

Estes são dias perigosos para qualquer adolescente sequioso de atenção com acesso a uma câmera digital ou, pior ainda, a uma *webcam*. Uma das mais recentes tendências no âmbito da pornografia caseira, amadora, é a "armadilha": um homem (usualmente jovem) convence uma mulher a dormir com ele e, às escondidas, filma o episódio para depois colocá-lo na Internet. As imagens são quase sempre acompanhadas de comentários onde o espertalhão bem-sucedido zomba da vítima, desmerecendo-lhe a ingenuidade e o desempenho para gozo e excitação de espectadores do mundo inteiro.

Não admira que as moças, hoje, procurem imitar as atrizes pornôs do mesmo modo como outrora procuravam imitar Madonna. A coelhinha da *Playboy* Pamela Anderson tornou-se um modelo; além da sua coluna na revista *Jane*, estrela o desenho *Striperella* na TV, onde faz o papel de Erótica Jones, *stripper* de noite e super-heroína de dia. Christina Aguillera deu a um de seus álbuns o título de *Stripped* [Desnudada] e à primeira canção o de "Dirty" [Suja]. O visual da dançarina/atriz pornô é hoje muito popular entre as jovens. A popular loja para adolescentes Delia's vende pelo correio calcinhas com o bordado "Você está com sorte". Em 2003, garotas de treze a dezessete anos gastaram $152 milhões em calcinhas, das mais bem-comportadas às mais sensuais. Outra loja para adolescentes do mesmo tipo, a Hot Topic, vende bonés, pijamas e travesseiros das coelhinhas Playboy. Conforme explica Tom Connelly, editor da revista de negócios *Adult Video News*, "Penso que [o nome Larry Flynt] soava um tanto pornográfico, mas hoje é a última moda [...] os jovens gostam de usar camisetas que ostentam a palavra *Hustler*".[28] É, pois, de estranhar que o número de moças de dezoito anos com implantes de silicone nos seios haja triplicado, de 2.872 em 2002 para 11.326 em 2003 — aumento bem maior que o de 12% em cirurgias desse tipo entre mulheres adultas, segundo a Sociedade Americana de Cirurgia Plástica Estética?

Como todos os bons vendedores, os pornógrafos sabem que é importante agarrar os seus consumidores enquanto eles são jovens. A MTV anunciou há pouco o lançamento de uma co-produção de Stan Lee e Hugh Hefner, *Hef's Superbunnies* [As Supercoelhinhas de Hef], como "uma série ousada de animação sexy", obra do criador do Homem Aranha, que mostra um time fabuloso de coelhinhas Playboy especialmente treinadas.[29] Os "marqueteiros" estenderam a marca pornográfica a quase tudo, de equipamentos esportivos a roupas. Duas empresas de *snowboard*, a Burton Snowboards e a Sims, agora oferecem pranchas com imagens de coelhinhas Playboy e atrizes pornôs Vivid. A Sims apregoa que as suas chamadas pranchas Fader, com fotos de Jenna Jameson e Brianna Banks, são o seu produto mais vendido. Tais peças são claramente direcionadas para adolescentes, a espinha dorsal desse mercado. Os videogames tradicionais exibem regularmente elementos pornográficos. O BMX XXX, por exemplo, insere *flashes* eróticos entre as suas acrobacias e corridas de bicicleta. Outro jogo, o Leisure Suit Larry: Magna Cum Laude, mostra nudez total enquanto os jogadores vivenciam o estilo da personagem, procurando marcar pontos. Os fabricantes do jogo estão tentando baixar a sua classificação para vendê-lo nos Wal-Marts de todo o país.[30] A Groove Games e a ARUSH Entertainment desenvolveram o Playboy: The Mansion, um videogame em que os jogadores assumem o "estilo de vida de Hugh Hefner" oferecendo "festinhas de arromba" e enfrentando "desafios empresariais". Considerando-se que, atualmente, os leitores da *Playboy* gastam trezentos milhões de dólares por ano em jogos e que mais de três milhões deles possuem um sistema de videogame, "residentes" pagantes da nova mansão parecem uma decorrência normal.

O que as Crianças Aprendem com a Pornografia

"Os carinhas perguntam se já marquei o primeiro gol, por isso tenho de mentir", disse à revista *People* um garoto de treze anos de Nova Jersey. "Se você está por fora, eles riem. Alguns vêem pornografia por curiosidade e para saber o que farão com as garotas no futuro." Em sua classe de oitava série, todos os quarenta e dois alunos admitem consumir pornografia pela Internet.[31]

Algumas pessoas perguntam: que mal há no fato de crianças verem um casal copulando? É errado contemplarem mulheres nuas? Não necessariamente. Contudo, a pornografia não consiste na mera exibição de casais fazendo sexo consensual ou de fotografias comedidas de mulheres e homens nus. Os que pensam de maneira diferente sem dúvida nunca ficaram expostos à pornografia em grande escala. A pornografia, sobretudo *on-line*, oferece uma visão do sexo bem diversa da que se lê em *Como Nascem os Bebês*.

As crianças também absorvem e processam a pornografia de modo diverso dos adultos. Elas não são apenas como esponjas, conforme o dito popular, são também muito literais. Mesmo os adolescentes não costumam ser consumidores suficientemente sofisticados para distinguir fantasia de realidade. Eles extraem da pornografia lições diretas, isentas do conceito de exagero, ironia ou simulação. Segundo o estudo de Cowan-Campbell de 1995, com adolescentes da Califórnia, seis em cada dez garotos disseram ter aprendido "muito" ou "alguma coisa" com a pornografia. Cerca de metade das garotas concordou. Os garotos aprendem como as mulheres supostamente são, como elas devem agir e o que se espera deles próprios. Ficam inteirados do que as mulheres "querem" e do modo de satisfazê-las. Absorvem essas lições com avidez, procurando imitar os seus modelos. Todavia, muitas crianças mais velhas reconhecem, pelo menos em parte, o lado negativo da pornografia. Num estudo de 2001 conduzido pela Kaiser Family Foundation, 59% dos entrevistados de quinze a vinte anos disseram que em sua opinião ver pornografia pela Internet encoraja os jovens a fazer sexo antes de estarem preparados e 49% acharam que esse hábito induz as pessoas a transar sem proteção. Quase metade dos entrevistados (49%) pensava que a pornografia pela Internet pode levar ao vício e promover atitudes indevidas com relação às mulheres. Numa pesquisa de âmbito nacional do Gallup, de 2002, 69% dos garotos adolescentes com idade entre treze e dezessete anos declararam que, mesmo sem ninguém saber, se sentiriam culpados por acessar sites obscenos. Um número ainda maior de garotas — 86% — disse a mesma coisa.

A pornografia, sob todos os aspectos, afeta o desenvolvimento da sexualidade; quanto menor a idade da exposição e maior o grau de obscenidade do material, mais graves os efeitos. Até a *Playboy* acarreta "conseqüências altamente danosas para a sexualidade dos homens e sua capacidade de manter um relacionamento sério", sustenta Gary Brooks, professor de Psicologia que estuda os efeitos da pornografia nos homens. "Os meninos se sexualizam por meio da masturbação frente a imagens irreais de mulheres e, com isso, deixam de enfatizar a sensualidade e a conexão interpessoal. Pela masturbação, condicionam-se à excitação proporcionada por esses objetos e correm o risco de perder contato com tudo o mais", explica Brooks. "O sexo se transforma numa prática isolada que consiste em espiar uma pessoa sem ficar com ela." Rapazes que vêem pornografia em excesso tornam-se homens incapazes de sentir atração pelos traços característicos de determinada parceira porque associam a excitação unicamente ao lado físico. Recriam imagens pornográficas na mente quando na companhia de uma pessoa real. "Infelizmente, meninos iniciados no sexo por meio dessas imagens ficam de tal maneira doutrinados que talvez nunca se desgarrem delas pelo resto da vida", diz Brooks. "Os meninos aprendem que é possível fazer sexo a despeito dos sentimentos e não por causa dos sentimentos. Enquanto isso, as meninas aprendem que não há intimidade sem sexo."

Os efeitos nas crianças podem ser inquietantes e devastadores. Na primavera-verão de 2003, em Ontário, Canadá, dois garotos de doze e treze anos, e uma garota de treze, decidiram jogar um novo jogo. Todos eram bons meninos, de lares sólidos. Nenhum se metera até então em encrencas. Mas o que fizeram naquele verão foi perpetrar atos que a polícia considerou "muito além de qualquer experimentação sexual normal capaz de ocorrer nessa idade". O garoto de treze anos praticou sexo com uma menina de sete, de quem estava cuidando. A garota de treze também escolheu as suas vítimas entre outras crianças de quem tomava conta, fazendo-lhes carícias íntimas enquanto viam TV a cabo. O garoto de doze anos convenceu uma coleguinha de onze a trocar com ele carícias eróticas, envolvendo nisso também três irmãos com idade de oito a dez. Quando os pais ouviram os filhos falando sobre o novo jogo, pediram-lhes explicações. A inspiração? Haviam aprendido aquilo via Internet, principalmente em *pop-ups* pornográficos, e pela TV a cabo.[32]

As crianças, normalmente, aprendem a respeito do sexo oposto graças à interação. Um menino diz a uma menina que gosta dela, mas escolhe as palavras erradas ou a maneira imprópria de dizer; ela fica brava e manda-o passear. Lição aprendida. Um menino, tímida e docemente, diz a uma menina que ela é bonita; ainda que não esteja certa de gostar dele, ela se sente tocada, enrubesce, baixa a cabeça e sorri. Lição aprendida. Se, em vez de canalizar as suas esperanças, fantasias e idéias para a coleguinha da classe de matemática, o menino concentrar toda essa sexualidade numa estrela pornô virtual, que lição ele aprenderá? Não importa o que faça, não importa o que pense, a estrela pornô fará o que ele deseja: proporcionar prazer sexual. E, sem dúvida, fará isso de maneira bem mais rápida, mais direta do que mesmo a garota mais acessível de treze anos seria capaz de conceber.

Ao ver pornografia, os garotos aprendem que as mulheres sempre querem sexo e esse sexo é divorciado do relacionamento. Aprendem que os homens podem ter as fêmeas que bem entenderem, as quais responderão do modo como exigirem. Aprendem que o sexo anal é a norma e que se deve sempre contar com o orgasmo instantâneo das mulheres. "Hoje, o que as crianças buscam *on-line* é a pornografia, *não* o erotismo", explica Aline Zoldbrod, a psicóloga e terapeuta sexual de Lexington, Massachusetts. "Estão optando por um péssimo modelo. A pornografia não mostra como um casal de verdade encara os conflitos e cria a intimidade." Sobretudo para as garotas, acredita Aline, a pornografia, especialmente *on-line*, "é uma forma brutal de conhecer a sexualidade", dado que boa parte dela tem caráter de "estupro" devido à violência dos atos. Quando indagados, na pesquisa *Pornified/Harris*, sobre qual seria o maior impacto da pornografia em crianças, 30% dos americanos disseram que ela altera as expectativas, a compreensão das mulheres e do sexo na mente dos garotos; 25% asseveraram que ela induz as crianças a fazer sexo antes da idade; 7% mencionaram o modo como ela distorce a imagem corporal e as idéias das garotas a respeito de sexo; e 6% garantiram que ela torna as crianças mais propensas a consumir pornografia na idade adulta (os homens se mostraram duas vezes mais inclinados a acreditar neste último ponto que as mulheres). Somente 2% dos americanos acham realmente que a pornografia ajuda as crianças a entender melhor a sexualidade. E só 9% supõem que ela não influencie em nada as crianças.

Lauren, da Virgínia, de trinta e dois anos e mãe de duas filhas, teme que elas conheçam o sexo por intermédio da pornografia. Espera que, caso tenha um filho, ele não veja essas coisas antes dos dezesseis ou dezessete anos, e mesmo assim só depois que ambos discutirem o sexo e a pornografia. "Em termos de desenvolvimento, os adolescentes não possuem capacidade cognitiva para entender o que seja a pornografia e o lugar que ela ocupa em nossa sociedade", explica Lauren. "Podem cair em armadilhas que um adulto evitaria facilmente. A obscenidade interfere no modo como eles vêem a garota do vizinho e se relacionam com as mulheres que conhecem." Quanto às filhas, a preocupação de Lauren é igualmente grande, mas diferente: "Quero que elas adquiram uma identidade sexual saudável e só vejam pornografia na idade certa. Espero que vivenciem a própria sexualidade de modo positivo e real, adequado a elas". Na qualidade de mãe e educadora, Lauren acredita ser sua responsabilidade conversar com as filhas sobre o papel do sexo na sociedade e o verdadeiro contexto da pornografia. "Não penso que devamos desistir por nos julgarmos incapazes de mudar a sociedade", diz, a respeito da efusão de pornografia entre a juventude de hoje. "Não é *necessário* possuir televisão em casa ou permitir que os filhos tenham livre acesso ao computador quando não se está por perto. Isso deixa os pais sem ação. Precisamos nos preocupar com os filhos e protegê-los."

No entanto, muitos pais relegam essas discussões potencialmente desagradáveis à sala de aula — onde a educação sexual já quase não existe. Embora, em 2002, 89% das escolas públicas americanas ministrassem cursos de educação sexual, em um terço delas só se tratava de educação sexual de abstinência. A administração Bush propôs $258 milhões para programas deste último tipo em 2005, o dobro da verba de 2004 e quase dez vezes mais que os $59 milhões gastos em 1998, a despeito da necessidade e do anseio dos adolescentes por mais informação.[33] Segundo uma pesquisa com adolescentes empreendida em 2004 pela Kaiser Family Foundation, 69% dos adolescentes americanos dizem ser muito importante receber educação sexual como parte do currículo escolar e 21% reconhecem que ela é moderadamente importante. Só 9% acham que ela é desnecessária e nem deve ser ministrada. Tal qual é, a educação sexual nos Estados Unidos raramente aborda o tópico da pornografia. Embora se fale muito sobre mídia nas escolas, as crianças normalmente não aprendem a inserir a pornografia em seu devido contexto.

À falta dessa educação, sobra para os pais a tarefa de explicar a sexualidade e a pornografia aos filhos. Terapeutas infantis aconselham os pais a conversar com os filhos sobre pornografia na idade em que estes mais correm o risco de ficar expostos a ela, pois assim estarão preparados para enfrentar esse risco. As crianças devem entender que a pornografia só mostra coisas fantasiosas e permanece bem longe da realidade. Ao mesmo tempo, as crianças precisam fazer uma conexão entre fantasia, por um lado, e cultura e economia real da produção pornográfica, por outro. Um pai poderá perguntar ao filho como se sentiria se a mulher mostrada fosse a sua mãe ou irmã: o filho perceberá então que, se a pornografia é fantasiosa, as mulheres que nela aparecem são reais. Zoldbrod quer que os pais estejam disponíveis para os filhos, pois assim os filhos procurarão os pais com perguntas sobre pornografia — já que iriam descobri-la com ou sem o consentimento ou a aprovação deles. Melhor responder às perguntas dos filhos do que deixá-los encontrar as respostas por si próprios. Ao buscar respostas, eles caem na Internet.

A Volta da Pornografia Infantil

Os pais devem temer que os filhos vejam não apenas pornografia, mas sobretudo pornografia infantil — do contrário eles poderão tornar-se vítimas inconscientes do próximo pornógrafo. Esse medo, outrora considerado paranóico, está se tornando cada vez mais real. Por muito tempo, a pornografia infantil não foi tida como um problema neste país. Em 1970, a primeira Comissão Nacional para Assuntos de Obscenidade e Pornografia observou que "o tabu contra a pedofilia permanece quase inviolado" e que o uso de crianças pré-adolescentes em pornografia "é praticamente nulo".[34] Uma vez que a pornografia infantil se tornara explicitamente ilegal e as leis eram rígidas, as autoridades acreditavam que o flagelo havia sido quase de todo debelado.

Isso, porém, acontecia antes da era da Internet. De 1996 a 2004, os casos totais envolvendo pornografia infantil em mãos dos investigadores de crimes virtuais do FBI aumentaram vinte e três vezes.[35] Em 2003, mais de oitenta mil relatórios sobre pornografia infantil na Internet foram encaminhados ao CyberTipline, um serviço prestado pelo National Center for Missing and Exploited Children (NCMEC) [Centro Nacional para Crianças Desaparecidas e Exploradas]: um aumento de 750% em cinco anos![36] Segundo um estudo realizado em novembro de 2003 pelo New Hampshire Crimes Against Children Research Center [Centro de Pesquisas de Crimes contra Crianças de New Hampshire], 2.577 pessoas foram presas nos Estados Unidos por crimes sexuais contra crianças perpetrados através da Internet, entre 1º de julho de 2000 e 30 de junho de 2001; 39% teriam violado menores e 25% foram apanhadas por agentes disfarçados marcando encontros para sessões de pedofilia.[37] A pornografia infantil está de volta — e constitui um problema bem mais grave que antes.

Ela predomina nas redes de trocas de arquivos. Conforme um estudo federal sobre redes desse tipo como Gnutella, BearShare, LimeWire e Morpheus, feito pelo Government Accountability Office, uma imensa quantidade de pornografia infantil está facilmente disponível graças à troca de arquivos. Em uma pesquisa que usou doze palavras-chave associadas à pornografia infantil, o GAO identificou 543 títulos e nomes de arquivo vinculados a conteúdo pornográfico infantil.[38] O Kazaa, por exemplo, forneceu 149 imagens pornográficas e 44 imagens eróticas (ou seja, imagens de crianças que não mostram conduta sexual explícita). Desde que o NCMEC começou, em 2001, a rastrear pornografia infantil em redes de trocas de arquivos, o número de relatórios quadruplicou: de 156 em 2001 para 757 em 2002.[39] O NCMEC também descobriu que o número de relatórios sobre sites de pornografia infantil aumentou de 1.393 em 1998 para 10.629 em 2000 e 26.759 em 2002.[40] Entretanto, essas cifras nem de longe refletem a realidade da pornografia *on-line*. Muitos usuários não são tolos a ponto de etiquetar explicitamente a pornografia infantil com palavras-código óbvias como "Lolita" ou "ninfeta".

Esforços para limitar ou policiar a pornografia infantil foram barrados nos tribunais. O governo tentou estender as leis sobre pornografia infantil promulgando o Ato de Prevenção da Pornografia Infantil de 1996, a fim de incluir não apenas imagens obscenas de crianças reais, mas também material com imagens virtuais ou simuladas de pornografia infantil — em histórias em quadrinhos, por exemplo. Contudo, em 2002, a Suprema Corte sepultou a lei, alegando que limitar material que não envolve, e portanto não lesa, crianças de carne e osso em sua criação é uma violação inconstitucional dos direitos de livre expressão. Isso significa que, para processar com base em denúncia de pornografia infantil, devem as autoridades provar que as crianças mostradas são crianças reais. A pornografia infantil "Morphed", por exemplo, que usa imagens de adultos alteradas digitalmente para parecerem crianças, escapa às leis antipornografia infantil vigentes porque, conforme se decidiu, isso limitaria a expressão artística.

Se o controle da pornografia infantil foi obstado pelos tribunais americanos, outros países partiram para o contra-ataque. Em 22 de abril de 2004, o Centro Internacional para Crianças Desaparecidas e Exploradas anunciou o lançamento da Campanha Global contra a Pornografia Infantil, com o apoio de um donativo de um milhão de dólares da filantropa Sheila C. Johnson e da Microsoft. A campanha intenta criar um sistema de vigilância e monitoramento da pornografia infantil em todo o mundo, além de forçar a aplicação das leis e a promulgação de outras ainda mais rígidas entre governos e empresas privadas para, assim, conscientizar o público da gravidade do problema. A Noruega instalou há pouco um filtro de pornografia infantil em todos os acessos da Internet. "Se as autoridades policiais e os provedores de Internet em outros países seguirem o nosso exemplo, conseguiremos arruinar a base de clientes de uma indústria internacional cínica que expõe crianças à violência e ao abuso sexual com o objetivo de amealhar dinheiro", garante Arne Huuse, chefe do Serviço Nacional de Investigações Criminais da Noruega.[41]

Enquanto isso, nos Estados Unidos, o FBI, a Child Exploitation and Obscenity Section do Departamento de Justiça americano e o U.S. Customs Department lançam mão de todos os meios ao seu dispor. O FBI lançou uma campanha de dez milhões de dólares, Innocent Images, que rastreia predadores infantis. Desde 1996, a campanha abriu 7.067 casos, promoveu 1.811 acusações, fez 1.886 prisões e obteve 1.850 condenações ou detenções preventivas.[42] Os tribunais locais também estão aplicando a lei com mais rigor. Em junho de 2004, a Suprema Corte da Califórnia anulou um precedente de 1983 segundo o qual pessoas condenadas por posse de pornografia infantil devem ser registradas como agressoras sexuais pelo resto da vida.

"Eu Praticamente Tropecei no Negócio"

Era só uma questão de tempo para que Charlie acabasse se metendo com pornografia infantil. "Eu praticamente tropecei no negócio", desculpa-se ele. "Não foi algo que procurasse ou sequer supusesse fosse um dia me interessar." As suas incursões começaram de maneira inocente — ao vasculhar sites de nudismo, nos quais contemplava famílias brincando peladas. Depois, começaram a aparecer crianças nuas sozinhas. Pornografia infantil. "A princípio, foi um verdadeiro balde de água fria", lembra-se Charlie. "Mas havia ali, também, um elemento de curiosidade." Pôs-se a rever as imagens, intrigado. Que havia de tão sedutor naquelas garotinhas sem roupa? Por que ele começava a se sentir tão excitado? Depois de um mês, lá estava Charlie esmiuçando pornografia infantil regularmente, com a intenção explícita de masturbar-se. De 1997 a 2000, tornou-se um consumidor ferrenho desse tipo de material. "Essa época é um tanto nebulosa para mim", diz ele.

Entrementes, o hábito da pornografia passava a contaminar a sua vida real. Após muito hesitar, fantasiar e procrastinar, Charlie finalmente deu o salto. Arranjou um encontro com uma mulher que conhecera na Internet. Na hora marcada, pensou bem e não quis ir adiante. Fez isso várias vezes. Conhecia uma mulher ou um casal *on-line*, mantinha contatos por meio da *webcam* e das salas de bate-papo, propunha um encontro e se acovardava no último momento. Nem sequer se dava ao trabalho de cancelar os encontros. Era tão fácil começar, tão fácil prosseguir... mas algo não estava certo. A coisa, como um todo, assustava-o. Passava horas *on-line*, noites inteiras sem dormir. Elise vivia se queixando do tempo que ele desperdiçava na frente do computador. Charlie sentia-se perpetuamente exausto. "Percebi que não parecia normal", diz ele.

O que realmente começou a aterrorizar Charlie foi o fato de notar que agora sentia atração por qualquer pessoa que encontrava no dia-a-dia. Isso não acontecia desde os seus tempos de puberdade. De há muito concluíra que a pornografia o ajudava a conter os desejos, satisfazendo-o na imaginação enquanto ele mantinha a perspectiva da vida real. Agora, pensamentos obscenos intrometiam-se em suas atividades cotidianas. "Eu lecionava a colegiais numa escola dominical", lembra-se. "O tempo todo, ardia de desejo pelas garotas com as suas saias curtas. E, é claro, vivia atormentado pela culpa."

Quem Consome Pornografia Infantil?

Na cabeça de muitas pessoas, o usuário de pornografia infantil é o pior dos infratores — pervertido e perigoso, alguém que não cabe nos limites da sociedade e da moral. Quando sondados sobre pornografia infantil, homens afeitos ao consumo de material obsceno normalmente se exaltam. "Esses canalhas deveriam ser executados", rugem eles. *Nojentos, horríveis, ameaçadores, assustadores* são os termos empregados para descrever homens que gostam de ver imagens sexuais de crianças. "Estão estragando tudo para o resto de nós", queixaram-se separadamente três entrevistados de uma pesquisa.

O medo da pornografia infantil é grande e aumenta cada vez mais. Todos os dias, pelo menos cinqüenta periódicos do mundo inteiro trazem histórias — ultrajantes, lamentáveis, aterradoras — sobre o assunto. As manchetes procuram chamar a atenção apregoando coisas como "Físico Nuclear Preso pela Terceira Vez sob Acusação de Pornografia Infantil!",[43] "Ex-Juiz em Desgraça Confessa: Gravei Pornografia Infantil",[44] "Acusado de Pornografia Infantil Lidava com Crianças".[45] Tais homens parecem ao mesmo tempo suspeitos e normais, como todos os outros, no entanto terrivelmente diferentes. Em consonância com o estereótipo assustador, o usuário de pornografia infantil muitas vezes trabalha com crianças. Eis uma lista aterradora:

- Harold Shaw, cinqüenta e nove anos, era freqüentador assíduo da igreja, um "bom sujeito" segundo os vizinhos. Ex-instrutor de ginástica, trabalhava como voluntário num acampamento de verão patrocinado pela Igreja Mórmon. Os outros freqüentadores da igreja chamavam-no afetuosamente "Irmão Shaw". Desde que se aposentara do serviço escolar, trabalhava como eletricista, fazendo às vezes consertos de graça para os vizinhos ou cuidando de seus cães e correspondência quando estavam ausentes. Também recebia em casa moças adolescentes de sua igreja e parentes jovens do sexo feminino. Mas em fevereiro de 2004 Shaw foi preso sob acusação de pornografia infantil. As paredes de sua residência em Las Vegas estavam coalhadas de fotografias de garotas entre onze e quinze anos, mostrando detalhes de sua genitália enquanto faziam ginástica. A polícia descobriu ainda um videotape onde se via Shaw praticando atos libidinosos com uma menina de onze anos, que parecia drogada ou embriagada. "Jamais supus que ele fosse capaz disso", revelou um vizinho chocado. "Sempre foi boa pessoa. Eu lhe confiaria os meus filhos sem hesitação."[46]
- Em março de 2004, Joseph Thomas Nurek, de cinqüenta e quatro anos, diretor de escola na zona norte de Chicago, foi preso por posse de pornografia infantil. As autoridades federais encontraram mais de cem imagens no computador do acusado, além de CD-ROMs, vídeos e DVDs com fotos de meninos de apenas doze anos em plena prática de atos sexuais. Nurek fora administrador e diretor por quatro anos e meio da Chicago International Charter School. Não tinha ficha criminal antes da contratação.[47]

- No mesmo mês, um ex-físico da marinha e *designer* de armas foi condenado por usar a Internet a fim de seduzir garotas adolescentes e por porte de pornografia infantil. O seu advogado, George Paul Chambers, de quarenta e seis anos, alegou que ele estivera apenas brincando quando trocou por e-mail fotos e desenhos obscenos com uma líder de torcida numa sala de bate-papo da AOL chamada "Gosto de Homens Mais Velhos". Tudo não passara de uma fantasia sofisticada — só por divertimento. Quando ele combinou um encontro com a garota num *shopping* de Maryland, agentes do FBI seguiram-no e prenderam-no. O advogado reclamou que o seu cliente, um homem de meia-idade "socialmente retraído e sexualmente inexperiente", fora vítima das "artimanhas da polícia".[48]
- David Deyo, de quarenta e três anos, era professor de escola dominical e líder de grupo de jovens em North Palm Beach, Flórida. Era também pedófilo e pornógrafo infantil com mais de cem imagens armazenadas no computador e em disquetes. Segundo o procurador federal encarregado do caso, Deyo se descrevia como um palhaço, uma babá, "alguém em quem se pode confiar".[49]
- Em fevereiro de 2004, Kerry Dwayne Stevens, de quarenta e oito anos, residente em Aberdeen, Mississippi, confessou-se culpado de pornografia infantil. Stevens fotografara os genitais de sua filha e de duas amiguinhas dela enquanto dormiam, e depois gravara as imagens no computador para posterior distribuição. Antes desse incidente, Stevens produzira no rádio um programa infantil da American Family Radio, emissora cristã.[50]
- Donald Edward Godman, de vinte e sete anos, professor de Percussão e assistente de banda no Colégio North Carroll, Halethorpe, Maryland, foi acusado de enviar pornografia infantil pela Internet aos seus alunos e de induzir adolescentes a posarem nus para ele. Uma das garotas a quem Godman teria enviado pornografia, porta-bandeira de quinze anos, disse que considerava Godman um "mentor".[51]

Poucos estudos quantificam o número de pessoas que usam pornografia infantil, mas todos os indícios apontam para a generalização desse hábito graças à expansão da Internet. No Reino Unido, a Internet Watch Foundation constatou que de 3.000 a 3.500 sites de pornografia infantil são acrescentados à Rede todos os anos. Quando a British Telecom, provedora de serviços *on-line*, introduziu uma tecnologia de filtragem para impedir que sites desse tipo fossem baixados em 2004, mais de vinte mil tentativas passaram a ser bloqueadas diariamente. A British Telecom, que serve 2,9 milhões de clientes, é apenas uma das muitas provedoras do Reino Unido.[52]

Os homens às vezes topam com pornografia infantil inadvertidamente. Entre os entrevistados para este livro, três quartos dos usuários disseram ter encontrado o material quase por acaso, enquanto navegavam pela Internet. Miles, de trinta e três anos, militar de Indiana, deparou com a pornografia infantil porque era freqüentador assíduo de sites obscenos (desde então, parou com tudo). "Os grupos e salas de bate-papo da Yahoo! são famosos pelo fato de as pessoas imiscuírem neles pornografia infantil, de modo que você acaba encontrando esse material quer o esteja procurando ou não", explica Miles. "No princípio a coisa me horrorizou, mas com o tempo ocasionalmente me excitava." Pai de dois filhos, Miles diz que "compartimentalizou" a sua fruição. Ficava *on-line* por umas duas horas, eufórico com a excitação e a masturbação, e ei-lo diante da pornografia infantil. A certa altura, dizia a si mesmo: "Não posso continuar vendo isso". Olhava os próprios filhos e pensava: "Se algo assim lhes acontecesse, eu ficaria doente". Forçava-se então a desligar o computador. Ray, de quarenta e quatro anos, tinha os mesmos impulsos e reações. Quando *on-line* à procura de imagens obscenas, inevitavelmente cruzava com pornografia infantil. Via-a um pouco, embora não se sentisse muito atraído. "Fazia-o mais por curiosidade", justifica-se. "Só queria saber como era." Após algum tempo, descobriu-se "chocado e desgostoso" com o caminho por onde estava enveredando. Afinal, era professor de colégio. Afinal, os seus próprios cinco filhos haviam chegado à idade em que crianças são mostradas nos sites pornográficos. "A idéia de que um filho meu pudesse estar namorando uma garota por quem eu me excitava é realmente assustadora", diz ele.

Homens que consomem pornografia adulta julgam-se visceralmente diferentes dos pervertidos e "tarados" que, a seu ver, gostam de pornografia infantil. Mas a distinção não parece muito clara e, para muitos homens, é uma ladeira escorregadia. Randy Brown, ex-técnico de basquetebol dos Iowa State Cyclones, foi preso em 2004 por consumo de pornografia infantil. Contraiu esse hábito da maneira típica: depois de apreciar pornografia adulta por meses, intermitentemente, acabou se voltando para a infantil. "Em minha cabeça, eu estava contemplando a garota de quinze anos que parece ter vinte", desculpa-se, sublinhando que nunca se interessara por crianças pré-pubescentes. "Sei que isso soa horrível. Sejamos francos: é uma coisa assustadora. Que diabo havia no computador para justificar o risco de comprometer tudo o que amo na vida?" Brown se odiava todas as noites, mas "na época esse hábito me parecia inofensivo. Você se envolve numa fantasia, depois esquece e está acabado". A pornografia infantil nem sequer tinha interesse especial para Brown; quando o seu computador foi confiscado, só 26 das 2.600 imagens obscenas gravadas foram consideradas "problemáticas". Acabou preso por tentar marcar encontro com uma garota de quinze anos... que na verdade era um marmanjo fingindo-se de mulher por gozação, numa sala de bate-papo. Alarmado ao perceber que Brown levara a fantasia longe demais (mandara à suposta garota uma série de fotos de menores nus e pedira-lhe que o fosse encontrar), o homem denunciou Brown às autoridades.[53]

É, pois, de surpreender que homens que jamais haviam pensado em fazer tais coisas acabem se envolvendo com pornografia infantil? Sites, vídeos e revistas do ramo não faltam, mostrando mulheres jovens "meio maiores de idade" com os pêlos pubianos raspados, em uniformes escolares e de trancinhas. Muitos dos sites e filmes são voyeurísticos, vistos através de orifícios em vestiários e chuveiros femininos, festinhas de dormitório e banheiros de escola. Nas cenas de sexo, essas "garotas" costumam ser mostradas fazendo sexo com homens bem mais velhos — na verdade, porém, as tais "adolescentes" são mulheres de dezoito ou dezenove anos. Embora a mulher precise ter dezoito anos para, legalmente, posar nua, as menores se insinuam principalmente no mundo da pornografia amadora e da Internet, tanto mais que os padrões e leis do Sul da Ásia e da Europa oriental, por exemplo, podem diferir das práticas americanas. A oferta existe para suprir a demanda. Há um prazer ilícito, voyeurístico no empreendimento. E há também um sabor de vingança. Homens de quinze, vinte, trinta e mesmo cinqüenta anos regularmente procuram *on-line* as mulheres mais jovens ou lançam os olhos para as que lembram as suas namoradinhas de outrora, trajadas como líderes de torcida ou alunas de escolas católicas com as suas saias curtas. Os homens ficam emocionalmente presos a essas figuras, ávidos por "pegar" a garota que os rejeitou no passado e realizar as suas fantasias longamente adiadas. O espectador anseia por aquilo que não teve e sem dúvida nunca terá — ao menos, legalmente. As garotas não precisam ser menores de idade, de sorte que nenhum "dano" será assacado contra uma criança real na criação de uma imagem pornográfica. Mas o desejo por uma criança e o desejo por uma mulher de aparência infantil se misturam e sobrepõem.

Os Efeitos da Pornografia nas Crianças

Os adultos não são os únicos que vêem pornografia infantil. Um garoto adolescente de Granville, Ohio, foi considerado "mental e emocionalmente perturbado" segundo a imprensa local. "Na época em que fiz aquilo, eu não era eu", disse o rapazinho ao juiz Robert Hoover no Tribunal Infantil de Licking County. "Estava fora de mim porque não me lembro de nada." O que ele fez foi gravar mais de cem imagens de pornografia infantil de um serviço de troca de arquivos. Preso em 2003, negou o fato e, de início, cooperou com as autoridades, embora mais tarde haja tentado escapar do carro do xerife e, a certa altura, ameaçasse infectar o sistema do tribunal com um vírus de computador. Criança problemática, os médicos o consideraram esquizofrênico e deprimido, puseram-no sob tratamento e enviaram-no à terapia. Sentada ao lado dele no tribunal, a mãe chorava de vez em quando.[54] Por fim, o garoto foi considerado delinqüente em duas acusações de favorecimento sexual que envolviam uma menor e em oito acusações de felonia. Enfrenta uma pena de três anos de detenção e provavelmente será registrado como infrator sexual juvenil por toda a vida.

Não importa que tipo de material se consuma, dedicar a pré-adolescência e a adolescência à pornografia pode ter implicações duradouras. O diretor clínico da Masters e Johnson, Mark Schwartz, tem tratado de garotos de catorze e quinze anos viciados em pornografia. "É assustador o efeito que isso lhes causa", diz ele. "Em tão tenra idade e já às voltas com tamanho problema sexual!" Schwartz não se espanta com o número crescente de jovens viciados na era da Internet. "O cérebro deles é bem mais suscetível", explica. "Muitos desses garotos são inteligentes e bem-sucedidos nos estudos; os mais atraídos são os 'cobras' em computação. Isso afeta o seu desenvolvimento sexual. Pense-se num menino de doze anos folheando a revista *Playboy*. Em se tratando de pornografia na Internet, pode-se multiplicar o efeito pelo tamanho relativo da própria Internet."

Pesquisas induzidas já começam a esclarecer os efeitos da pornografia nas crianças, área difícil de estudar frente aos óbvios empecilhos éticos. Decerto, nenhum pai consentiria em deixar o filho ver pornografia para que depois se pesquisassem os danos ocorridos e nenhuma instituição respeitável financiaria ou apoiaria tais experimentos. Ainda assim, alguns dados foram colhidos. Um estudo empreendido há pouco na Austrália com 101 crianças acusadas de delinqüência sexual documentou crescente agressividade em meninos que consomem pornografia. Quase todos tinham fácil acesso à Internet e 90% admitiram ver material pornográfico *on-line*. Um quarto esclareceu que um irmão mais velho ou amigo lhes ensinara a acessar pornografia *on-line*, não raro contra a sua vontade; outro quarto confessou que a pornografia era o motivo principal de entrarem na Internet. Quando questionados separadamente, quase todos os pais garantiram duvidar da possibilidade de seus filhos acessarem pornografia pelo computador. Na Irlanda, cientistas estariam desenvolvendo um programa, em conjunto com a Sociedade Nacional para a Prevenção da Crueldade contra Crianças, voltado especialmente a adolescentes que se viciaram em pornografia.[56]

Fato curioso, quando indagados sobre o efeito da pornografia, jovens de dezoito a vinte e quatro anos entrevistados na pesquisa *Pornified*/Harris foram os que mais citaram as conseqüências negativas. Quatro em cada dez nessa faixa etária achavam que a pornografia prejudica as relações dos casais, contra apenas três em cada dez pessoas de vinte e cinco a quarenta anos. A geração Internet também parece mais propensa a acreditar que a pornografia modifica as expectativas dos homens quanto à aparência e ao comportamento das mulheres.

"Passei Muito Tempo Desejando a minha Sobrinha"

Assustado pela intensidade e freqüência dos desejos por mulheres e crianças à sua volta, Charlie descobriu na Internet um programa de doze passos para viciados em sexo, de um grupo local. O programa incluía um questionário para determinar se a pessoa era ou não sexualmente compulsiva. Charlie só não respondeu "sim" a duas perguntas. Preocupado, enviou um e-mail ao líder do grupo, mas soube em resposta que deveria comparecer pessoalmente às reuniões. Isso enfureceu Charlie, embora a sua raiva fosse mais uma desculpa para o embaraço. Estava nervoso demais para ir a reuniões; decorreram meses até que se dispusesse a contatar outro grupo, cujos encontros aconteciam num local a uma hora de distância. A essa altura a esposa já percebera que ele estava com algum problema e, embora se aborrecesse com o fato de ele ir passar mais tempo ainda longe dela e da família, sabia-o necessitado de ajuda.

Nos anos seguintes, enquanto os filhos saíam da infância para a pré-adolescência, Charlie freqüentou regularmente as reuniões de seu grupo de viciados em sexo, tendo embora recaídas ocasionais. Além do programa de doze passos, consultou um terapeuta convencional. Tomou Prozac, depois parou. Nada parecia ajudar. Não conseguia repelir as imagens pornográficas e recaía sempre no antigo hábito. Resolveu então chafurdar na própria degradação e voltou à pornografia com todo o ímpeto. Na primavera de 2003, por ocasião de uma recaída, o terapeuta pediu a Charlie autorização para dar o número de seu telefone a outro paciente que talvez necessitasse participar do programa de doze passos. Charlie concordou. O homem que pedia ajuda a Charlie estava indo para a cadeia por ter molestado a enteada. Sugeriu a Charlie que ambos formassem um novo grupo de viciados em sexo. Charlie recusou. Para quê?

Mas o homem parecia mesmo desesperado e Charlie enfim concordou em encontrá-lo. E logo os dois se reuniam freqüentemente. Após algumas semanas, o amigo começou a falar-lhe sobre religião. Por que, se se dizia cristão, Charlie continuava a sofrer tanto? Na época, Charlie já não freqüentava a igreja. "Em minha igreja, seria impensável admitir ter um problema sexual", diz ele. Que poderia fazer por ele uma instituição que nem sequer se dispunha a reconhecer os seus problemas? Entretanto, ao conversar com o molestador de crianças, Charlie resolveu questionar esses pressupostos. Depois de vários meses, entrou para outra congregação. "Na nova igreja, distribuíam-se folhetos dirigidos a pessoas com todos os tipos de vício, inclusive a pornografia", explica ele. "Fiquei espantado ao ver que eles até usavam essa palavra em sua literatura. Era reconfortante. Os fiéis se mostravam bem mais receptivos." Durante os seis meses que se seguiram, Charlie não consumiu nenhuma pornografia.

Na nova igreja discursou publicamente, duas vezes, sobre a sua luta contra a pornografia. "Nunca pensei que fosse capaz disso", diz ele. "Ficar diante de toda aquela gente, cuja opinião é importante para mim, que quer me respeitar!" Faz uma pausa. "As reações das pessoas são estranhas." Algumas tentavam animá-lo depois da fala, congratulando-se com ele e dizendo-lhe que fizera uma grande coisa. Isso não calha bem a Charlie. "Lá estava eu, um pervertido em fase de recuperação, e eles me dizendo 'Muito bem'", espanta-se. "Mas acho que isso é melhor do que ser discriminado."

Recentemente, como parte do programa de doze passos, Charlie encetou a tarefa de compensar as pessoas a quem prejudicara enquanto usava pornografia. O encontro mais difícil foi com os membros da família. Na década de 90, quando ele estava mergulhado na pornografia infantil, a sua sobrinha de catorze anos enfrentava problemas em casa e precisava de ajuda. A família de Charlie acolheu-a em casa por um ano. "Estive prestes a molestá-la", admite Charlie. "A pornografia infantil a que me entregava, o tipo de imagens que via — aquilo tudo estava em minha cabeça. Passei muito tempo desejando-a." Charlie respira fundo. "Sentia-me um hipócrita. A garota ali, num momento de desespero, e eu pronto a trair essa confiança." A sobrinha, hoje com vinte e um anos, ainda tem raiva dele.

E se o seu Filho Consumisse Pornografia?

Em que pese a disseminação da pornografia entre os jovens, os pais ainda ficam surpresos ao descobrir que os filhos cultivam esse hábito em seus anos de pré-adolescência e adolescência. No estudo de âmbito nacional com jovens de dez a dezessete anos, conduzido em 1999-2000 por David Finkelhor, só metade (48%) dos filhos contaram aos pais que haviam visto material obsceno *on-line*; em 44% dos incidentes, eles não relataram exposição involuntária a ninguém. Um recente estudo em larga escala pela London School of Economics constatou que, se 37% das crianças britânicas com idade entre nove e dezenove anos haviam tido contato com a pornografia, somente 16% dos pais sabiam disso. Um terço das crianças afirmou ter recebido comentários eróticos ou sórdidos de pessoas *on-line*, mas só um entre vinte pais tomou conhecimento do fato. Talvez mais alarmante ainda, 46% das crianças disseram ter fornecido informações pessoais pela Internet; e, de novo, só 5% dos pais o souberam.[57] Nos Estados Unidos, um estudo conduzido pelo Departamento de Justiça descobriu que uma em cinco crianças de dez a dezessete anos havia recebido propostas sexuais indesejáveis *on-line*.[58]

Sue Downes, consultora em Westchester County, Nova York, especialista em assistir famílias com seus computadores, afirma que os problemas causados pela gravação de arquivos pornográficos estão aumentando. Pais com freqüência lhe pedem para limpar o computador de casa, mas quase nunca querem saber o que está nele, deixando a Sue a tarefa de detetive. "Pensei que nada mais me chocasse e continuo a ficar chocada", confessa ela. A preocupação mais comum das mães é saber até que ponto a exposição dos filhos à pornografia pesada afetará o seu conceito das mulheres. "Uma mulher me disse: 'O meu filho conhece melhor o meu corpo do que eu. Estará ele me olhando de modo diferente? Estará considerando o meu relacionamento com o seu pai a uma nova luz?' O casal anda inquieto com a distorção da visão que os filhos possam ter da sexualidade, provocada pela pornografia, e com o futuro deles." No entanto, diz Sue, a maioria dos pais não faz idéia do ponto a que os filhos chegaram e não sabe por que o computador está obstruído. "Costumam ter demasiada confiança nos filhos. Muitos são ingênuos. Outros se apegam à idéia da censura. Tenho então de explicar-lhes que isso é um eco distante da revista *Playboy*."

Stephan, de quarenta e oito anos, executivo de uma emissora de rádio, é um desses pais. Soube há pouco que a filha de onze anos estava vendo pornografia *on-line* quando o seu histórico da Internet exibiu inúmeros sites francamente obscenos, com nomes como "bigtits.com." [tetasgrandes.com]. A mãe pressionou a garota, que negou ter visitado os sites. Stephan ficou desarvorado com o incidente. "Não consigo acreditar que seja tão fácil para as crianças ter acesso a isso", explode ele. "Também me culpei por não haver feito nada. Sinto-me envergonhado ao dizer que não bloqueei *softwares* no computador. E estava pensando em fazê-lo." Os jovens apreciam conselhos e respeito. Segundo a pesquisa *Pornified*/Harris, os de dezoito a vinte e quatro anos defendem medidas de regulamentação da pornografia com rótulos e restrições ao uso, para que os danos sejam minimizados. Um em cinco considera essas medidas a melhor resposta do governo à pornografia. Em contrapartida, só 10% da geração de seus pais concordam com isso.[59]

Até as pessoas que vêem pornografia se assustam ante a possibilidade de seus próprios filhos ficarem expostos. Harrison, o artista gráfico de vinte e cinco anos residente em Chicago, estreou na pornografia em tenra idade, mas tem opiniões conflitantes sobre quando as crianças devem começar a vê-la. "Acho que há sexualidade suficiente na mídia para que as crianças precisem ser expostas a mais pornografia", diz ele. "Os meios de comunicação já os atiçam o bastante." Cita a MTV e Britney Spears, depois continua: "Há uma boa razão para protegermos os menores de dezoito anos, evitando que comprem pornografia. Sei que fedelhos de treze anos se interessam por sexo, o que me faz lembrar os começos de meu próprio desejo — os hormônios gritavam em mim. Mas nem por isso penso que está certo crianças dessa idade verem pornografia".

Também os veículos mudaram desde que ele era jovem: as crianças, hoje, consomem mais pornografia pela Internet do que por qualquer outro meio. "A Internet está fora de controle", diz Harrison. "Deveria haver algum tipo de regulamentação. Não concordo que qualquer um, de qualquer idade, possa ver de tudo sem restrições. É perturbador." Assim como o fumo e o álcool — e a pornografia a varejo —, a pornografia *on-line*, no entender de Harrison, deveria ser acessível apenas a adultos. "A Internet é a grande responsável pela imensa voga da pornografia", assegura ele. "Com gente aderindo em número cada vez maior, a obscenidade dentro em pouco se tornará coisa aceita e corriqueira." Por que, pergunta Harrison, as estrelas pornôs se exibiriam em VH-1 se a pornografia não estivesse se tornando mais e mais popular e acatada entre as crianças? "A mídia, admita ou não, tem em mira as crianças", assegura.

Harrison crê que a pornografia *on-line* exerce efeito particularmente deletério nas crianças. "Em menino, lembro-me bem, eu me perguntava o que havia de tão espetacular na pornografia. Bem, se você ocasionalmente surrupia uma revista da casa de alguém, é uma coisa; mas, com o acesso ilimitado *on-line*, as crianças não percebem até que ponto a pornografia é prejudicial, sobretudo para quem ainda não está maduro física e emocionalmente. A pornografia distorce a compreensão que temos do sexo e abastarda a nossa sexualidade enquanto estamos nos desenvolvendo." Abisma-se em pensamentos. "Antes, eu achava que a pornografia podia ser benéfica no sentido de promover uma compreensão da sexualidade. Mas, nos anos de formação de uma criança, quando ela está procurando entender o sexo e estabelecer a sua identidade sexual, é sem dúvida danosa tanto quanto as drogas durante o desenvolvimento físico." Harrison, que pretende casar-se e ter filhos algum dia, preocupa-se com o impacto da pornografia. "Não ouso colocar a pornografia e a masturbação em pé de igualdade com as drogas", ressalva. "Mas, num e noutro caso, é preciso ser honesto com os filhos." Interrompe-se e em seguida acrescenta: "Entretanto, quando eu me casar e tiver filhos, estarei longe da pornografia". Também não deixará revistas eróticas debaixo da cama, como o seu pai fazia. "Não sou bobo a ponto de supor que eles não as acharão." Se um filho lhe perguntar se ele vê pornografia, "Espero ter condições de dizer-lhe honestamente 'Não, não mexo mais com isso'".

Os usuários de hoje passam maus bocados tentando reconciliar o seu consumo de pornografia com o que gostariam de proporcionar aos filhos. "As crianças, atualmente, têm a pornografia que querem na ponta dos dedos", diz Trey, o editor de filmes de trinta e um anos recém-casado. "É fantástico. Bem que eu gostaria de ter tido essa facilidade quando era garoto." Trey atribui a sua conscientização e desinibição sexual à pornografia. Antes da pornografia, não gostava que as mulheres lhe fizessem sexo oral porque achava essa prática visceralmente ofensiva. "Talvez tenha herdado isso de minha mãe, que havia aderido de corpo e alma ao movimento feminista quando eu era pequeno", aventa ele. "Essas idéias foram, em definitivo, reforçadas na faculdade. Só descobri o que realmente me excitava quando passei a consumir grandes quantidades de material pornográfico."

Trey gostaria de ter pelo menos dois filhos. Entretanto, nem uma vez sequer pensou na possibilidade de eles ficarem expostos à pornografia. Após um momento de reflexão, diz enfaticamente: "Não gostaria nada que os meus filhos vissem pornografia antes da época de colégio. Sem dúvida conversarei com eles a respeito de sexo antes de contraírem esse hábito". E continua a explicar: "Quero pôr-lhes na cabeça que o sexo não é assim. Sexo, de fato, não é de modo algum pornografia. A pornografia é fria, sem sentimentos ou emoções. Não há ali uma pessoa cuidando de outra e zelando por seus interesses". Trey acha que, hoje em dia, é difícil para as crianças desenvolver a sexualidade. "Os meninos têm experiências muito cedo, sobretudo sexo oral. Nesse ponto, acho que as garotas estão levando mais vantagem. Pergunto-me o que significará isso para os relacionamentos." Trey lembra os seus próprios namoricos de escola, nos quais havia "emoção e ternura de verdade". Indaga-se se os romances dos jovens atuais produzem neles o mesmo impacto. "É sem dúvida perturbador que as crianças estejam crescendo tão depressa", queixa-se ele. "Havia algo de excitante no fato de não se saber tudo sobre sexo."

Quando pensam a respeito, alguns homens lamentam ter sido expostos muito cedo à pornografia. Kyle, de Michigan, hoje com trinta e sete anos (deseja ter pelo menos três filhos), começou a ver pornografia com onze. "Em retrospecto, não creio que tenha sido uma coisa boa", declara. "Não sabia ao certo o que estava acontecendo e não devia ter me metido nisso com tão pouca idade." Kyle fica nervoso ao falar sobre pornografia na Internet quando pensa na família que constituirá. "A pornografia está se voltando para crianças cada vez mais novas e isso já começa a me assustar. Quanto mais cedo se é exposto, mais provavelmente se praticam as atividades descritas. Crianças devem ser crianças."

Prevenção da Pornografia

Mas como os pais protegerão os filhos num mundo pornificado? O empresário da Internet Daniel Parisi amealhou uma boa soma com o seu negócio, ganhando um milhão de dólares por ano com um único site, mas, depois de alugá-lo durante sete anos para uma companhia européia que conduzia as operações, decidiu cair fora. Parisi achou necessário vender aquilo que fora iniciado como um "site político e de livre expressão" — mas atraíra poucos clientes. O site, Whitehouse.org, era na verdade um rendoso empreendimento pornográfico que ludibriava muita gente, quase sempre estudantes com menos de dezoito anos em sua busca enganosa do site oficial da Casa Branca. Até hoje, já atraiu mais de 85 milhões de visitantes. Então por que a mudança de idéia? O filho mais novo de Parisi foi mandado ao jardim de infância porque o pai não o queria afetado ou embaraçado por suas aventuras cúpidas. O site continua aí, para que crianças afora o filho de Parisi o acessem (embora, é claro, não se saiba onde esse filho vá entrar quando estiver navegando na Internet). Quem tem ou está assumindo responsabilidade?

Os esforços dos pais para barrar a exposição dos filhos à pornografia podem ser fúteis. Ela aponta nos lugares mais inverossímeis. Em Sewell, Nova Jersey, um casal alugou *Home Alone 3* [Esquecera de Mim 3] na Blockbuster da cidade. Quando rodaram a fita em casa para a filha de quatro anos, o que apareceu foram cenas de pornografia pesada — por dez minutos antes de surgirem os créditos do filme.[60] A Internet é extremamente difícil de policiar. No verão de 2004, pais de Grand Ledge, Michigan, ficaram chocados ao entrar no site da liga de futebol local, usado principalmente por atletas e líderes de torcida da quarta à oitava série: em lugar dele, havia um site pornográfico. Por não-renovação de sua URL, a Network Solutions vendera o site a um homem de Moscou que postava pornografia gratuita.[61] Os pornógrafos, ai de nós, não se mostram nada apáticos quando se trata de oferecer os seus produtos a crianças e adolescentes: afinal, sabem que fidelidade de produto e lealdade de marca começam cedo. Quando o *Washington Post* perguntou a Hugh Hefner sobre o costume de crianças vestirem roupas e acessórios com o logotipo Playboy, ele replicou: "Não me importaria se um bebê agitasse um chocalho com a imagem de uma coelhinha Playboy".[62]

Grandes obstáculos ao controle do acesso dos filhos anulam os esforços dos pais. Em 1997, a Suprema Corte dos Estados Unidos anulou o Ato de Decência nas Comunicações, primeira tentativa federal para controlar material obsceno *on-line*. Uma vez que a Internet está em toda parte, a Corte decidiu que, ao contrário da televisão e do rádio, ela não pode ser regulamentada sem se violar a Primeira Emenda. O Congresso teve de reformular a legislação. Em 2004, a Suprema Corte pontificou que o Children On-line Protection Act (COPA) [Ato de Proteção às Crianças *On-line*] atribuía indevidamente ao produtor ou distribuidor, não ao usuário e seus pais, a tarefa de regular o acesso das crianças à Internet. A ACLU, que contestou a decisão, alegou que exigir de adultos digitarem a senha de um cartão de crédito era também violação da Declaração de Direitos. Por maioria de 5 a 4, a sugestão do COPA de se usar um cartão de crédito como forma de identificação para acesso a sites pornográficos equivalia a atribuir um ônus indevido a adultos que quisessem ver esse tipo de material. Entretanto, a Suprema Corte não chegou ao ponto de considerar o COPA inconstitucional. Nesta altura, o caso foi devolvido a uma instância inferior em Filadélfia. Dados os percalços enfrentados até aqui, muitos consideram a lei morta. Na Internet, os fãs de pornografia festejaram a decisão. Numa sala de bate-papo de adeptos, alguns usuários escreveram:

"Uau! Outra vitória da pornografia!", "LOL,* quem diabos tentou impor essa lei?", "Isso, em essência, ajuda a manter a pornografia 'livre' na Internet!"

Sendo praticamente impossível vencer nos tribunais, os esforços se voltaram para a proposta de criar uma área infantil na Internet, livre de pornografia, ou desenvolver uma zona .XXX na qual a pornografia fosse relegada, com o acesso de menores limitado por filtros. Os computadores viriam equipados com *hardware* de filtragem para que os pais pudessem mais facilmente instalar os programas disponíveis. Ao contrário do V-chip para televisão, que se revelou difícil de usar e não foi devidamente promovido, um sistema desse tipo poderia ser de manuseio mais fácil e contar com mais divulgação. Outro grupo está pressionando a indústria a cabo para que lance subscrições *à la carte*, o que permitiria à família pagar pelo Disney Channel, mas rejeitar Cinemax, Playboy ou outras estações a cabo, normalmente incluídas no pacote para os assinantes sem levar em conta as suas preferências.

À falta dessas leis e programas, o que se enfatiza hoje é o aperfeiçoamento dos filtros de Internet existentes. Nos últimos dez anos, eles foram se tornando cada vez mais sofisticados e já não tentam apenas limitar o acesso a sites, mas também fazer a triagem do conteúdo: e-mails, mensagens instantâneas e redes de troca de arquivos. Há filtros mais avançados por categoria, de sorte que além dos sites pornográficos são bloqueados também, por exemplo, os de armas e explosivos ou discriminação racial. Alguns programas permitem aos usuários filtrar gradações de conteúdo sexual, de pornografia pesada a nudismo e roupas íntimas. O mercado desses produtos, ao que se espera, crescerá dos $360 milhões atuais para $890 milhões em 2008.[63]

Infelizmente, muitos adultos preferem digitar senhas de cartão de crédito a instalar filtros. Adolescentes fanáticos por tecnologia quase sempre conseguem anular quaisquer esforços para bloquear-lhes o acesso. *Softwares* baixados gratuitamente permitem a qualquer um desativar programas de filtragem no computador. Ainda que os pais de uma criança instalem um bloqueio eficiente ou removam de casa o acesso à Internet, os pais de outra podem não fazê-lo e os dois amiguinhos continuarão brincando à vontade. "Instalar *softwares* no computador doméstico e concluir que o problema será resolvido por si mesmo é, para os pais, uma atitude negativa", disse Al Cooper, o falecido diretor do San Jose Marital and Sexuality

---

* Abreviatura, nas salas de bate-papo, para *"laugh out loud"*, "ria alto".

Center e especialista em pornografia pela Internet. "As crianças não só *podem* ver pornografia *on-line* como *vêem*. Todas, hoje em dia, têm contato com material sexual explícito — e com freqüência."

Cooper acreditava que a solução seria vacinar as crianças contra os efeitos da pornografia educando-os sobre sexualidade. "Quando os pais deparam com uma imagem pornográfica no computador do filho de seis anos, precisam conversar com ele", explica. "Infelizmente, muitos pais têm a reação oposta: ficam tão perturbados que preferem esquecer tudo. E quando conversam com os filhos, quase sempre dão informações de mais ou de menos, sem levar em conta o que é adequado à idade deles."

"É Realmente Assustador Ser Pai Hoje em Dia"

Casado há dezoito anos, Charlie e a esposa têm três filhos — dois rapazes de treze e quinze anos, e uma menina de nove. "Diz-se que as crianças sempre sabem o que os pais andam fazendo, mas na época eu achava que eles ignoravam de todo a minha pornografia", afirma Charlie. Os seus filhos, é certo, suspeitavam que algo estava errado — tantas horas na frente do computador, tanto tempo longe da família —, mas não sabiam que aquilo tinha algo a ver com sexo. Não a princípio.

Só há poucos meses Charlie conversou com os filhos — apenas os dois meninos, por enquanto — sobre pornografia. Quis que eles se inteirassem do que ele fizera e se conscientizassem dos problemas suscitados pela obscenidade. O mais velho garantiu nunca ter visto pornografia, embora Charlie ache que ele assista demais a lutas de mulheres, que considera afins da pornografia em certos lances. Quando o mais novo lhe pediu uma conexão aberta na Internet para poder bater papo com os amigos no AOL, Charlie hesitou. "Disse-lhe estar preocupado porque a pessoa não precisa procurar pornografia, ela aparece na tela de qualquer jeito." O rapazinho ficou aborrecido e perguntou: "Então eu tenho de sofrer por causa do seu vício?"

Uma noite, na primavera de 2004, Charlie voltava para casa do trabalho quando o filho mais novo chamou-o pelo celular. O garoto estava irrequieto. Admitiu ter procurado e visto pornografia *on-line*. Contou ao pai que acessara principalmente imagens de mulheres nuas, mas ainda assim se sentia perturbado. Fazia mais ou menos duas semanas que Charlie permitira ao filho ter acesso ilimitado à Internet. Para espanto do garoto, Charlie não o recriminou. Sabia ser errado enfurecer-se nessas ocasiões e, fosse como fosse, estava ele próprio perplexo. Explicou ao filho que não era o caso de desconfiar dele, mas de saber com que facilidade um rapazinho pode ser envolvido nesse processo. "Você talvez ache a pornografia inofensiva agora", advertiu, "mas nunca sabe aonde ela poderá conduzi-lo." Deixou claro ao filho que temia vê-lo ir longe demais.

Abalado pelo que acontecera e pelas palavras francas do pai, o filho de Charlie pediu-lhe que desconectasse o serviço da Internet para não se sentir tentado de novo. Elise ficou irritada, colérica mesmo. Estariam os filhos tentando aproximar-se do pai pela imitação de seu comportamento? Charlie acredita que, contando o que lhe aconteceu e sendo totalmente honesto com os filhos, estes por seu turno serão honestos com ele. Viu o filho procurá-lo para confessar-lhe o uso de pornografia e considerou isso uma validação de sua postura. "Foi humilhante para mim admitir para os meus próprios filhos os problemas que tive com a pornografia", confessa Charlie. "Mas acho que isso nos aproximou, emprestando um caráter mais transparente ao nosso relacionamento." E, é claro, Charlie já não precisa ruminar o segredo de seu antigo hábito.

Apesar de a filha ter apenas nove anos, Charlie se preocupa muito com ela. É nova demais para entender a história do pai, por isso ele ainda não lhe revelou o que disse aos meninos. "Vejo a pornografia despontar por toda parte em nossa cultura, em lugares onde outras pessoas talvez nem sequer a notem", diz. "Catálogos com garotas de sete, oito ou nove anos usando tanguinhas, meninas mais velhas depilando os pêlos pubianos... Onde mais elas aprenderiam esse estilo senão na pornografia? Trata-se de um esforço para parecerem pré-pubescentes."

"Sabendo o que sei por experiência própria, é realmente assustador ser pai hoje em dia", afirma Charlie. Não há televisão em sua casa. O computador da família tem um filtro especial que exige uma senha para visitar os endereços. Charlie tem acesso a uma centena de sites, quase todos relacionados com trabalho, e não pode fazer *links* com nada mais. Bloquear a Internet é essencial, diz ele. "Qualquer outro tipo de filtro pode ser facilmente removido. Pergunte a qualquer usuário do programa de doze passos e ele lhe dirá. Essa gente sabe do que está falando."

7

Fantasia e Realidade: a Compulsão Pornográfica

Andy não conseguia evitar. "Eu levava vida dupla", confessa esse diretor de produção de sites da Pacific Northwest, hoje com quarenta e dois anos. Casado durante dezesseis e pai de gêmeas, Andy está se recuperando do vício da pornografia que começou na infância e desde então o tem atormentado. Anos a fio, escondeu esse hábito da esposa. Mesmo depois do casamento. Mesmo depois da chegada das filhas. "Achei que não usaria pornografia quando me tornasse pai", diz ele, "mas isso não aconteceu."

Andy foi apresentado à pornografia, por um amigo da família, quando tinha onze anos e acolheu-a desde logo com entusiasmo. Tinha a sua turma; e os garotos passaram a trocar material uns com os outros. Fazia isso pelas costas de seus pais aparentemente modelares: imigrantes de primeira geração, profissionais bem-postos, cidadãos dedicados à comunidade. O pai dirigia o grupo local de escoteiros. A mãe presidia a Associação de Pais e Mestres.

Apesar da excelente imagem da família, Andy afirma que a sua criação esteve longe do ideal, repleta que foi de expectativas e abusos emocionais. Masturbou-se compulsivamente vendo revistas pornográficas durante o curso básico, o colegial e o superior. Várias vezes tentou parar, mas sempre reincidia. Certa feita, pouco antes do casamento, a esposa de Andy, Jane, pilhou-o masturbando-se diante das imagens da *Penthouse*. "O que é que esta porcaria está fazendo aqui em casa?", ralhou ela. "Jogue-a fora!" Andy obedeceu. "Disse-lhe que lamentava muito e que não aconteceria de novo, mas apenas tomei maiores precauções da vez seguinte", confessa ele. "Eu sempre voltava a essa prática. A pornografia era o meu consolo."

A esposa o surpreendeu de novo, e de novo. "Jane se sentia traída todas as vezes", diz Andy. "Ela é liberal, moderna. Combate a objetificação das mulheres. Odiava a idéia de que o seu corpo estivesse sendo comparado ao de outras. Temia que o meu problema com a pornografia fosse culpa dela. Afinal, ela não parecia uma garota de encarte de revista nem se comportava como tal. É loira, de olhos verdes, muito bonita. Mas o fato de eu consumir material pornográfico fazia-a sentir-se pouco atraente." Jane ficou deprimida porque Andy passou a evitá-la. E para piorar as coisas, o próprio Andy confessa que "manipulava a confiança dela".

Andy agora segue um programa de doze passos para viciados em pornografia e evita-a completamente, embora a Internet não torne as coisas muito fáceis. "Ela está por todo lado, não apenas no universo específico. Está nos catálogos da Victoria's Secret e no horário nobre da TV", diz ele. Ainda assim, Andy está determinado a não ver mais pornografia. "Fiz um pacto comigo mesmo. A coisa pára por aqui. Não a legarei às minhas filhas. Não quero que sejam tratadas como eu tratei as mulheres quando usava pornografia." Ele e a esposa falam abertamente com as filhas sobre sexualidade. Chamam-lhes a atenção quando acham que uma mulher num programa de TV ou comercial está sendo objetificada ou tratada com descaso: "Nós tentamos educá-las".

Andy explica: "Não creio que a pornografia, em qualquer quantidade ou grau, seja aceitável. Toda vez que tomamos um ser humano — uma alma individual — e o transformamos num objeto, não numa pessoa dotada de idéias e sentimentos, deixamos de viver plenamente. Não nos relacionamos com essa pessoa do modo como gostaríamos de nos relacionar com o nosso próprio ser. Quando eu usava pornografia, tratava as mulheres como latas de refrigerante que podia abrir e beber. Não gostaria de ser manipulado assim. Quando cheguei a essa conclusão, a pornografia passou a deprimir-me sem trégua".

Pornografia Compulsiva

- Você normalmente gasta muito tempo vendo pornografia?
- Você esconde as suas explorações *on-line* de sua esposa ou entes próximos?
- Você antegoza a excitação ou a gratificação sexual da próxima sessão *on-line*?
- Você se sente culpado ou envergonhado por causa desse hábito?

- Você primeiro ficou acidentalmente excitado pelo sexo na Internet e agora o procura com afinco quando está navegando na Internet?
- Você se masturba quando vê pornografia pelo computador?
- Você está menos envolvido com a sua esposa por causa de experiências com sexo virtual?

Se respondeu "sim" a alguma das perguntas acima, elaboradas pelo Center for On-line Addiction, provavelmente está viciado no sexo virtual, segundo os especialistas. Todavia, é difícil estimar o número de homens cujo consumo de material pornográfico tornou-se um problema grave. Quando um olhar casual à *Playboy* acarreta a assinatura de inúmeras revistas, depois o aluguel de um filme semanal e por fim o hábito diário *on-line*? Em que altura a pornografia se transforma num problema? Segundo Al Cooper, o falecido pesquisador de pornografia e diretor do San Jose Marital and Sexuality Center, qualquer homem que despenda onze horas ou mais por semana vendo obscenidades na Internet pode ser considerado um usuário compulsivo. O National Council on Sex Addiction and Compulsivity estima que de 3 a 8% dos americanos são, de um ou outro modo, viciados em sexo. Cálculos comedidos revelam que duzentos mil americanos estão viciados só em pornografia *on-line*, número que vai crescendo rapidamente.[1] Outros estudos sobre pornografia *on-line* concluem que entre 6 e 13% dos usuários exibem comportamento sexualmente compulsivo diante do computador.[2]

Mesmo aqueles que respondem negativamente a todas as perguntas acima talvez não estejam imunes ao vício da pornografia. A linha entre o usuário compulsivo e o chamado usuário por divertimento já se tornou notoriamente indistinta. Com a pornografia tão à mão, tão anônima, tão disseminada em suas miríades de formatos, homens que outrora lançaram um olhar casual a uma revista ou alugaram um filme agora consomem-na em bases diárias. Por que não? Ela está aí mesmo, a um toque no controle remoto ou no *mouse*. Num mundo pornificado, o que antes parecia aos psicólogos uma diferença fundamental entre usuários e viciados tornou-se mera questão de grau.

Essa mudança se tornou bastante clara graças às entrevistas, nas quais homens que se declararam usuários regulares (da pornografia *on-line*, em particular) revelaram consumi-la diariamente, ao passo que antes do advento da Internet essa busca era muito mais ocasional. Não bastasse isso, cerca de uma dezena de homens — que, de novo, se descreveram como usuários "normais" de pornografia — esforçou-se para diminuir o consumo, mas com sucesso limitado, dadas as dificuldades consabidas. Quase três quartos dos usuários normais de pornografia admitiram poder acabar viciados, embora não achassem ter personalidade particularmente "viciosa". Tais observações não se confinam à pesquisa realizada para este livro. Num site de humor com o nome estranhamente apropriado de A Pointless Waste of Time [Perda de Tempo Injustificada], alguém conduziu um estudo reconhecidamente informal com cem usuários de pornografia *on-line*, no qual os desafiava a ficar sem ver pornografia, na Internet ou em outro meio, por um período de duas semanas. Dos noventa e quatro sujeitos que se submeteram ao experimento (seis desistiram), cinqüenta e cinco não conseguiram ficar nem uma semana sem pornografia e vinte e quatro não se contiveram sequer por três dias. No fim, só vinte e oito sujeitos conseguiram cumprir galhardamente o período de duas semanas. O autor observou que, no mínimo, o seu "estudo" resumia o problema: "Alguém objetará que a convocação para uma pesquisa sobre vício pornográfico atrai automaticamente pessoas que se julgam viciadas (o que talvez distorça os resultados). Mas o contrário também pode ser dito: pessoas dependentes de pornografia tendem a ficar longe, bem longe de um estudo que os incita a quebrar o hábito". O autor observou ainda que os sujeitos do estudo tenderiam, eles próprios, a falar sobre o teste em "linguagem de viciados". E explicou:

> Os participantes não me eram estranhos, ao contrário, tratava-se de pessoas que "conheço" no sentido *on-line*. E, embora eu tenha no decorrer do tempo ouvido montes de piadas sobre o fato de serem alcoólatras, gordos irrecuperáveis e pobres sem esperança, nunca — nunca mesmo — ouvi um deles declarar-se viciado em pornografia.
> Até eu fazer o estudo.
> Desde as primeiras horas, muitos desses caras começaram a discorrer a respeito de "sobriedade" e a dizer que o dia seguinte seria "difícil" por causa da disponibilidade de tempo e da facilidade de acesso. Empregavam, em suma, a linguagem que os viciados em fase de recuperação aprendem, o que, admito, ao mesmo tempo me surpreendeu e me assustou um pouco.[3]

Não apenas as pessoas supostamente "normais" falam como viciados em pornografia como as que estão se recuperando descrevem o seu hábito em termos muito semelhantes aos dos que continuam a consumir pornografia de maneira, dizem eles, casual. As motivações do consumo são muitas vezes similares, se não as mesmas para todos os homens; idem, aquilo que extraem desse hábito; e os passos que os homens dão do interesse à saciedade, da excitação ao tédio, do material leve ao material pesado e da fantasia à realidade parecem-se de maneira espantosa.

Hoje, é praticamente impossível discutir pornografia compulsiva sem falar da Internet, não raro etiquetada como o *crack* ou a cocaína da obscenidade. Al Cooper supunha que a grande maioria dos consumidores de pornografia pela Internet é o que ele chamava de "usuários por divertimento" — vêem a sexualidade *on-line* como uma forma de distração, tal qual folhear um catálogo da Victoria's Secret ou assistir a *reality shows* pela TV. Não se masturbam enquanto a vêem e vêem-na por menos de uma hora semanal. No entender de Cooper, essa era a categoria mais ampla de espectadores de pornografia; mas, pela definição, quase todas as pessoas entrevistadas para este livro, inclusive as que se consideram usuários eventuais, vão muito além da norma. Ao segundo grupo Cooper chamava de usuários "sexualmente compulsivos", pessoas que já enfrentavam problemas sexuais antes da Internet e apenas os transferiram para o mundo virtual. A terceira — e mais interessante — categoria é a dos usuários "de risco": pessoas que não teriam problemas se não fosse a Internet. "Essa é uma categoria em franca expansão, o que nos preocupa muito", explicou Cooper pouco antes de morrer. A acessibilidade, disponibilidade e anonimato da Internet promoveram-na de um modo sem paralelo com nenhum outro meio de comunicação. "As pessoas, hoje, têm acesso a tudo o que possam imaginar ou nunca imaginaram. Bastam três com interesse parecido e um site devotado a lutas-livres de anãs lésbicas. Um recém-chegado pode não saber que isso lhe interessa, mas logo está clicando o *mouse*, totalmente envolvido."

Dan Gray, diretor clínico da Addict-CARE, grupo de terapeutas de Utah empenhado em tratar o vício do sexo, constantemente descobre novos viciados criados pela Internet. "É comum um homem de quarenta anos ligar e dizer 'Nunca mais vi pornografia desde os tempos de colégio e mesmo então era apenas a *Playboy* — até o ano passado, quando, absorto em meu escritório, recebi alguns e-mails pornográficos ou entrei num site por acaso. As imagens despertaram o meu interesse e logo me pus a procurar outros sites semelhantes. Já faz um ano e receio estar viciado. Não creio que vá parar'." Gray acha que há mais viciados em pornografia do que se pensa. Se os homens ligam o computador todas as noites, se perdem tempo quando poderiam estar fazendo coisa melhor, se se sentem cada vez mais dependentes da adrenalina e das endorfinas liberadas no cérebro pela masturbação diante de cenas lascivas, então, muito provavelmente, já não podem passar sem essa experiência. Alguns viciados referem-se ao fluxo da pornografia como uma "droga" e dizem-se "numa boa" com as endorfinas, a adrenalina, o orgasmo. A pornografia é como o álcool, explica Robert Weiss, diretor clínico do Sexual Recovery Institute, em Los Angeles. Certas pessoas não têm problemas;

outras se tornam alcoólatras. A Internet está cada vez mais atraindo membros do primeiro grupo para o segundo.

Os homens reconhecem o poder de sedução da pornografia pela Internet. Na pesquisa *Elle*-MSNBC.com de 2004, 17% dos que consumiam material pornográfico *on-line* admitiram achar difícil controlar o impulso para ligar o computador. Oito por cento dos que se abstinham totalmente de pornografia pela Internet disseram que o faziam por recear perder o controle de si mesmos caso começassem.

Para um grupo de recuperação empenhado num programa de doze passos do Nordeste, a Internet apareceu como um grave problema. Desde que Liam, de quarenta anos e pai de quatro filhos, entrou para o grupo por motivo de vício em pornografia, em dezembro de 2001, aumentou o número de homens mais velhos que procuraram o programa — e eles nunca tinham tido um problema sério com pornografia, mas acabaram sucumbindo ao vício depois de instalarem um sistema de acesso de alta velocidade no computador. Também pela primeira vez, jovens no início da casa dos vinte aderiram ao grupo, depois de se entregar ao uso compulsivo durante a adolescência e início da maturidade. "A maioria dos que estão chegando fazem-no porque a Internet ou os levou a extremos ou gerou, ela própria, o problema", diz Liam. Os membros são oriundos do mundo empresarial e de setores respeitáveis da comunidade, incluindo ainda homens dados a diversos vícios que podem com facilidade entregar-se a excessos na pornografia. Muitos homens, explica Liam, aparecem com a postura "Sou forte, sou autoconfiante. Posso muito bem controlar esse hábito". Pensam que a pornografia é coisa normal de rapazes, mas que talvez tenham ido um pouquinho longe demais. "Há muita arrogância", esclarece Liam. "Foram criados dentro de uma mentalidade extremamente individualista: se você tem um problema, resolva-o. Nada de pedir ajuda." Esses homens costumam não ficar muito tempo no programa.

Quase ninguém que passa da pornografia *pay-per-view* para a pornografia na Internet imagina que se tornará um viciado. Mas, segundo Victor B. Cline, psicólogo que vem estudando esse vício, profissionais altamente qualificados tendem a ser muito suscetíveis ao mundo fantasioso proporcionado pela pornografia *on-line*. "Alguns de meus pacientes mais cultos parecem ser os mais vulneráveis, talvez por terem maior capacidade de fantasiar. [...] Embora qualquer homem seja vulnerável, advogados, contadores e profissionais de mídia mostram-se, segundo a minha experiência, os mais propensos a esse tipo de vício." No entanto, quando o crítico cinematográfico David Denby, da *The New Yorker*, publicou em 2004 uma autobiografia onde confessava ter estado durante algum tempo envolvido com pornografia *on-line*, depois que a esposa o abandonou por outra mulher, foi grande o escândalo. Dan Gray afirma que os mitos em torno do viciado típico em pornografia são risíveis. "Na verdade, trata-se de pessoas comuns que você vê no escritório, na loja, na igreja. São homens feministas, religiosos, profissionais, cultos. Para alguns, a pornografia nega todas as suas crenças mais caras." Entre os cerca de vinte viciados em pornografia e suas esposas entrevistados para este livro havia empresários, clérigos, engenheiros, advogados, profissionais de mídia e um número desproporcionalmente grande de gente que trabalha com tecnologia. A despeito dos estereótipos que dizem o contrário, a grande maioria dos viciados em sexo entrevistados para este livro nunca sofreu abusos na infância. Muitos têm curso superior e vêm de lares estáveis. Quase todos começaram a ver pornografia do mesmo modo que os meninos antes do advento da Internet: folheando revistas de mulheres peladas que surrupiavam, compravam ou trocavam.

O psicólogo David Marcus orienta vários grupos de usuários compulsivos da Internet em San Jose, Califórnia. "Trata-se de um problema que se agrava a olhos vistos", adverte ele. "Adolescentes e adultos jovens ficam expostos mais cedo e com mais intensidade que antes. Tudo pode começar de maneira bastante inócua, mas aos poucos vai se prestando a uma diferente função. O garoto entra na Internet para explorar, clica em pornografia para divertir-se e masturbar-se, mas a certa altura sente-se estressado e busca *on-line* o alívio para esse *stress*. Quando você usa a pornografia como um meio de lidar com o *stress* ou a ansiedade, está exibindo um comportamento de alto risco. A pornografia, então, torna-se algo que lança raízes na biologia e pode provocar problemas sérios. Você já não estará entrando na Internet para divertir-se."

O "Barato"

As coisas começam pela diversão, quer se trate de usuários eventuais ou habituais de pornografia. Os viciados em sexo costumam descrever a sua experiência como uma espécie de transe, uma zona onde perdem a noção de tempo e espaço. *Euforia, entusiasmo, agitação, excitação* e *obsessão*, eis as palavras comumente usadas para descrever o "barato" induzido pela pornografia. "Depois que começamos a absorver essa imagem, perdemos o controle", explica Tony, viciado de trinta e oito anos residente em San Diego, ora em fase de recuperação. "As conseqüências nem sempre nos detêm." Um homem de quarenta e sete anos, natural do Missouri, descreve a pornografia como uma "droga poderosa": "Ela mexe com a cabeça", diz ele. "Muito mais que o álcool ou qualquer outra droga que eu tenha usado. O meu cérebro... bem, é difícil explicar para quem não é viciado... enfim, quase perco as estribeiras. Só de pensar em pornografia ou de pensar em pensar em pornografia já sinto um 'barato'. Talvez sejam apenas as substâncias químicas do cérebro, a liberação de endorfinas." Em *A Male Grief: Notes on Pornography and Addiction*, o viciado recuperado David Mura escreve: "Graças à percepção pornográfica, o viciado experimenta uma espécie de vertigem, uma alegria perigosa, um momento em que todos os seus laços com o mundo exterior parecem romper-se ou toldar-se. Essa sensação de queda sem fim, esse distanciamento é o que o viciado busca sempre e sempre. [...] Os que se mantêm à parte do mundo da pornografia não conhecem essa queda, esse distanciamento. Não compreendem a atração que isso exerce. Mas, para o viciado, o 'barato' é mais que uma atração. O viciado se vê inerme diante dele".[4]

Muitos usuários seguem um padrão comum, usando a pornografia esporadicamente e depois sucumbindo ao vício quando instalam a Internet. Kenneth, consultor do Novo México, passou boa parte da vida longe da pornografia. Via-a de vez em quando, nos tempos de colégio e faculdade, depois como soldado no Vietnã, mas nunca se preocupou em comprar revistas ou outro material qualquer. Só em 1994, deprimido por causa da morte por câncer de seu irmão mais novo, é que Kenneth começou a consumir quantidades significativas de pornografia. Não por coincidência, foi nessa altura que adquiriu um acesso à Internet. "Eu caía num estado de transe", lembra-se. "Ia fundo na pornografia. Viajava para um mundo remoto. Ficava seis horas diante do computador e nem percebia o tempo passar. Quando me dava conta, já eram três da manhã."

Talvez isso tenha acontecido porque Kenneth estava deprimido, o seu pai era alcoólatra e o vício campeava em sua família. Ele não sabe os motivos que o levaram a envolver-se. "No Novo México, os cassinos se multiplicaram tremendamente", explica. "Assim, como se já não bastasse, surgiu o problema do jogo. Como podem algumas pessoas jogar, ir embora calmamente e sentir-se bem enquanto outros aderem ao vício? Muitas têm problemas na vida e andam em busca de algo que as faça sentir-se melhor. Umas obtêm isso do jogo, outras do álcool, outras da excitação provocada pela pornografia. As substâncias químicas que ela liberou em meu cérebro fizeram-me, de fato, sentir melhor."

Não raro os homens descrevem a euforia como um entorpecimento, seguido de vergonha, aversão por si mesmos e frustração, particularmente no caso de viciados que tentaram parar e não conseguiram. Esses sentimentos de cólera e ódio que as pessoas alimentam contra si próprias acabam levando-as de volta à pornografia. Satisfazer-se graças à pornografia — busca, caça, orgasmo, alívio — torna-se a maneira pela qual conseguem debelar a dor ou o desapontamento. Como diz o homem de quarenta e sete anos natural do Missouri, "É um remédio instantâneo, que atende às necessidades de pessoas emocionalmente doentes. Temos esse vazio interior e a pornografia o preenche. A longo prazo não funciona e traz você sempre de volta; mas, a curto prazo, é uma cura poderosa e rápida".

Alguns viciados, o que não chega a surpreender, sofrem de outras formas de comportamento compulsivo, o mais das vezes drogas e álcool. A excitação da pornografia e o "pique" do álcool ou das drogas geram uma combinação explosiva. Quando Leo, um consultor de tecnologia de quarenta e dois anos residente em Dallas, conheceu a sua primeira esposa, Hayley, numa festa de segundo ano da faculdade, tentou com um amigo também embriagado uma orgia a três. O *ménage à trois* fracassou, mas Leo e Hayley se deixaram levar por uma festa de nove anos que incluiu dois de casamento. O relacionamento era tumultuoso. Hayley via pornografia com Leo, já agora um usuário contumaz, embora fosse ciumenta. Vivia no medo perpétuo de que o parceiro a fosse abandonar. Então, vieram as drogas. Leo, desde os dezoito anos, fumava o seu "pacau" diariamente, no começo da noite. Durante o primeiro ano de casamento, ele e Hayley acrescentaram metanfetamina e anfetaminas à mistura. Graças à metanfetamina, Leo podia promover noitadas de sexo demoradas, vendo pornografia ou transando com a esposa; ficava horas "ligado".

No entanto, por fora, pareciam pessoas "normais". Tinham empregos sólidos, uma boa casa, um bonito carro. Leo freqüentava a igreja com regularidade. A sua vida privada, porém, já escapava ao controle. Quando Hayley se mostrou mais interessada em drogas que em sexo, Leo decidiu que era tempo de deixar as drogas — mas Hayley, ao contrário, preferiu deixar Leo.

Veja a Garota, Brinque com Ela

Os relacionamentos com mulheres são muitas vezes embaraçados, ou mesmo destruídos, pelo abuso de pornografia. Com o tempo, os viciados quase inevitavelmente acham difícil distinguir as mulheres da pornografia das mulheres da vida real. Kenneth, o consultor do Novo México, lutava contra os seus instintos. "Tentava desesperadamente racionalizar aquilo", conta ele, "porque mesmo em pleno ato de consumir pornografia eu achava que ela não era boa para mim. Sabia que afetava o modo como me relacionava com as mulheres." A despeito de suas melhores intenções, Kenneth, casado e pai de três filhos, começou a ter problemas nos contatos com mulheres do mundo real. "Eu as objetificava", explica. "E isso fazia sentido: se você aprendeu a estar de olho na anatomia feminina por passar horas e horas vendo material pornográfico, então, no mundo real, ficará todo o tempo examinando o corpo das mulheres."

Kenneth achava difícil estabelecer novos vínculos com mulheres, social e profissionalmente. As pessoas lhe deixavam pistas que ele ignorava ou, em seus piores momentos, percebia com vergonha. As moças saíam da sala quando ele entrava; evitavam encará-lo. "O pior era eu achar que a minha obsessão escapava às pessoas à minha volta, mas certamente não escapava", diz ele. Certa feita, assinou um contrato de trabalho no Texas. A engenheira com quem passou a trabalhar era uma bela mulher. Ela nunca se queixou diretamente a Kenneth; mas, como a companhia nunca mais o chamou, ele percebeu que havia causado problemas. "Tenho vergonha de admiti-lo, mas sei que a deixei constrangida", confessa. "Vivia sondando-a. Nunca lhe disse nada, pois só me preocupava em espiar-lhe o decote."

A equação se torna surpreendentemente simples: quanto mais se vê pornografia, mais as mulheres são acossadas. "Com o tempo, você passa a exigir mais perfeição física", explica Liam, o pai de quatro filhos de quarenta e poucos anos. "Fica-se na expectativa de um certo tipo de beleza. No meu caso eram os seios, mas poderia ser qualquer coisa. Literalmente — e olhe que não exagero —, toda mulher que eu encontrava no decurso do dia era avaliada com base nos seios. Isso nunca acontecera antes da pornografia. Nunca acontecera desde que eu era adolescente. Jamais fui do tipo que sempre faz comentários sobre a aparência das mulheres. Mas me *tornei* esse tipo de pessoa." A pornografia, diz Liam, transforma todo mundo em objeto. "Exige-se um ser humano tridimensional dotado de sentimentos — alguém que possa fazer o papel de filha, irmã e mãe — e, basicamente, deve ser uma criatura que só existe para satisfazer desejos sexuais. Essa se torna a maneira natural de pensar. Na progressão do vício, chega-se a um ponto em que não é mais possível sequer olhar uma mulher sem primeiro avaliá-la por seus atributos físicos. Mas a pessoa nem mesmo se dá conta do que faz. Tudo apenas acontece."

Para o viciado, a pornografia se transforma num meio de "pegar" uma mulher, "possuí-la" e controlá-la. O sexo é um meio para um fim e a mulher é o instrumento que opera a transição. Embora a objetificação das mulheres seja um tópico recorrente nas discussões dos programas de recuperação (não causa, pois, surpresa ouvi-lo articulado pelos homens nessa conjuntura), todo viciado em sexo pode fornecer descrições específicas, altamente pessoais, de sua incapacidade para relacionar-se com as mulheres — em conseqüência da pornografia. Um viciado em fase de recuperação, residente no Estado de Washington, explica: "Eu, em definitivo, objetivava as mulheres quando usava pornografia. Olhando-as, pensava: 'Que posso arrancar de você?' Era só isso que queria. Não havia outro valor a cultivar na relação". Em resultado, sentia-se pouco à vontade com as mulheres, não teve amizades verdadeiras com elas durante muito tempo e separou-se da esposa. "Vezes houve em que supus que só as mulheres poderiam explicar a minha mentalidade", diz ele. "Elas sabiam que havia algo errado comigo." Outros viciados concordam: "Não ligava para as mulheres como seres humanos", "Achava difícil conviver com elas no ambiente de trabalho", "Quando elas tinham uma personalidade marcante, ficava mais fácil fantasiar a seu respeito, mas eu não dava a mínima para o que pudessem ser como pessoas", "As mulheres são todas iguais".

Quem Já Viu Mil Mulheres, Viu Todas

Fugindo aos problemas do mundo real, os viciados encontram um refúgio seguro nas mulheres da pornografia. Quando Walter, gerente de programas no Texas, casou-se novamente com trinta e um anos, arcou com uma tremenda carga de *stress*. Tinha a custódia conjunta do filho e da filha do primeiro casamento, que terminara dois anos antes, enquanto a nova esposa, Diane, tinha a custódia plena de seus dois filhos. Misturar as duas famílias foi problemático; Walter começou a beber desbragadamente e a brigar feio com Diane. Sentia-se incapaz de lidar com as complicações da nova família e, no fundo, impotente e insignificante.

Nunca se envolvera com pornografia, limitara-se a olhadelas ocasionais quando era solteiro e ficara momentaneamente fascinado por revistas ao perceber que o primeiro casamento estava desmoronando. Agora, porém, trabalhava muito e viajava com freqüência no emprego. "A pornografia pela Internet me atraiu como uma espécie de remédio", explica ele. "Desse modo podia me sentir desejado por todas aquelas mulheres, numa ocasião em que tal sentimento estava ausente de meu casamento. Sim, achava-me desejado e imprescindível." Quanto mais se deprimia, mais consumia e melhor se sentia. As atrizes pornôs, diz Walter, aceitavam-no... enquanto olhavam para a câmera e ele as olhava de volta, fingindo que era cobiçado.

As mulheres da pornografia são intercambiáveis, não significam nada, asseguram os viciados às suas esposas. *Tudo se limita ao físico*. Essas palavras ecoam as de muitos usuários de pornografia, eventuais ou habituais. Mas, a despeito do que as esposas ouvem, *existe* um componente emocional na pornografia — a satisfação da necessidade de ser desejado, de transgredir, de ser macho, de acrescentar o ingrediente que falta no coquetel psicológico que o homem identifica com felicidade. O viciado se conforma a uma lógica tortuosa conforme esteja tentando autojustificar-se ou racionalizar o seu comportamento. *Gosto de mulheres*, gaba-se para si mesmo e para outros homens. Por isso olha-as e admira-as. *Essas mulheres não importam*, diz para a esposa, são apenas imagens.

Em retrospecto, Walter fica perplexo ante os mitos que cultivou quando mergulhado na pornografia. Entretanto, muitos homens com quem conversa não acham que ele fez nada de mais. Veja bem, ponderam eles, é natural para um rapaz gostar de pornografia, sobretudo quando está casado. Que diabo, ele precisa de variedade! Sejamos francos: uma mulher só não basta. Mas Walter já não se deixa iludir. "É uma grande porcaria", resmunga. "Lamento; mas supõe-se que os homens devam ser fortes e a pornografia não passa de falta de auto-estima. A pornografia existe para fazer os homens se sentirem homens e as mulheres estão aí para satisfazê-los. Ela os ajuda a justificar tudo aquilo em que querem acreditar com relação a si mesmos." A verdade, segundo Walter, é que os homens não gostam nada de admitir o motivo real da atração exercida pela pornografia, a saber, que de outro modo eles nunca possuiriam aquelas mulheres. "Olhe para eles num clube de *topless*", sugere Walter. "Não são do tipo capaz de pegar uma boa mulher e as que ali estão geralmente nem valem a pena. Nenhum relacionamento de verdade pode surgir disso. Trata-se de um ato de desespero."

No entanto, quando os homens agem sob a capa do vício, a pornografia alimenta esse desespero. Clay, de quarenta e seis anos, residente em Atlanta, calcula que com trinta e cinco anos de consumo de pornografia — uma média de três horas por dia — já desperdiçou cerca de três anos de sua vida. O trabalho descambou, pois Clay se sentia incapaz de concentrar-se. Não conseguia manter uma conversa coerente. "Já não sabia como me relacionar de maneira adulta com ninguém", lembra-se ele. "Tudo parecia superficial. Era como se as mulheres não fossem pessoas de carne e osso, criaturas individualizadas. Eu não sentia nenhum tipo de apego."

Enquanto isso, a esposa de Clay ia ficando cada vez mais frustrada, pois presumira que ele abandonaria a pornografia quando se estabilizasse. Para ela, o hábito de Clay acenava com a possibilidade de ele logo ter um caso extraconjugal. Até certo ponto, admite Clay, era um medo racional; muitos viciados em sexo acabam nessa situação. Clay, porém, não tinha nenhuma vontade de realizar o seu desejo com outro ser humano. Não queria compromissos. Quanto mais a esposa se inquietava, menos Clay se dispunha a ficar com ela. Para que se aborrecer com perguntas, discussões infindáveis, brigas para tê-la na cama quando ele podia muito bem ligar o computador e masturbar-se? A pornografia tornou-se a sua válvula de escape. Fria sem dúvida, mas fácil. Clay se distanciava daquilo que via. "Admirava uma jovem em cenas pornográficas e depois lia uma história de horror no jornal, sobre tráfico de escravas na Europa oriental, mas mentalmente descartava a conexão", explica ele. "Não conseguia ver nessas mulheres nada mais que um meio para satisfazer os meus desejos."

Clay se retraiu ainda mais quando a esposa o deixou e ele entrou em fase de recuperação. Desde a separação, há mais de cinco anos, ele não teve sequer um encontro amoroso. Receoso de sua inabilidade no trato do sexo oposto, acha que ainda não está pronto para relacionamentos normais. As mensagens que absorveu da pornografia, a imagem das mulheres que cultivou por tantos anos, a sensação de isolamento — nada disso desapareceu. "Sou um solitário", murmura com um suspiro.

O consumo desenfreado de pornografia cobra um preço emocional muito alto. Os homens aludem a um período de tédio — a pornografia se torna uma droga para manter a excitação do princípio. O ponto alto já não é tão fácil de atingir. O enfado se insinua. Depois de ter escondido durante muito tempo o seu hábito pornográfico da esposa de dez anos e dos quatro filhos, Liam percebeu que o seu senso do próprio eu, a sua vida inteira estavam desabando. Isolou-se emocionalmente da família enquanto ia ficando cada vez mais frustrado, inquieto e propenso a fáceis ataques de cólera. O *stress* de sua vida dupla — bom católico por fora, viciado em pornografia por dentro — martelava-lhe a consciência todos os dias, o tempo todo. "Eu queria convencer-me de que era um bom sujeito", lembra-se ele. "Mas certas coisas não combinavam com a pessoa que desejava ser." Liam sentia-se estranhamente deslocado. "À primeira vista, ver pornografia é um modo de ligar-se fisicamente com outras pessoas. Mas, no fundo, nenhuma dessas pessoas importa. Nenhuma se preocupa com você. Nada no processo é real. Trata-se de uma experiência das mais solitárias." Liam, porém, sentia-se compelido a prosseguir. Agora queria ver mulheres sendo estupradas.

Upgrade, Downgrade, Mais, Mais

Miles, o militar de trinta e três anos de Indiana, folheou a sua primeira revista de mulheres peladas com a idade de seis — e nunca mais parou. Quando instalou a Internet, os seus gostos mudaram para cenas de humilhação e degradação. "A especialização *on-line* é incrível", comenta ele. Gosta de vídeos onde um marido assiste à cena em que é corneado por um negro e por sua esposa branca. Interessa-se por estupros, sexo forçado e bestialismo. ("No começo não apreciava isso, mas com o tempo me envolvi.") O segredo de sua excitação é o "proibido". Às vezes, baixava um vídeo que parecia um pouco real demais; ele não sabia se a mulher estava interpretando ou sendo de fato violentada. "Quando você está assistindo às cenas, é difícil ser racional", observa ele. "Eu tentava dizer a mim mesmo 'Está bem, isso não é a realidade. As mulheres não gostam de ser vítimas'." Mas, apesar de tudo, o seu gozo era bem real.

Além de se abismar em pornografia, Miles freqüentava clubes de *strip-tease* e logo começou a pagar garotas para que se desnudassem à sua frente, acabando por se meter com prostitutas. Casou-se então, mas não sossegou. Teve casos com diversas mulheres e até com um homem, embora não se considere homossexual ou mesmo bissexual. Cultivava ainda um hábito particularmente inquietante. No final da adolescência, deu para ser exibicionista. Uma tarde, já com dezenove anos, estava na casa do irmão vendo filmes pornôs quando ficou excitado e quis... não sabe muito bem o que, mas era algo pouco usual. Correu à garagem e começou a masturbar-se, deixando a porta deliberadamente aberta, o que o deixou ainda mais exaltado. Um vizinho chamou a polícia e Miles foi indiciado por atentado público ao pudor.

Seguiram-se outros incidentes. Uma manhã, na primavera de 2003, Miles, então com trinta e dois anos, dirigia pela rodovia interestadual quando se sentiu compelido a parar o carro no acostamento, saltar fora e masturbar-se. A aventura durou mais ou menos um minuto, ele voltou para o carro e encaminhou-se para o trabalho. Um passante, entretanto, denunciara o incidente e o automóvel do xerife pôs-se no encalço de Miles, seguido por uma frota de viaturas. De armas em punho, a polícia ordenou-lhe que descesse do carro. Estendido de cara no chão, mãos algemadas atrás das costas, pensou com os seus botões: "A minha mulher ficará arrasada. O meu chefe descobrirá. Os militares saberão. Estarei em todos os jornais". Esmagavam-no o medo e a vergonha. Cenas pornográficas de estupro, violência, racismo, bestialismo — nada disso o incomodava tanto quanto a degradação pública.

O usuário contumaz não costuma pensar que haja algo de inusitado com os seus gostos cada vez mais exigentes. Conforme discutido no Capítulo 3, estudos realizados pelos pesquisadores Zillmann e Bryant, da Universidade do Alabama, concluíram que a exposição prolongada à pornografia induz as pessoas a superestimar a incidência de quase todas as atividades sexuais — particularmente sodomia, sexo grupal, práticas sadomasoquistas e contatos com animais.[5] Max, de trinta e quatro anos, investidor na Virgínia, lembra-se: "Quando eu era garoto, a *Penthouse* bastava. Mas, quando fiquei mais velho e surgiu a Internet, comecei a consumir grandes quantidades de pornografia amadora com várias mulheres e sexo grupal. A princípio, não procurei isso. Calculo que metade do tempo passava concentrado em algo específico e a outra metade, navegando sem rumo e descobrindo coisas novas. Deparei com material homossexual e, para minha surpresa, fiquei curioso. O mesmo aconteceu com o bestialismo e a pornografia infantil, embora essas duas práticas não me despertassem muito o interesse. Gostava, sim, de adolescentes em acampamentos de férias e coisas do tipo. Dizia a mim mesmo que elas já eram maiores de idade e podiam ser desejadas. Mas em seguida contestava essa presunção".

Os viciados sexuais só são um pouquinho mais propensos a avançar para gostos extremos do que os "usuários por divertimento", mas os fetiches, práticas e obsessões a que são arrastados não diferem muito dos que caracterizam o universo do consumidor comum de pornografia. Os viciados mostram-se, porém, mais inclinados a levar o seu hábito para fora do mundo virtual. Embora os usuários regulares também visitem clubes de *strip-tease*, os viciados vão além: contratam acompanhantes, freqüentam ambientes de troca de casais, expõem-se em público e molestam crianças. Para o viciado, a pornografia quase sempre conduz, de maneira lógica, a comportamentos sexuais no mundo real como relações com outros homens, mulheres e crianças.

Kenneth, o consultor casado e pai de três filhos do Novo México, sempre se considerou um bom sujeito; não chegou à pornografia senão na idade adulta. Procurava mulheres que nada tivessem a ver com a pornografia, como para distanciar-se da realidade que estava vivendo. A fim de manter a ilusão da inocência e da espontaneidade, Kenneth passou a procurar mulheres cada vez mais jovens, que parecessem ter menos de dezoito anos. Entrementes, raciocinava: "A verdade é que nunca gastei dinheiro com pornografia. Talvez isso se deva à minha criação escocesa, mas o meu raciocínio era: se não pago, não tenho problema". Kenneth alinhavou uma série de desculpas para justificar-se. Não é um bicho-de-sete-cabeças, dizia a si mesmo. Posso parar quando quiser. Quem luta vence.

Por fim, Kenneth começou a se entregar à pornografia adolescente. "Eu andava em busca de... graças a Deus a coisa era difícil de achar, mas o que eu queria eram garotinhas", confessa. Não garotas pré-pubescentes, embora certa feita tenha cruzado com pornografia infantil. "Era assustador para mim porque aquilo me excitava e, obviamente, mostrava crianças vítimas de abuso e engodo", diz ele. "Nada mais evidente. Não parecia que aquelas crianças estavam recebendo quinhentos dólares por dia para posar. Podia-se jurar que alguém as obrigava a ficar nuas diante da câmera." Pai, ele próprio, de uma menina, Kenneth acabou estressado. "Sabia que o meu relacionamento com ela corria risco."

Insensibilização e Insatisfação

Isso não quer dizer que a maioria dos homens queira se envolver com bestialismo, pornografia infantil ou encenações de estupro. Segundo o psicólogo Victor B. Cline, a fase de insensibilização ocorre quando a pornografia, "que antes parecia chocante, infratora de tabus, ilegal, repulsiva ou imoral, mas nem por isso menos excitante, com o tempo passa a ser vista como coisa aceitável e corriqueira. [...] Há, cada vez mais, o senso de que 'todo mundo faz isso' e, portanto, a pessoa tem permissão para fazer o mesmo, embora a atividade seja ilícita e possivelmente contrária às suas crenças morais e padrões de comportamento até então cultivados".[6] Mesmo que o material pesado pareça repugnante à primeira, segunda ou terceira vista, depois de tantas horas gastas *on-line*, tantas visitas a clubes de *striptease*, tantas prostitutas alugadas, tantos saltos para o desconhecido e tantos segredos nas "outras" vidas privadas, o proibido já não perturba como antes.

Quando Liam adquiriu acesso de banda larga à Internet, em agosto de 2000, as coisas logo lhe escaparam ao controle. "Aventurei-me em material pesado que outrora me assustava", lembra-se ele. "Comecei a ter medo de mim mesmo." Embora se considere uma pessoa gentil, Liam passou a gostar de imagens violentas, sobretudo de estupro. Repugnado e aterrado por sua curiosidade, ainda assim continuou a navegar e logo estava fantasiando a respeito de estupros mesmo longe do computador. "Era impossível reconciliar aquilo com o que pensava de mim mesmo", diz ele. "Sempre me dei bem com as pessoas. Nunca as tratei mal. Pensar que semelhantes idéias me ocorriam era assustador." Liam tentou racionalizar o problema. Era, sem dúvida, *stress*. Procurou convencer-se de que apenas olhava as cenas. Mas à noite, incapaz de dormir, anestesiava-se com pornografia, masturbando-se na frente do computador até ficar física e emocionalmente exausto.

Para alguns homens, aventurar-se na pornografia extrema é arriscado. Até onde se pode chegar? Para outros, é indiferente. Donovan, de cinqüenta e cinco anos, ex-CEO de uma grande empresa multinacional, estava divorciado quando confidenciou a um amigo a sua dificuldade de relacionar-se com mulheres. "E daí?", atalhou o amigo. "Entre na Internet." Recomendou a Donovan alguns sites de garotas de programa. Pelos dois anos seguintes, entrar na Internet e contratar prostitutas tornou-se uma missão semanal. Em diversas ocasiões, pagou prostitutas para transarem com cães diante dele, pois contraíra o gosto do bestialismo *on-line*. Mas, à medida que a pornografia se intensificava, a satisfação diminuía. "O sexo se tornou, para mim, cada vez menos gratificante", lembra-se ele. "À procura da experiência perfeita, eu precisava descer mais fundo na degradação. Tornei-me uma pessoa deprimida e vazia." O vício da obscenidade era como a busca, fadada ao insucesso, da casa ou do carro ideal — nunca se está satisfeito com aquilo que se pode ter. "Você cultiva uma imagem fantasiosa e quer aplicá-la a um ser humano de carne e osso — que tem muito mais qualidades que as físicas — e fica decepcionado quando não dá certo. Você não enxerga a realidade, apenas os pontos em que aquele ser humano não correspondeu ao ideal."

A pornografia enseja um nível de estimulação difícil de encontrar paralelo no mundo do sexo caseiro. Após o fiasco do casamento com a drogada Hayley, Leo recolheu-se novamente ao santuário da pornografia, vendo revistas e vídeos horas a fio, mas só saindo com mulheres de vez em quando. Então conheceu Abby, uma colega de trabalho, divorciada e com uma filha. Ficou logo entusiasmado. Ambos tinham a experiência do casamento e resolveram iniciar o que Leo esperava ser uma "vida normal". Desde o começo, garante ele, foi honesto com a nova esposa. Revelou-lhe que consumia pornografia e mostrou-lhe o armário das revistas no banheiro. Segundo Leo, Abby não se importou porque o amava. Ela disse apenas: "Por mim, está bem".

Não é assim que Abby encara as coisas. Aos trinta e oito anos, nunca saíra com um homem dado à pornografia, ao que soubesse. Antes de comprarem a primeira casa, Abby e a filha foram morar com Leo. Ao fazer uma faxina, ela deparou com um armário cheio de revistas *Playboy*. Jogou-as fora. "Pensei que, uma vez casado comigo, Leo não precisaria mais daquilo." Depois, quando se mudaram para a casa nova, a filha de Abby, de cinco anos, encontrou uma revista pornográfica no quarto deles. Abby ralhou com Leo. Que escondesse revistas num armário, mas não as deixasse pela casa, ao alcance da menina. Mas foi só. Chegou mesmo a ver pornografia com Leo. "Supus que isso fizesse parte do acordo, àquela altura", diz ela. "Pensei: se não pode com eles, junte-se a eles." Por dentro, no entanto, sentia-se "arrepiada". Temia não ser mulher o bastante para Leo.

Abby *não* era o bastante, segundo Leo. Ele se acostumara a obter mais de suas mulheres e logo se enfadou do relacionamento. "Fugi da doida da Hayley, tive casos complicados e, de repente, lá estava eu bancando o papai", queixa-se. A chegada do primeiro filho arrefeceu a dinâmica sexual; com o segundo, o sexo descambou em marasmo. "Convenci Abby de que estava lhe prestando um favor. Ela não tinha libido e encarei isso como uma licença para usar pornografia." Usou-a cada vez mais, com o passar do tempo. "Para o viciado em pornografia, o que foi visto há três semanas já não excita", explica Leo. "Tornei-me mais exigente. Procurei garotas de dezoito anos. Queria vê-las de calcinhas." Um dia, teve de esforçar-se para não surrupiar algumas calcinhas da casa de uma amiga.

"Você não Poderia se Parecer Mais com uma Estrela Pornô?"

Pouco a pouco, os viciados vão transferindo as suas expectativas pornográficas para a vida real. Donovan, o ex-CEO, perdeu o emprego por causa da pornografia e enterrou dois casamentos em seus anos de excessos. As duas esposas haviam sido escolhidas unicamente com base em sua aparência e ímpeto sexual. Ele mesmo apresentou a primeira, modelo e atriz, ao universo pornográfico, pedindo-lhe que assistisse a vídeos e depois os imitasse. A princípio ela levou na brincadeira, mas com o tempo, sobretudo depois que ficou grávida, rebelou-se. Sentindo-se traído, Donovan começou a procurar prostitutas e outras mulheres, além de ver pornografia durante o tempo livre. O casamento terminou após cinco anos. A segunda esposa, que conheceu cinco anos depois de iniciar-se na Internet, enquadrava-se no mesmo molde. "Uma coisa posso dizer sobre a pornografia: você enfia essa imagem de feminilidade na cabeça", explica ele. "As minhas escolhas de mulheres para sair e finalmente casar eram de todo superficiais." Quando saía com uma esposa ou namorada, fazia-a vestir roupas provocantes. No quarto, mantinha-as bem supridas de brinquedos sexuais e *lingerie*. Financiou implantes para as duas esposas e para quatro namoradas que teve durante a vigência dos casamentos ou entre um e outro.

Quando não exigem que as parceiras se conformem aos seus devaneios, os viciados em sexo muitas vezes tentam induzi-las a participar de suas fantasias com outras mulheres. Após quatro anos de casamento, Leo levou Abby a um clube de *strip-tease*. Isso foi durante a fase de "acomodação" de Abby. Sentaram-se a uma mesa e ele lhe disse: "Está vendo? Não é nada de mais". Inclinou-se para diante e passou a contemplar atentamente o espetáculo. Uma mulher subiu ao palco principal e depois passou para outro menor, ao lado da mesa deles. Leo estendeu a mão, tocou a coxa da dançarina e suspirou: "Ah, como você é macia!" Nesse ponto, Abby percebeu que o problema de Leo não era com objetos inanimados, como ele lhe queria impingir. Ali estava uma pessoa real. Abby correu para o banheiro, onde algumas dançarinas perguntaram-lhe por que estava chorando. "Todo homem que dá as caras por aqui é tarado", disse uma delas para consolá-la, ao que as outras assentiram. Abby perguntou-lhes então por que estavam naquele negócio. "Para arrancar o dinheiro dos trouxas", foi a resposta. Quando voltou para a mesa, Leo nem sequer reparou que ela havia chorado. Estava abismado no espetáculo.

Abby começou a sintonizar uma rádio cristã e, a suas instâncias, o casal passou a freqüentar uma nova igreja regularmente. Leo fez-se mesmo um palestrante leigo na congregação, enquanto fumava maconha todas as noites e via pornografia por horas. Abby se retraía, incapaz de compreender a dupla personalidade do marido: bom cristão na rua, viciado em drogas e obscenidade em casa. Quando o repreendeu, Leo acusou-a de fanática religiosa. Abby filiou-se a um grupo de esposas de viciados em sexo. "As mulheres viviam repetindo: 'O meu marido é um bom cristão, vocês jamais imaginariam que ele faz essas coisas'. Todos aqueles homens estavam chafurdados na pornografia, freqüentavam clubes de *strip-tease*, mentiam para as esposas, traíam-nas."

Pouco depois, Abby precisou submeter-se a uma ablação do útero, o que a obrigou a abster-se de sexo por seis semanas. Leo mergulhou na pornografia de corpo e alma. "Isso nada tem a ver com você", assegurou à esposa. "É que não estamos tendo sexo suficiente." Abby fechou-se em si mesma. "Sentia-me sem atrativos, desinteressante", lembra-se ela. A vida sexual do casal tinha sido boa antes, mas aos poucos desandara. Leo tornou-se obcecado com certos fetiches e situações, tentando por todos os modos atrair Abby para o seu mundo. Um dia, procurando bonecas infláveis de tamanho natural na Internet, disse a Abby que gostaria de comprar uma. "Quando você não estiver disponível, poderei usá-la", explicou à esposa. "Pronto, vou ser substituída", pensou ela.

Os sentimentos de Abby reproduzem os de outras mulheres às voltas com viciados. Elizabeth, farmacêutica de trinta e oito anos na Flórida, passou um mau pedaço durante os dois anos de seu casamento. "Sou uma pessoa atraente, mas ele me fazia sentir péssima. Nunca fora competitiva antes e, com ele, vivia examinando outras mulheres para descobrir do que o meu marido gostava e como eu poderia estar à altura. Achava os meus braços muito finos, o meu bumbum flácido, as minhas panturrilhas pouco definidas. Exercitava-me o tempo todo." Tais sentimentos não são infundados. Muitos homens confessam-se desinteressados pelas esposas e irritados com os esforços delas para atraí-los, o que lhes rouba um tempo precioso que de outra forma poderia ser devotado à pornografia. Para aqueles que escondem as suas inclinações das parceiras, manter o sigilo exige esforços complicados. O mínimo que fazem é fingir-se sexualmente excitados com as esposas enquanto cerram os olhos e ficam pensando em pornografia.

À semelhança de muitos viciados em fase de recuperação, Liam admite ter começado a ver a esposa com outros olhos. Não é que ela não fosse atraente. Mas estava no final da casa dos trinta. "Quando você sai em busca da mulher perfeita, com determinados atributos, é difícil alguém corresponder a essa expectativa", explica Liam. "Você cultiva certo gosto e a mulher comum, mesmo sendo sua esposa, não consegue mais excitá-lo." Tornou-se difícil, para Liam, fazer sexo com a esposa sem projetar interiormente um filme com imagens pornográficas. Quando isso não funcionava, ele insistia para que ela imitasse o comportamento das atrizes pornôs. Obcecado por sexo oral, queria por força que ela engolisse o seu sêmen e dissesse que adorava aquilo — tal qual fazem as mulheres da pornografia. A repugnância da esposa era notória, mas, para ele, irrelevante.

"Durante esse período de minha vida, o sexo nada tinha a ver com amor ou afeição", lembra-se Liam. "Tornei-me extremamente egoísta porque, na pornografia, só o que conta é o 'eu': eu queria sentir-me melhor, eu queria ter mais prazer, eu queria ficar mais excitado. Tudo girava em torno de mim. Afinal de contas, a pornografia não ganharia tanto dinheiro se não fosse eficaz. Por onde andaria esse dinheiro se ela se preocupasse em dar sem receber?" O egoísmo invadiu todas as áreas de sua vida — psicológica, espiritual e emocionalmente. "Eu só me voltava para mim mesmo", confessa ele.

Sexo Pornô *Versus* Sexo Real

A maioria dos viciados em sexo acaba se desligando de vez das esposas e namoradas ou deixando que a imaginação corra à solta. Rachel, de Michigan, com trinta e quatro anos e mãe de três filhos, revela que o sexo com o seu marido era estranhamente dispersivo. "Sabia, é claro, onde estava o corpo dele. Mas, e a mente? No começo parecia estar ali, depois migrava não sei para onde. Não quero parecer maluca, mas comigo é que ele não ficava. Especialmente na reta final para o orgasmo e durante o orgasmo. A certa altura, descobri que era apenas um instrumento. Podia ser qualquer coisa ou qualquer uma. Sentia-me solitária, mesmo com ele no quarto." O marido de Elizabeth ficou obcecado com a prática da masturbação mútua. Em pouco tempo, ela não quis mais depender tanto de um ato que, a seu ver, não os aproximava. "Para que isso de ele cuidar de si mesmo e eu de mim se estávamos juntos?", pergunta-se, intrigada. "Essa é uma experiência que implica intimidade." Quando faziam sexo, o marido insistia em ejacular sobre o seu corpo e não dentro dela. "Tal como se vê nos filmes pornográficos", diz Rachel. "Ironicamente, ele se julgava o maior dos amantes. Cria-se uma fonte inestancável de prazer."

As experiências de Rachel e Elizabeth são comuns. O estudo da psiquiatra Jennifer Schneider com noventa e uma mulheres e três homens, todos esposas ou parceiros intensamente envolvidos com sexo virtual, concluiu que a descoberta de atividade sexual *on-line* por parte do parceiro acarreta sentimentos de mágoa, traição, rejeição, abandono, dano, solidão, vergonha, isolamento, humilhação, ciúme e cólera. Cerca de um em cinco entrevistados separou-se ou divorciou-se em conseqüência do vício virtual do parceiro. Metade relatou que os companheiros ou companheiras já não se interessavam sexualmente por eles e um terço afirmou que já não se interessava pelos parceiros.[7]

Para o exibicionista Miles, as fantasias pornográficas e a vida sexual começaram a confundir-se. Após percorrer sites de fetiches para exibicionistas, convenceu-se de que toda mulher que cruzava com ele na rua iria a qualquer momento expor-se. Dirigindo pela rodovia, pilhava-se pensando: "Alguma mulher logo levantará a blusa". Essa idéia o absorveu por inteiro. No escritório, dizia-se: "Já estou trabalhando com essa mulher há três ou quatro anos. Posso então levá-la para a cama". Todos os seus pensamentos se voltavam para o sexo. Todos diziam respeito a mulheres desejosas de praticar alguma façanha sexual. E em todos ele as levava a fazer o que ele queria.

Miles e a esposa tinham uma vida sexual ativa, mas ele ansiava por acrescentar-lhe a pornografia, especialmente a humilhação e a degradação que via *on-line*. Pedia à esposa que o ofendesse verbalmente enquanto faziam amor, falasse sobre transar com homens negros, dissesse que o seu pênis era pequeno demais. Por algum tempo, ela entrou no jogo. Dizia-lhe que gostaria que ele fosse negro, que se excitava mais com negros do que com ele. Mas uma noite, cumprida a rotina usual, ela ponderou: "Miles, não sei por que você quer que eu fale sobre outros homens, especialmente negros. Eu quero fazer sexo com *você*." Miles, porém, não estava fazendo sexo com a esposa: "Apenas me masturbava com ela", explica. "O tempo todo, pensava em pornografia ou em forçá-la a dizer coisas que ela não queria dizer. Estava apenas usando-a — ela era um simples acessório masturbatório."

Omissão e Ludíbrio

Esposas e outros membros da família são freqüentemente mantidos na ignorância até o viciado atingir o ponto de ruptura. Muitos usuários compulsivos negam o seu problema até para si mesmos antes da fase de recuperação e alguns, durante as recaídas. Homens que nunca gastaram dinheiro com pornografia, mas sempre pediram vídeos emprestados ou consumiram material gratuito *on-line*, usam essa economia como desculpa: "Se nunca fiz despesas, não sou viciado". Outros acham que, enquanto não estiverem "prejudicando" ninguém, não poderá haver nada de errado. Dizem a si mesmos que apenas são mais abertos e honestos com respeito à natureza sexual do homem que todos esses hipócritas que andam por aí, embora tudo façam para ocultar o seu hábito das esposas, colegas e até de si mesmos. A maioria admite compartimentalizar o seu vício, inconscientemente ou após cuidadosa deliberação. "Eu procurava separar bem as coisas", lembra-se Clay, de quarenta e seis anos, viciado recuperado de Atlanta. "Para mim, era uma questão de equilibrar os pratos da balança: agia mal, mas também fazia o bem. Fui voluntário numa organização local de combate à AIDS enquanto, em casa, me via abandonado pela esposa porque passava horas a fio vendo pornografia."

Os viciados arquitetam racionalizações ou saltam da negação para a justificação. Vezes sem conta, Leo prometeu a Abby que nunca mais veria pornografia. "Era difícil parar", confessa ele. "Ficava longos períodos sem reincidir. Purgava-me: nada de revistas, nada de fosse lá o que fosse. Tela em branco." Abby voltou a confiar nele e, de repente, bum!... apareceu alguma coisa no computador. "A Internet é a fonte de todos os males para um viciado em pornografia", esclarece Leo. "Você está num site inocente e, súbito, se dá conta de que pode entrar num XXX. Fica longe disso por dez meses e tudo desmorona em dez segundos. 'Só vou dar uma olhadinha', diz para si mesmo."

Quando Abby deixou Leo a primeira vez, ele telefonou para alguns amigos da igreja em busca de conselho. "Ora, pornografia é coisa normal de homens", disseram-lhe. Depois disso, Abby não quis mais que aquela gente continuasse rondando a sua casa. Leo procurou mesmo o pastor e revelou-lhe a fonte de seus problemas domésticos. "Ela terá de aprender que todos os homens se envolvem com pornografia", ponderou o pastor. Abby abandonou a igreja. "Aborrecia-me profundamente que, enquanto isso, Leo se apresentasse para pregar sermões e as pessoas dissessem 'Oh, ele é maravilhoso, um cristão de verdade!'", conta ela.

"Foi nisso que o nosso relacionamento se transformou. Ele escondendo, eu esmiuçando. Quando Leo estava no trabalho, eu vasculhava o seu carro." Ri com amargura e prossegue: "Diga-me se isso é saudável. Não havia confiança nenhuma". Sentia-se morta interiormente. Não podia ter intimidade com o marido. "Quem *será* este homem?", perguntava-se. "Quando alguém tem esse lado secreto, você conclui que não o conhece. Como, então, poderá entregar-se a ele?"

Um dia, Abby descobriu uma caixa de disquetes no armário. Rodou-os todos e encontrou imagens de meninas. "Fiquei atônita, sem saber o que fazer", lembra-se. "Ele chegara a ponto de roubar roupas íntimas de mulheres, que encontrei escondidas em sua pasta." Telefonou para Leo no trabalho, gritando de raiva. Disse-lhe que devia considerar-se com sorte por ela não chamar a polícia. "Não é o que você está pensando", atalhou ele, e deu vários tipos de desculpas. Mas Abby estava chocada. Em desespero, correu a uma livraria em busca de obras que explicassem o problema do marido. "Não sabia o que fazer nem a quem recorrer", lembra ela, soluçando. "Parecia que ia ter um ataque de nervos." Entrou no carro, voltou, apanhou os filhos na escola, dirigiu-se à casa dos pais e contou-lhes tudo. Eles ficaram perplexos. Uma semana antes, tinham ouvido Leo fazer um sermão em sua igreja. O pai de Abby, inspetor de correios aposentado, havia testemunhado inúmeras prisões por pornografia infantil. Nem ele nem a mãe de Abby eram pessoas ingênuas, mas jamais imaginaram que Leo pudesse ter uma vida secreta.

Imerso num mundo de esconde-esconde, com medo de que a esposa, o colega, o patrão ou o filho possa descobrir o que ele anda fazendo, o viciado se retrai da vida normal. "O vício do sexo é uma doença mental de isolamento", explica Liam. "Como qualquer outro vício, é uma maneira de fugir. Graças à pornografia, você penetra num mundo fantasioso onde não há conseqüências para os seus atos." Entretanto, o *stress* provocado pela necessidade de esconder a pornografia dos entes queridos torna-se insuportável. Assim como o jogador foge a problemas e conflitos, acercando-se da mesa verde para calar o sofrimento, o usuário compulsivo se volta para a pornografia. Perdem-se horas, trancam-se portas de porões, perguntas ficam sem resposta. Muitas esposas descrevem os seus maridos afastando-se física e emocionalmente da família, amigos e comunidade.

Tanto quanto se lembra, Miles sentia-se compelido a ocultar a sua pornografia. Em casa, explicavam-lhe que ver pornografia era errado; o pai a chamava de "veneno". O medo de ser apanhado, o constrangimento do flagrante, a perpétua ocultação acabaram por pesar-lhe. Embora, quando se encontravam, a esposa percebesse que ele vira pornografia, Miles logo achou necessário esconder o hábito dela também. Ela assistira a alguns vídeos com ele quando namoravam, mas em breve se sentira pouco à vontade e começara a achar que a pornografia de Miles era uma traição. "Para mim, tornou-se um jogo sair de mansinho e ir ver pornografia", lembra-se ele. Antes da Internet, escapulia para lojas de vídeos e assistia a filmes longe da esposa. Muitas vezes ficava irritado quando ela o impedia. "Outras, sentia-me culpado porque sabia não contar com a sua aprovação", diz Miles. "Reconhecia que aquilo era errado, mas havia uma chama dentro de mim e os sentimentos dela não contavam nem um pouco." Em retrospecto, diz Miles, o seu raciocínio era tortuoso. A sua mente estava confusa.

A Confusão

Quando um viciado tenta interromper o uso de pornografia, a recuperação é tão lenta e problemática, tão pontilhada de recaídas e fracassos, tão cercada de desafios quanto a de qualquer drogado ou alcoólatra. *Vou parar depois de me casar*, diz o viciado em pornografia para si mesmo. *Vou parar quando entrar para a igreja. Vou parar quando começar no novo emprego. Quando tiver filhos, pararei. Pararei quando os meus filhos tiverem idade suficiente para usar o computador...* Pouco depois de decidir afastar-se da pornografia, em 1995, Tony, o pesquisador de San Diego, ganhou um acesso à Internet no emprego. O trabalho exigia que ele estivesse sempre *on-line*, por isso sofreu uma recaída embora freqüentasse reuniões de um programa de doze passos. "Tudo era de graça e podia ser acessado privativamente", diz ele. "Eu não precisava ir a locadoras ou enfrentar conseqüências sociais por ter sido surpreendido. Nada de perder tempo procurando os vídeos certos: agora, podia ter o que quisesse *on-line*. O primeiro filme pornô a que assisti mostrava mulheres transando com rapazinhos e animais. Fiquei obcecado por ver cenas semelhantes de novo." Outra vez perdendo dias e noites por causa da pornografia, Tony dobrou esforços para recuperar-se. Contudo, duas semanas depois, viu-se numa livraria de adultos. Reinstalou a Internet, desta feita com filtros... mas, não importava o que fizesse, sempre aparecia na tela alguma coisa que lhe provocava a compulsão. Assistia à CNN e, de repente, lá vinha um comercial de biquínis da

Sports Illustrated. Ao passar pelas bancas, arriscava um olhar à *Maxim*. Hoje, ele vê programas com o TiVo a fim de saltar rapidamente os comerciais, que muitas vezes tocam as raias da pornografia e podem induzi-lo a procurar algo mais pesado.

Sempre às voltas com uso e abstinência, promessas feitas e quebradas, admissão e negação, muitos usuários compulsivos de pornografia mantêm a esposa, a família e os colegas presos durante meses ou anos a um ciclo alternado de esperança e desengano. Depois de mais uma recaída, Leo recebeu de Abby um ultimato. Em maio de 2003, juntos de novo após uma separação, Abby se dispunha a mudar para outra cidade. Havia meses que Leo trabalhava ali nos dias úteis, voando de volta para casa nos fins de semana. Puseram a casa à venda. Leo tentara manter a promessa, mas após sete meses de sobriedade alardeada, ocorreu um incidente. "A minha enteada encontrou alguma coisa no computador", diz de maneira vaga.

Abby se lembra muito bem daquela tarde. Ela e a filha de catorze anos estavam em casa, resfriadas, enquanto Leo comparecia à sua reunião semanal de viciados em sexo. Súbito, Abby ouviu um barulhinho na sala do computador da família. A garota entrou correndo e gritando no quarto. "Pensei que alguém a agredira", diz Abby, que em seguida foi checar o computador. Na tela, viam-se fotografias que Leo tirara de si mesmo vestindo roupas de baixo da enteada. "Tente explicar isso a uma menina de catorze anos", propõe Abby, chorosa. "A pobrezinha estava muito assustada. Só o que pude pensar foi: 'Por que ela tinha de achar isso?'" Abby mandou que a menina fosse para o seu quarto e fizesse as malas enquanto esperavam que os três filhos dela e de Leo voltassem da escola. Depois, telefonou para o marido a fim de confrontá-lo com a descoberta da filha. "Mas eu apaguei tudo!", protestou Leo. "Não havia meio de ela ver aquilo." Abby ordenou que Leo não pusesse mais os pés em sua casa e, quando entrou no quarto da filha, viu-a soluçando e picando em pedaços as roupas íntimas.

Meses depois a filha, ainda furiosa, estava fazendo terapia. Deixou de sair de casa e passou a evitar os amigos. Como poderia dizer-lhes: "O meu pai não mora mais aqui porque achei fotos dele vestido com as minhas calcinhas?" Embora tivesse o padrasto como uma figura paterna e vivesse com ele desde os quatro anos, não quer vê-lo nunca mais. Para Abby, aquele foi o ponto de ruptura. "Encontrei pornografia homossexual, pornografia infantil e, para cúmulo, fotos dele mesmo com as roupas íntimas de minha filha. Que posso esperar? Quantas chances ainda se supõe que eu deva dar a esse homem? Será preciso um desastre ainda maior? Não, não creio que seja isso o que Deus reserve para mim."

Às vezes é necessária uma grande tragédia para que o usuário compulsivo procure recuperar-se: a total identificação da fantasia pornográfica com a realidade do vício, o fim de um casamento, a perda de um emprego, a violação da lei. Durante umas férias de família, Kenneth, o consultor do Novo México, viu-se abordando garotas de quinze anos. "Por mais que até então eu negasse, esse comportamento me desmascarou. Sabia estar completamente fora de controle." Embora conseguisse deixar a filha em paz, passou a molestar as babás dos filhos — garotas em início de adolescência. Não houve denúncias, mas a esposa descobriu. "Isso acabou com a confiança dela em mim", diz Kenneth. "Na seqüência, ela mal conseguia se relacionar sexualmente comigo. Via-me como um predador."

"Sei que pode parecer uma desculpa, mas acho que isso nunca teria acontecido se eu não consumisse pornografia. Há aí uma conexão real, não tenho dúvida. Depois de algum tempo, a linha entre fantasia e realidade se confundiu. No mundo fantasioso, as mulheres fingiam ser tudo o que eu queria; eu estava no controle. A minha fantasia era uma ordem para elas. Com o tempo, pus na cabeça que só o que elas desejavam era fazer sexo comigo." Kenneth não pretende desculpar-se. "Sim, sou responsável", admite. "Mas, em definitivo, usar pornografia causa enormes problemas."

Ironicamente, Kenneth sempre foi um defensor da pornografia, tanto para o indivíduo quanto para a sociedade. Democrata progressista, considera-se um ardente paladino das liberdades civis. Acompanhou as lutas de Larry Flynt no tribunal porque, em suas palavras, "Achava que ele estava militando a boa milícia". Admirava Hugh Hefner e combatia quaisquer entraves à livre expressão. "Agora não sei mais", suspira. "A coisa não é tão simples. A minha visão da pornografia mudou." Faz uma pausa e continua: "Não creio, porém, que a proibição possa resolver questões sociais. Temos de achar outra maneira melhor de lidar com o problema".

8

A Verdade sobre a Pornografia

Por favor, leia e examine as seguintes condições antes de prosseguir:

Tenho no mínimo 21 anos de idade.

O material sexualmente explícito que estou vendo é apenas para o meu uso pessoal e não exporei a ele menores de idade.

Desejo ver material sexualmente explícito.

Acredito que, como adulto, é meu direito inalienável receber/consumir material sexualmente explícito. [...]

Todas as imagens e vídeos deste site são não-violentos. Todos os atores têm mais de 18 anos, consentiram em ser fotografados e/ou filmados, assinaram os formulários de autorização, forneceram certidão de nascimento, acreditam que é seu direito praticar atos sexuais consensuais para entretenimento e educação de outros adultos, e que também você tem o direito, como adulto, de vê-los fazendo o que adultos fazem.

Os vídeos e imagens deste site destinam-se a ser usados por adultos responsáveis como recursos sexuais, como educação e como entretenimento.

— *Página inicial de um site pornográfico*

Depois que pessoas de "21 anos ou mais" aceitam as condições e entram nesse site, que se proclama "A Casa do Milkshake do Rabo", ficam sabendo que ele é "A maior sacanagem que você possa ver. Descubra por que o governo americano está atrás de nós!"[1] Os espectadores são "instruídos" sobre como vários homens podem penetrar analmente uma mulher e depois obrigá-la a engolir o sêmen extraído de seu próprio ânus. Outros podem "divertir-se" vendo *Entrada Forçada*, um vídeo que simula de maneira realista estupros e assassinatos de mulheres. Em que pese a propalada apostasia do site, ele não difere muito, em tom e conteúdo, dos outros endereços pornográficos e está a apenas um clique de sites mais "leves". Além disso, nada impede os menores de fazerem a transição. Num estudo do Pew Internet Research Center, 15% dos meninos de doze a dezessete anos (e 25% dos de quinze a dezessete) esconderam a idade para acessar um site da Web — sem dúvida, uma cifra bem abaixo da realidade. A Internet e outras tecnologias mudaram as regras do jogo, confundindo os limites entre material pesado e material leve, induzindo os consumidores a ir cada vez mais longe e cada vez mais rápido do que antes.

Incidentes que seriam ultrajantes no "mundo real" provocam fraca resposta quando relegados à esfera da pornografia. Num livro de mesa com fotos de atrizes pornôs e temas relacionados, Salman Rushdie declara que, embora a pornografia seja corriqueira nos países muçulmanos por causa da segregação dos sexos, uma sociedade livre e civilizada deve ser aferida pela sua aceitação da pornografia. Dada a popularidade da pornografia na América, o que isso significa para o nosso país? Somos sexualmente reprimidos ou livres? Além do mais, essas observações aparentemente liberais ignoram as semelhanças entre a repressão sexual fora da pornografia e a que também existe dentro dela. Conforme explicou um prisioneiro torturado e fotografado pornograficamente na prisão de Abu Ghraib, Iraque, "Somos homens. Tudo bem que nos espanquem. [...] Mas ninguém aceita que a sua masculinidade seja amesquinhada. Eles queriam que agíssemos como mulheres, que nos sentíssemos mulheres, e esse é o pior dos insultos".[2] Para o prisioneiro, ser forçado à pornografia — ser pornificado — era ser desumanizado. No entanto, no contexto da pornografia propriamente dita, é aceitável e mesmo divertido para as pessoas serem tratadas dessa maneira. Nos Estados Unidos, a indignação frente às cenas de Abu Ghraib foi acompanhada por um estranho silêncio sobre a inspiração daqueles atos e imagens, todos perpetrados em pornografia diariamente, aqui ou em qualquer outra parte. Poucas pessoas se dispõem a questionar, e muito menos fulminar, as mensagens emitidas pela pornografia "legítima".

Adentramos o século XXI imersos em uma nova cultura pornificada, com poucas palavras para descrevê-la ou desacreditá-la. Ao contrário, o que há é silêncio, riso nervoso, ignorância e argumentos surrados. Damos de ombros ou esboçamos um leve aceno de cabeça quando nos dizem que a pornografia é coisa natural. Masculina. Boa para as mulheres. Inofensiva. Progressista. Necessária. Já é tempo de questionar esses postulados.

A Pornografia é Imperativa?

Presume-se comumente que a pornografia é natural, componente eterno da biologia masculina e do cenário sexual humano. Os defensores garantem que "ela existe desde a Idade da Pedra", citando antigos desenhos em paredes de cavernas e estatuetas arcaicas de mulheres nuas como prova do apelo imemorial da obscenidade. O homem, fazem-nos crer, nasceu para a pornografia. Mas aquelas representações sexuais são bisonhas, ingênuas e até insignificantes perto da qualidade e quantidade da pornografia hoje disponível. Uma estátua grega despojada está bem longe do que se vê em Meatholes.com ou mesmo na revista *Maxim*.

Os adeptos da pornografia não apenas confundem deliberadamente arte e obscenidade como equiparam sexualidade humana com consumo pornográfico, estabelecendo um vínculo causal entre, por um lado, o instinto do macho para contemplar outras criaturas com admiração e desejo e, por outro, o seu uso de pornografia. Nos termos dessa visão, uma vez que os homens gostam de ver mulheres peladas, devem por força consumir pornografia; ser homem é ser consumidor de pornografia, simplesmente em virtude de sua virilidade e libido. Trata-se de uma visão propalada pela mídia e pela cultura popular. Dan Savage, colunista de sexo, disse: "Recebo inúmeras consultas de mulheres perturbadas porque os seus maridos e parceiros consomem pornografia quando poderiam muito bem olhar para elas, que estão ali mesmo. E a minha resposta sempre é: você sabe, os homens vêem e verão sempre. As mulheres espiam também, mas têm vergonha de confessá-lo. Tanto melhor. E se você quer ficar com alguém que não olha para outras mulheres nem as deseja, arranje um cachorro, uma namorada ou uma planta — tudo, menos um marido".[3] Há, porém, enorme diferença entre sexualidade e representação artística da sexualidade, de um lado, e pornografia, que não passa de um modo comercializado de excitar, de outro. Pretender que as duas coisas se equivalem é querer ludibriar. E é querer ser ridículo propor que admirar uma mulher atraente numa festa é o mesmo que perder horas diante do computador à procura de pornografia pela Internet.

Contudo, a idéia de que a pornografia é "natural" e biologicamente inevitável tem seus defensores, sempre munidos de dados científicos. Os psicólogos evolucionistas perfilharam a causa de retraçar a pornografia até os nossos ancestrais genéticos, divulgando anedotas sobre certas subespécies de pássaros e fases pretéritas da humanidade a fim de provar a necessidade que o macho tem de variedade sexual e alívio pornográfico. Mas esses crentes sinceros no imperativo biológico da pornografia não conseguem separar ciência de cultura, origem de correlação, causa de efeito. "Há o argumento de que o homem é mais visual que a mulher, mas trata-se de um argumento estéril", diz o psicólogo Gary Brooks. "Talvez o fenômeno seja em parte biológico, mas sucede que os homens também *aprendem* a ser mais visuais. Ensinam-lhes que as coisas são assim mesmo e tudo piora por causa da pornografia, que lucra fazendo-os acreditar nisso. Que o homem necessite da estimulação pornográfica é uma das mentiras que a pornografia vem perpetuando." Os garotos ficam condicionados por esse tipo de imagem, segundo Brooks. "Por exemplo, a pornografia tornou os americanos fanáticos por seios. No entanto, do ponto de vista biológico, o tamanho dos seios não tem relação alguma com a capacidade reprodutiva ou a saúde da mulher. Os psicólogos evolucionistas remontam no tempo para explicar o que existe hoje."

A ânsia de encontrar justificação científica para a pornografia é compreensível. Num mundo onde os papéis sexuais mudaram radicalmente, sobretudo nos últimos trinta anos, a nossa compreensão da masculinidade e da virilidade flutua. Encontrar terreno firme talvez alivie o mal-estar que essas mudanças suscitaram. Numa cultura que já não sabe definir a masculinidade, quanto mais nos aproximarmos da mentalidade de revistas como *The Man Show*, *Maxim* e *Playboy*, mais nos asseguraremos de nossa própria virilidade. Com as mulheres se tornando cada vez mais poderosas em termos profissionais, financeiros e emocionais, a pornografia continua a ser um espaço em que os homens manobram todos os cordões. Quer recorram à ciência ou à religião para justificar as suas crenças sobre a pornografia, os homens se aferram a velhos estereótipos porque estes se prestam a semelhante função. "Cara Amy", escreve um tal "Bob de Setauket" à consultora sentimental do *Chicago Tribune* em resposta a uma coluna que ela escreveu criticando a pornografia, "caia na real, minha senhora. Os homens gostam de contemplar mulheres bonitas. Quanto a isso, ou são honestos ou mentem. É normal, Deus nos fez dessa maneira. Seria um transtorno para qualquer um saber que a única mulher para a qual pode olhar é a sua esposa. Talvez você deva assumir o ponto de vista masculino. [...] Somos diferentes e vemos as coisas de maneira diversa. Aceite isso."[4] Não surpreende que muitos homens fiquem frustrados e mesmo enraivecidos quando se lhes pede que redefinam o seu papel de machos ou quando vêem esse papel julgado por mulheres e pelo resto da sociedade.

É mais fácil dizer "Não posso me impedir disso. Sou homem" do que excogitar as razões por trás do consumo e da disseminação da pornografia. No entanto, nem a biologia humana nem a zoologia podem explicar satisfatoriamente o fenômeno. A biologia, vista através da lente de um psicólogo evolucionista, não consegue atinar com os motivos do crescente uso de pornografia por parte das mulheres, por exemplo. Os psicólogos evolucionistas também não fazem esforço algum para joeirar raízes biológicas de influências culturais nem para atribuir à cultura o poder de influenciar a biologia. Declarando que algo é "natural", barram qualquer contestação como coisa de gente inimiga da ciência, da biologia e das muitas vezes desagradáveis realidades da sexualidade humana.

Mas o primado da pornografia, sobretudo o seu aparecimento e transformação nos últimos trinta anos, não pode ser adequadamente explicado apenas pela psicologia evolucionista. Os próprios padrões da pornografia às vezes negam tais teorias. Por exemplo, a despeito do mito cultivado pela psicologia evolucionista segundo o qual os machos são necessariamente mais vorazes e agressivos na esfera do sexo que as fêmeas, as mulheres da pornografia são quase sempre descritas como insaciáveis. Não raro são elas as agressoras, as que tentam despudoradamente os homens, indiferentes à emoção e prontas a transar com múltiplos parceiros, seja de que sexo forem. Conforme observa Dolf Zillmann em seus estudos sobre pornografia, "A exposição maciça dos homens a imagens de mulheres como criaturas ensandecidas por sexo, que saltam de cama em cama, faz com que elas pareçam indignas de atenção e dedicação num relacionamento sólido".[5] É a biologia que inspira a pornografia ou é a própria pornografia que adota, por conveniência, as crenças machistas sobre o papel e o valor intrínseco das mulheres? Ainda que a pornografia não disseminasse mensagens conflitantes a respeito da "natureza" masculina, nenhuma evidência convincente ampara a idéia de que os homens sejam naturalmente predispostos à pornografia ou sequer a exijam. Os que confundem contemplação de belas figuras com masturbação inspirada pela pornografia em geral têm algo por trás de suas teorias. Têm algo a provar.

Ser Contra a Pornografia é Ser Reacionário

Não são apenas os chauvinistas empedernidos, os teóricos da psicologia evolucionista e os que acreditam ter Deus criado a pornografia para o homem que saem a campo para defender a legitimidade dessa prática. Nos debates culturais polarizados de hoje, apoiar a pornografia tornou-se a postura dos liberais, moderados e paladinos dos direitos civis. Falar contra a pornografia passa por ser uma causa reacionária, não-progressista — ainda que a aceitação ou a aprovação da pornografia não sejam um indício muito mais claro da boa-fé de um liberal do que a sua denúncia uma prova da intransigência de um conservador.

As linhas-mestras da batalha política em torno da pornografia remontam em grande parte a dois relatórios federais conflitantes que se propuseram estudar e enfrentar o problema. Em 1968, a Comissão Presidencial dos Estados Unidos para Obscenidade e Pornografia foi encarregada de examinar os efeitos da pornografia "sobre o público e principalmente os menores, bem como a sua relação com o crime e outros comportamentos anti-sociais". Após dois anos de pesquisas, a comissão publicou um relatório que concluía: "Em resumo, a pesquisa empírica promovida para esclarecer a questão não encontrou até agora indícios de que a exposição a materiais sexualmente explícitos desempenhe papel de monta no incentivo ao comportamento delinqüente ou criminoso entre jovens e adultos. A Comissão não pode, pois, afirmar que a exposição a materiais eróticos seja um fator causativo de crime ou delinqüência sexual".[6] A administração Nixon prontamente denunciou o relatório. Dezesseis anos depois, a administração Reagan produziu o que mais tarde se tornou conhecido como o Relatório Meese (para a Comissão de Pornografia do Procurador-Geral) e que chegou a conclusões diametralmente opostas. A pornografia, explicava o Relatório Meese, leva à violência sexual, ao estupro, à perversão e à ruína das famílias. Contudo, se o primeiro relatório que inocentava a pornografia foi amplamente distribuído e publicado, o segundo tornou-se difícil de encontrar e nem apareceu na imprensa comercial, acabando por ser distorcido e vilipendiado num livro popular pró-pornografia editado pela *Penthouse* e distribuído por bancas de revistas em todo o país.

Em conseqüência desses dois documentos contraditórios, muitos americanos, principalmente liberais e moderados, chegaram à conclusão de que o primeiro era exato, enquanto o segundo tivera motivações políticas e provinha de fanáticos religiosos que se valiam da ausência de valores familiares, além de ser promulgado por um homem que estava, ele próprio, às voltas com uma investigação de corrupção. Quem era *ele* para falar? Embora possa haver alguma verdade quanto à motivação política do segundo relatório, concluir que os resultados eram inexatos distorce injustamente os resultados da pesquisa. Na verdade, esse segundo relatório continha inúmeros dados valiosos e imparciais colhidos junto a acadêmicos e cientistas sociais de prestígio. Jennings Bryant, professor liberal de Comunicações e co-autor, com Dolf Zillmann, de um dos melhores estudos sobre os males da pornografia, viu as suas conclusões e recomendações serem cada vez mais politizadas; nos anos seguintes à publicação do estudo, ele se tornou o alvo predileto dos ataques tendenciosos dos defensores da pornografia. Enquanto isso, cientistas sociais que se pronunciaram a favor da pornografia eram cooptados pela indústria pornográfica e convidados a fazer palestras e conferências a favor dessa prática no mundo inteiro.

Independentemente das motivações e das diferentes conclusões dos dois importantes relatórios, mal se pode contestar o fato de que ambos estão superados. O primeiro apareceu quando a *Playboy* sequer mostrava nus frontais e antes do lançamento da maioria das revistas de sexo pesado. Detalhes de penetração eram raros. A *Hustler*, por exemplo, só chegou às bancas quatro anos depois que a primeira comissão presidencial apresentou o seu relatório final. Não apenas o mundo das revistas era relativamente acanhado à época do relatório de 1970 como tanto este quanto o Meese datam de antes da televisão a cabo, do VCR e, sobretudo, da Internet, que guindaram a pornografia a um patamar inteiramente novo. Além disso, os objetivos do documento de 1970 eram modestos — tentar forjar um elo entre pornografia e violência sexual —, sem tentar explorar a vasta área que, para além disso, a pornografia afeta. Não se fez esforço algum para examinar ou documentar outros efeitos da pornografia sobre homens, mulheres e crianças, esfera em que o Relatório Meese foi mais longe, embora não o bastante.

Na esteira dos dois relatórios e sua distorção pela mídia popular, a pornografia tornou-se uma causa politicamente progressista, uma arma conveniente nas guerras da cultura. Os pornógrafos fomentaram, com êxito, uma briga de mentirinha entre o recato vitoriano e a moderna liberdade sexual, briga que envolveu a todos, desde liberais e donos de sites até feministas e democratas de vanguarda — e a linha de batalha não se deslocou um milímetro durante décadas. Conforme observou em janeiro de 2004 Marian Salzman, estrategista-chefe da agência de publicidade Euro RSCG Worldwide, "Trata-se de uma maneira de provar que a nossa liberalidade não fica comprometida pela pornografia".[7] A geração seguinte de consumidores de pornografia foi efetivamente aliciada, ignara que estava das motivações políticas anteriores a esse "consenso". Os adolescentes e jovens de vinte anos de hoje encaram a "sua" pornografia como algo a defender da intrusão governamental. Um estudante de graduação da Universidade de Houston queixou-se há pouco, no jornal da escola, dos esforços do ex-procurador-geral John Ashcroft para combater a pornografia, alegando que ele só se empenhara para "satisfazer à fração dos americanos que não consideram Michael Savage louco". E terminou com a exortação: "Ashcroft tem de saber o que você pensa de suas prioridades: alugue *Debbie Does Dallas* e aproveite".[8]

Sem que isso cause surpresa dada a popularização do tema, os pontos de vista dos americanos se alinham atualmente com a sua filosofia política. Embora as pessoas que se identificam como republicanos ou democratas pouco divirjam a respeito da pornografia, as que se consideram liberais tendem a apoiar mais essa prática do que os auto-intitulados conservadores. Por exemplo, os liberais, muito mais que os conservadores, mostram-se propensos a acreditar que a pornografia melhora a vida sexual das pessoas e a negar que ela modifica as expectativas dos homens com relação ao comportamento das mulheres. Na pesquisa *Pornified*/Harris, 54% dos conservadores disseram que a pornografia prejudica as relações entre homens e mulheres e 39% acharam que ela é uma forma de infidelidade, contra 30% e 15%, respectivamente, dos liberais. Quando se trata de medidas para controlar a pornografia, os conservadores são os primeiros a reivindicar reformas: 45% deles acreditam que o governo deveria regulamentar a pornografia pela Internet para evitar que as crianças acessem sites de classificação X, contra 32% dos liberais que também defendem essa postura. Hoje, condenar ou mesmo questionar a pornografia é, ironicamente, visto pelos liberais como um sinal de mentalidade atrasada.

Não bastasse isso, em nossa cultura pornificada, a obscenidade é tipicamente considerada pela Esquerda e pelos liberais como um direito e uma justificação. *Links* pornográficos aparecem na Internet ao lado de notícias sérias ou não-convencionais — uma outra modalidade de info-entretenimento. *On-line*, homens fulminam quaisquer tentativas para "suprimir" o seu direito à liberdade pornográfica e os acadêmicos dissecam os aspectos "sexualmente positivos" da pornografia. Na Soho House, clube privado de Nova York, os membros têm à disposição uma coletânea de DVDs pornográficos fornecidos pela biblioteca do ginásio, podendo apreciá-los em telões à vista de todos. A pornografia é também considerada uma forma de entretenimento moderno, devendo as pessoas se divertir como bem entenderem. "A pornografia está onde esteve o *hip hop* há uns dez ou quinze anos", pontificou Cobe Chantrel, vice-presidente de Marketing da empresa The Firm, especializada em administração de talentos em Hollywood. "É puro *rock-and-roll*. Exibe uma atitude rebelde, avançada."[9]

Mas se a pornografia fosse mesmo um tão poderoso instrumento de liberação sexual, pouco restaria de ultrapassado e tabu a seu respeito. A hipocrisia e a culpa ainda dominam a sexualidade de muitas formas e a pornografia não é a cura para o puritanismo ou o indício de sua derrota — é um emblema do poder duradouro que o puritanismo exerce para isolar e estigmatizar o sexo. Uma sociedade verdadeiramente liberada seria aquela em que não houvesse necessidade de "rebelar-se" por meio de imagens sexuais comercializadas. E dificilmente se pode dizer que a pornografia seja revolucionária. De fato, ela não passa de um empreendimento capitalista: baixos custos; grandes margens de lucros; mão-de-obra barata, fartamente disponível no exterior quando o suprimento doméstico é insuficiente; um mercado vasto, com público-alvo facilmente identificável e inúmeros canais de distribuição. A pornografia é um grande negócio e faz de tudo para proteger os seus interesses contra o que lhe parece excessiva interferência do governo e da sociedade. A indústria tem até o seu braço lobista, cuja cabeça, um antigo defensor dessa atividade, explicou à *60 Minutes*: "As empresas fazem negócios para ganhar dinheiro. E esse é um dos maiores, com enormes possibilidades de lucro. [...] Quando você mostra aos [legisladores] o tamanho e o alcance desse negócio, eles percebem, como o fazem todos os políticos, que estamos falando de votos e dinheiro".[10] O pornógrafos transformam a pornografia numa questão de progresso e liberdades civis justamente porque têm milhões de dólares a lucrar. A indústria — que gosta de posicionar-se como qualquer outra empresa tipicamente americana, empenhada em ganhar os seus dólares honestos a despeito da interferência governamental, da regulamentação excessiva e dos impostos — não é nada diferente de qualquer outra corporação de grande porte, seja ela Halliburton ou GlaxoSmithKline. A idéia de americanos "progressistas" enfileirados para defender uma atividade notoriamente corrupta e abusiva pareceria implausível.

E há mais com respeito à rebelião pró-pornografia. A última onda dos cruzados que saíram em sua defesa não está se perfilando apenas contra a moralização pretendida pelo governo e a religião organizada, argumento que dominou os anos 80 obcecados pelos valores familiares; nem luta só pela liberdade e o livre mercado contra as regulamentações: hoje, os paladinos da pornografia se rebelam também, e talvez com o mesmo ímpeto, contra o que consideram um excesso de liberalismo e feminismo do início da década de 90, em particular os exageros da lisura política. Defender a pornografia parece ter se tornado, para as pessoas que se julgam progressistas, liberais e de mente aberta, um modo de arrostar o policiamento esquerdista e intransigente dos *campi* universitários e das entidades de recursos humanos. Denunciar a pornografia é o mesmo que zombar daquilo que se conhece pejorativamente como "correção sexual".

Mas não importa quão desagradável seja a reação da lisura política, é difícil ignorar a natureza igualmente despótica da pornografia. Decerto, seria difícil encontrar algo mais retrógrado, repressor ou "quadrado" do que os clichês sexuais usados pela pornografia. Longe de ser um repúdio do passado, a moralidade dominante na indústria pornô lembra muito o puritanismo vitoriano; ela cria um mundo povoado de virgens e putas, cheio de mulheres usadas e escarmentadas por serem sexualmente vorazes. A degradação delas é merecida, segundo a visão sexual cabotina do pornógrafo. Mesmo quando a mulher não é abertamente humilhada, mostra-se inferior ao homem que a vê, porquanto está sendo paga para diverti-lo sexualmente num foro público. E mesmo quando a pornografia é feita especialmente "para" o público feminino, como no caso de revistas como *Sweet Action*, a modelo freqüentemente reproduz a experiência, sem se dar conta de que está substituindo um corpo de homem por um corpo de mulher segundo os mesmos padrões pornográficos surrados. Na pornografia, a sexualidade muitas vezes acompanha ou provoca a repulsa e o ódio — algo a ser feito rapidamente e rapidamente esquecido. No mundo pornô o sexo é em geral sujo, barato e, ao fim e ao cabo, nem tão divertido assim. Sem dúvida, é essa versão pornificada da sexualidade que mereceria desdém, zombaria e revolta.

Pornografia: um Direito ou uma Infração?

Entretanto, em vez de lutar pelo direito das pessoas de falar contra a pornografia, os americanos lutam pelo direito dos pornógrafos de distribuir os seus produtos sem regulamentação e dos usuários de adquiri-los sem empecilhos. "Não temos o direito de ler, ver e masturbar segundo a nossa vontade?" tornou-se um grito de guerra. "Que direito tem o governo de meter o nariz em nossos quartos de dormir?" O negócio prosperou ao associar pornografia a direitos civis, argumentando que usá-la é fazer caretas para os Ed Meeses e os hipócritas reacionários. Os pornógrafos tentaram equiparar o consumo de obscenidades com a defesa da Declaração dos Direitos do Homem, convencendo toda uma geração de que a pornografia é não apenas boa como um direito do cidadão americano. Hoje, segundo a pesquisa *Pornified*/Harris, 23% dos americanos acreditam que, gostem dela ou não, as pessoas devem ter pleno acesso à pornografia nos termos da Primeira Emenda à Constituição dos Estados Unidos. Os democratas (24%) não se mostram muito mais propensos do que os republicanos (20%) a assumir essa posição. Sem que seja de estranhar, o número de jovens convencidos de que a pornografia se enquadra no direito de livre expressão é duas vezes maior que o dos americanos com cinqüenta e nove anos ou mais que pensam do mesmo modo; e os homens que consideram a pornografia um direito político são duas vezes mais numerosos que as mulheres.

O maior grupo lobista da pornografia intitula-se Coalizão da Livre Expressão, bem no espírito das associações antiambientalistas que se adornam com nomes tocantes como Sociedade dos Céus Azuis para encobrir os seus verdadeiros desígnios. A retórica do movimento pró-pornografia também lembra de perto o movimento em prol das armas. Cada qual populariza a idéia de um governo federal tirânico, à maneira do Big Brother, empenhado em despojar os cidadãos honestos de seus direitos fundamentais. Assim como a Segunda Emenda jamais tencionou encorajar a venda de armas semiautomáticas de uso militar a ex-condenados, a Primeira Emenda nunca intentou sancionar a disseminação de discursos destituídos de valor social, qualidade artística ou propósito político. Num país obcecado pelos Pais Fundadores e suas idéias, pouco se cogita do que eles fariam frente à aplicação atual do dispositivo sobre livre expressão política da Constituição.

Na batalha pela liberdade da pornografia, Larry Flynt — que certa feita esgoelou na Suprema Corte: "Foda-se este tribunal! Vocês são apenas oito bichas e uma puta!" — tem-se na conta de um Martin Luther King da livre expressão, que milita em prol dos direitos civis contestando incansavelmente os ataques à obscenidade com base na Primeira Emenda.[11] Por sorte, ele tem os inimigos certos que acabam ajudando os seus aliados na defesa da causa "liberal". Insurgindo-se contra gente como o reverendo Jerry Falwell, da Maioria Moral, Flynt se fez de mártir do suposto movimento progressista e do "autêntico" patriotismo. A capa do livro de Flynt, *Sex, Lies & Politics: The Naked Truth*, mostra-o diante de uma gigantesca bandeira americana. Enquanto isso, a sua revista *Hustler* exibia formas violentas de pornografia, como a infame seqüência de uma mulher de cabeça raspada sendo estuprada e aparentemente morta num cenário que lembrava um campo de concentração.[12] Os que se recusam a aceitar as manobras constitucionais de Flynt são ridicularizados como reacionários e puritanos. No entanto, mesmo defensores da livre expressão como o editor da *Harper's*, Lewis Lapham, que num primeiro momento pensou em colocar o seu nome num abaixo-assinado de apoio a Flynt contra as acusações de obscenidade, recuou após folhear um exemplar da *Hustler*. "Não sei bem se era isso mesmo que Jefferson tinha em mente", observou na época.[13] Flynt não é o primeiro empresário a confundir o seu negócio com liberdade constitucional. A Playboy Foundation, por exemplo, distribui anualmente um prêmio com o simpático nome de "Hugh M. Hefner First Amendment Award" [Prêmio Primeira Emenda de Hugh M. Hefner] a colegiais, advogados, jornalistas e educadores que defendem o direito de os americanos falarem livremente. Por certo, pessoas como Bill Maher e Molly Ivins, ambos ganhadores do prêmio de vigésimo quinto aniversário, merecem reconhecimento por seus esforços em promover a livre expressão política; contudo, a ironia de uma organização que espezinha os direitos das mulheres ao mesmo tempo que distribui essas honrarias perde-se toda à luz de um evento fervilhante de celebridades. Os defensores de imagens pornográficas que denigrem as mulheres decerto se apressariam a defender livros como *Little Black Sambo* ou propaganda nazista. Mas essa hipocrisia e descaso são ignorados na batalha atual em torno da pornografia. Exatamente o que estamos dispostos a aceitar em nome da "tolerância" — e por quê?

Não se encara a realidade do material pornográfico: longe disso, o que se vê é a tentativa, da parte dos pornógrafos e seus asseclas, de pintar a pornografia como algo que ela não é: um instrumento eficaz de educação sexual, uma forma inócua de entretenimento, uma conversa franca sobre sexualidade. Os advogados da ACLU costumam falar em "discurso sobre sexo" ou "expressão sexualmente orientada", em vez de "pornografia", quando atacam medidas destinadas a sofrear a obscenidade. Alegam que as crianças ficariam assim privadas de acesso a conteúdos inofensivos e informativos sobre contracepção e doenças sexualmente transmissíveis, e que os adultos não poderiam ler material erótico como ensaios explícitos sobre sexo ou manuais de orientação para aumentar o desejo ou melhorar o desempenho na cama. Logo depois que a Suprema Corte anulou o Child On-line Protection Act, Ann Beeson, diretora jurídica associada da ACLU, saiu-se com esta: "Ao impedir que o procurador-geral impusesse essa lei federal altamente questionável, a Corte garantiu a artistas, educadores sexuais e anunciantes da Internet o direito de comunicar-se com adultos sobre sexualidade sem o risco de prisão".[14] Talvez educadores sexuais, artistas e anunciantes *estivessem* injustificadamente incluídos no projeto de lei, mas muitos juristas discordam dessa análise. E, ainda que fosse esse o caso, a lei poderia ser reformulada para restringir o seu alcance à pornografia propriamente dita, permitindo que outras formas de arte e informação sexualmente explícitas continuassem a ser divulgadas. Ao contrário, os adversários da lei, inclusive a ACLU, apressaram-se a defender o direito de livre expressão sem distinguir entre pornografia e outras formas de "expressão sexual". Em resultado, o que antes era tido por deletério, obsceno e perigoso é hoje exaltado como livre expressão política. Chamar a isso "educação" ou "discurso sobre sexo" cheira a falácia jurídica e desonestidade intelectual.

Ao defender a pornografia como livre expressão, os tais advogados estariam na verdade abalando os seus fundamentos, conforme pontificou a Suprema Corte no processo por obscenidade *Miller versus Califórnia*, de 1973, a última prescrição importante desse tribunal quanto à definição de pornografia: "A nosso ver, equiparar a livre e substanciosa troca de idéias e debates políticos com a exploração comercial de materiais obscenos apouca a grande concepção da Primeira Emenda e seus altos propósitos na luta histórica pela liberdade". Nos termos desse parecer, a obscenidade — que não é protegida pela Primeira Emenda à Constituição — constitui material que um juiz ou júri considera, no todo, fomentador de um interesse espúrio pelo sexo, descreve a conduta sexual de uma maneira notoriamente ofensiva e carece de quaisquer valores literários, artísticos ou políticos sérios. *Factor 15* se enquadraria nessa definição? E quanto a um guia *on-line* para criar sites do tipo Asshole Milkshake? Até há bem pouco, ninguém jamais concebia que a Primeira Emenda se aplicasse a material pornográfico, considerado pelo senso comum e pela lei indigno de proteção. As imagens da pornografia não apenas esticam a definição de "expressão" como, tais quais disseminadas no mercado, têm o mesmo efeito demonstrável sobre as mulheres que os epítetos vulgares e ameaçadores, de cunho racial, lançados por um branco contra um negro, atitude a que os tribunais também negam o amparo da Primeira Emenda.

Além disso, longe de impor a todo o país um decreto, como denunciam os seus adversários, a lei em questão propicia considerável liberdade às comunidades locais para decidirem o que é ou não permissível. Segundo o parecer sobre o caso *Miller versus Califórnia*, as regiões podem aplicar um "padrão local" para nortear as suas próprias decisões sobre "obscenidade" com base nos costumes contemporâneos. Uma cidade determina que tipo de fachada quer para as suas lojas da rua principal e se aceita ou não cartazes pornográficos ao longo das rodovias. Sem dúvida, a idéia de "comunidade local" mudou radicalmente após o advento da televisão por satélite e da Internet. Uma loja de pornografia que opera no lado errado da cidade pode facilmente ser impugnada pela câmara municipal, mas um empresário da Internet com sede em Moscou ou mesmo um império pornográfico de San Francisco Valley que espalha os seus produtos *on-line* pelo mundo inteiro não se enquadram com facilidade numa jurisdição local. Todavia, o fato de o padrão de comunidade não se adequar ao novo paradigma não significa que devemos renunciar a ele por completo.

A grande maioria dos americanos não está também pronta para o derrotismo. Segundo uma pesquisa de âmbito nacional realizada em 2004 por Wirthlin Worldwide, 79% dos cidadãos acham que leis contra a distribuição de materiais obscenos pela Internet devem ser rigidamente aplicadas.[15] (Nisso, os democratas estão de pleno acordo com os republicanos.) A despeito das limitações do padrão de comunidade, um número significativo de americanos (37%) acreditam que a pornografia deve ser considerada ilegal para todos e a maioria (60%) quer que ela seja proibida para menores de dezoito anos.[16] Surpreendentemente, os homens se mostram mais empenhados que as mulheres em banir a pornografia para menores (69% contra 52%). Não bastasse isso, *somente 4% dos americanos acreditam que a pornografia deve ser legalizada para todos.* Se a comunidade local não existe na Internet, então talvez precisemos de um novo padrão, que não extinga de vez a pornografia, mas ao menos controle os seus excessos dentro de nossas fronteiras. Hoje, na América, é mais fácil consumir pornografia do que evitá-la; protegemos os direitos daqueles que insistem em viver numa cultura pornificada e ignoramos os interesses daqueles que não o querem.

No entender de alguns, o que se passa na privacidade de um lar não está sujeito a nenhum tipo de padrão comunitário e, portanto, a decisão da Suprema Corte não se aplica ao caso. Esse argumento também é perfeito: a pornografia afeta não apenas o usuário, mas igualmente a família do usuário, os amigos e colegas, bem como os estranhos e conhecidos com quem ele tem contato no dia-a-dia. Os efeitos da pornografia vão muito além dos limites da casa de uma pessoa. Além disso, nem tudo o que ocorre dentro de uma residência privada escapa ao alcance da lei: maridos espancam esposas no recinto do lar, no recinto do lar crianças são molestadas sexualmente; e, embora consumir pornografia não deva ser equiparado a tais crimes, há em tudo isso um vínculo comum, que é o dano provocado. Não é preciso criminalizar a pornografia para condená-la.

Mas, de novo, perdemos mais tempo criticando a pornografia do que garantindo a sua existência e disseminação. As pessoas defendem tacitamente a acessibilidade da Internet, como se ver material *on-line* fosse um direito inalienável, divino e imprescritível do homem. No entanto, o entretenimento e a informação enfrentam barreiras em qualquer outro meio de comunicação. Os cinemas exigem a compra de entrada. A televisão tem os seus programas regulamentados; a linguagem das comédias é censurada e a programação que um garoto de seis anos encontra ao sintonizar desenhos animados nas manhãs de domingo é notoriamente policiada pelo governo federal. As bibliotecas públicas pedem preenchimento de fichas com informações "pessoais", sem o que as pessoas não podem consultar livros. Vendedores não podem fazer chamadas de televendas não-solicitadas a assinantes do registro Do Not Call [Não Telefone], regulamentação há pouco sancionada pela Suprema Corte.

Mas ainda assim os paladinos da pornografia insistem em que as pessoas têm um direito constitucional de acesso a obscenidades pela Internet, sendo que qualquer controle do processo violaria esse direito. "Os controles afastam os usuários", pronunciou-se a ACLU. "Ninguém quer fornecer o número de seu cartão de crédito para ver material destinado a ser visto gratuitamente na Rede".[17] Mas a "amolação" de pedir a alguém que use o número de seu cartão de crédito para ter acesso a determinados conteúdos não é nem de longe censura. Pode ser, no máximo, um pequeno inconveniente, superado em questão de segundos. Se os adultos ficarem aborrecidos com a exigência, que deixem de visitar o site pornográfico e obtenham pornografia por outros meios — meios que, aliás, *são* controlados. Em segundo lugar, há a falsa declaração de que esse material é "destinado a ser visto gratuitamente". Destinado por quem? Que força onipotente determina ser isso um direito de todos os cidadãos? Os pornógrafos, é óbvio, fornecem amostras grátis para induzir os usuários a comprar material mais pesado. Um conteúdo pornográfico, é óbvio, pode ser pirateado e oferecido gratuitamente a quem quiser, violando as leis de *copyright* e as práticas empresariais éticas, mas isso não garante que todos tenham necessariamente o "direito" de ver pornografia sem pagar.

Mais que uma forma de expressão, a pornografia é um produto comercial, manufaturado e distribuído por empresas a pequenas e grandes corporações, sujeito a regulamentações e normas éticas que regem o comércio, não a comunicação. O petróleo é censurado? As armas? Os produtos farmacêuticos? Aponte um negócio na América que não esteja sujeito a regulamentações comerciais, taxas, restrições regionais, controles de preços, limitações de distribuição. Pedir a um adulto que digite o número de seu cartão de crédito a fim de ter acesso a determinado material não é censura, como censura não é pedir a um adulto com cara de adolescente, que tenta comprar cigarros, para exibir a sua carteira de identidade a fim de provar que tem mais de dezoito anos. Quando se pedem documentos às pessoas na porta de um cinema onde está sendo exibido um filme proibido para menores, ninguém se insurge, alegando o direito de "livre expressão". O fato é que a censura, se assim se prefere chamá-la, já existe.

Não há razões convincentes pelas quais o material pornográfico deixe de encontrar limitações na Internet quando é claramente limitado em toda parte; mas há argumentos de peso em favor da exigência de identificação com cartão de crédito para obter acesso à pornografia *on-line*. Talvez ter de digitar esse número ofereça aos consumidores a oportunidade de reconsiderar o que vão fazer, em vez de se envolver cegamente com material de exploração. Tome-se o caso de Andy Bull, o ex-diretor *on-line* do jornal *The Times* de Londres, que se tornou um viciado em pornografia virtual quando conduzia uma pesquisa para um livro justamente sobre a Internet. Bull amargou três meses de cadeia por consumo de pornografia infantil. Antes do surgimento do problema, Bull era um adepto ferrenho da Rede. "Eu tinha o fanatismo de um converso", lembrou recentemente num ensaio publicado pela revista *The Times*. "Parecia-me óbvio que o ciberdólar iria se tornar a moeda internacional, como internacional se tornaria a língua inglesa. A Internet implantaria pela primeira vez a democracia autêntica, universal. [...] Também me entusiasmavam os ideais de liberdade patrocinados pelos criadores da Rede. Eles haviam decretado que a Internet devia ser livre: livre de valores impostos, moralidades, restrições. Não reconhecem os direitos de propriedade intelectual como não reconhecem os costumes sexuais convencionais. *On-line*, ninguém tinha de pagar por nada. Como os revolucionários ao longo da história, repeliam quaisquer formas de censura." O livro de Bull intentava documentar esse fenômeno, que ele chama de "Éden Virtual" — um lugar em que "a consciência individual decide o que ver e acatar". Não obstante a consciência, Bull logo estava vendo regularmente pornografia *on-line*. A queda na pornografia infantil foi gradual — começou depois de vários anos de consumo de obscenidades virtuais e do modo costumeiro: primeiro garotas adolescentes, depois meninas despidas, etc., etc. Não tardou e baixava avidamente imagens de revistas "colegiais" populares de sites do Japão. Quatro anos depois, ainda "pesquisando para o livro", Bull foi preso em casa, na frente da esposa chocada, com quem estava casado há vinte anos, da filha de quinze e do filho de doze. Em resultado de sua experiência, Bull acredita que o anonimato na Internet deve acabar:

> Assim como, para viajar no mundo real, precisamos de um passaporte, as viagens *on-line* também deveriam exigir um. Tecnicamente, isso pode ser feito... se houver vontade. [...] Sem dúvida, haveria algum mercado para um sistema que garantisse que o programa de busca não listaria material ilegal ou perigoso, que o seu ID seria visível para as autoridades quando você navegasse e que as suas atividades passariam a ser monitoradas. [...]

Existem companhias empenhadas em descobrir métodos de segurança para a Internet, mas quase sempre os seus produtos são confeccionados para proteger o criminoso, não a vítima. Os mais espalhafatosos ostentam nomes como History Kill e Evidence Eliminator. Prometem encobrir as suas andanças *on-line*.[18]

Tais medidas são difíceis de implementar. Os adversários que, nos tribunais, combatem os esforços para restringir a pornografia perguntam o que, exatamente, seria contemplado pelas leis contra a "indecência". "O que é manifestamente ofensivo?", indagam, ressaltando que o padrão de uma pessoa pode diferir tanto do de outra que as leis acabariam equiparando relações homossexuais com imagens pesadas de mulheres sujeitas a brutalização. O que é que carece de valores "sérios"? Aquilo que uma pessoa acha ofensivo na pornografia pode muito bem ser excitante para outra.

Certamente, pedir que o governo se meta com a vida sexual privada das pessoas é demais. O que uma pessoa considera perigoso pode ser normal e mesmo agradável para outra. Gente razoável talvez ache óbvia a definição que damos de "obscenidade" — definição que incluiria ainda pornografia violenta, pornografia escatológica e *bukkake* —, mas basta uma administração governamental decretar que todos os atos homossexuais são obscenos para se descobrir por que a obscenidade é um padrão difícil de estabelecer. Muitos americanos provavelmente ecoam o juiz Potter Stewart ao sustentar que, embora não saibam o que é pornografia, identificam-na quando a vêem. Pretender que a fronteira entre um filme erótico, com imagens sensuais, e um de classificação XXX com cenas de dupla penetração e ejaculações no rosto tornou-se em geral indistinta é confundir de propósito as coisas e brincar com os piores medos daqueles que de outra forma se oporiam naturalmente à pornografia.

Entretanto, em algum lugar, devemos traçar uma linha divisória; desistir ou defender o indefensável porque o dilema é difícil não pode ser a resposta. A grande maioria dos americanos apóia a Primeira Emenda, mas a pornografia não é apenas, ou mesmo legitimamente, uma questão de livre expressão. Nem pode uma interpretação isolada da Primeira Emenda constituir a única diretriz, o único direito, a única moral que contam. Assim como muitos americanos advogam menos abortos, embora defendam o direito de fazê-los, decerto se poderiam descobrir meios práticos para limitar e regulamentar a cultura pornificada sem desafiar os nossos fundamentos e direitos constitucionais. Não devemos nos preocupar apenas com as conseqüências do banimento da pornografia; devemos nos preocupar também com as conseqüências de sua proliferação desordenada. A pornografia tem de ir além da discussão da censura para enfocar a discussão dos padrões.

Fora com as Velharias

Assim como há problemas com os argumentos em favor da pornografia, há problemas também com os argumentos que atualmente se lhe opõem. Até hoje, o clamor contra a pornografia se tem feito ouvir sobretudo a partir de recantos distantes do espectro político. Adversários religiosos consideram a pornografia um pecado, uma ofensa moral contra Deus, uma dessacralização dos vínculos sagrados do matrimônio. Os oponentes de extrema-direita citam os freqüentes abusos da pornografia cometidos por pedófilos ou notórios assassinos em série como Ted Bundy e Jeffrey Dahmer. E muitas feministas e juristas asseguram que a pornografia conduz ao estupro ou mesmo que todo sexo é violento.

Até o momento, a resposta do governo federal à pornografia só tem suscitado atitudes de descaso ou oposição. Os esforços de John Ashcroft durante a primeira administração Bush confundem-se facilmente com as incursões de seu Patriot Act contra as liberdades civis e a sua intolerância para com uma estátua nua da Justiça num prédio público. Sondado a respeito dos esforços de Ashcroft para debelar a pornografia, Hugh Hefner acusou a Direita religiosa, dizendo à CNN: "Estamos enfrentando o fanatismo religioso no exterior [...] e, ao mesmo tempo, permitimos que uma boa dose de fanatismo religioso cometa a mesma sorte de loucuras em casa".[19] Os defensores da pornografia, é claro, encontram campo livre para arrasar esse tipo de oposição com zombarias e exageros.

Um dos principais problemas com os adversários conservadores e religiosos da pornografia é que eles se opõem justamente àquilo que amenizaria o problema: a educação sexual. Por exemplo, Patrick Fagan, ex-membro do Child and Family Protection Institute e hoje no conselho da Heritage Foundation, declarou: "A pornografia pode levar pessoas perturbadas ou normais ao desvio sexual. A satisfação sexual no casamento diminui e o próprio casamento se debilita. Os usuários de pornografia quase sempre perdem a fé nos vínculos matrimoniais. Não acham que a pornografia os influencie em nada. E, além do mais, ela vicia. Pornografia 'pesada' ou 'leve', *tanto quanto educação sexual,* têm efeitos semelhantes".[20] A educação sexual está muitíssimo longe da pornografia; só adversários dessa espécie — e, ironicamente, os pornógrafos — não conseguem ver a diferença. Entretanto, a educação pode ajudar a esclarecer o que distingue a pornografia de outras formas de expressão sexual. A solução para as mensagens insidiosas que a pornografia transmite aos homens, mulheres e crianças não consiste em isolar a informação disponível, mas em proporcionar às pessoas um contexto. A fim de entenderem por que a pornografia é errada, as crianças precisam de programas de educação sexual que expliquem a sexualidade saudável e os motivos pelos quais a pornografia se opõe, fundamentalmente, à obtenção de prazeres sexuais positivos. Ao perpetuar a idéia de que toda sexualidade é "tabu", os adversários conservadores apenas fomentam e legitimam a rebelião pornográfica.

Muitos adversários conservadores confundem pornografia com o que consideram outras formas de perversão sexual, como homossexualismo e sexo extraconjugal. Eles se valem da pornografia como uma oportunidade fácil — quem se declararia a favor da indecência? — para legislar sobre matérias como homossexualismo e controle de natalidade. Semelhantes argumentos contra a pornografia geram um problema para todos os seus outros adversários ao justificar o medo de uma decadência irrefreável. De igual modo, no âmbito das liberdades civis, onde muitos liberais aborrecem ou desaprovam a pornografia, os defensores misturam o problema com educação sexual e romances eróticos clássicos, toldando deliberadamente as linhas divisórias para cooptar os liberais. De ambos os lados, a ofuscação intencional constitui a regra do jogo.

Quanto ao que pareceria uma oposição tácita das mulheres à prática pornográfica, elas têm quase sempre silenciado sobre o problema e não fizeram grande coisa desde que Gloria Steinem renunciou às suas orelhas de coelhinha há mais de trinta anos.* Muitas, ao que tudo indica, chegaram à conclusão de que devem, ou aceitar o envolvimento dos homens com pornografia, ou aderir elas próprias a essa prática. Os únicos argumentos assacados contra a pornografia pelas mulheres provêm de fontes conservadoras barulhentas como o Eastern Forum and Concerned Women of America e de feministas belicosas como Andrea Dworkin e Catherine MacKinnon, o que constitui uma estranha aliança. As conservadoras culturais argumentam que a pornografia subverte a visão bíblica da feminilidade, enquanto feministas de orientação jurídica denunciam que ela é um perigo para as mulheres de carne e osso. As primeiras dizem ainda que a pornografia constitui uma das muitas formas de perversão sexual ameaçadora, ao passo que as segundas costu-

---

* Gloria Steinem trabalhou disfarçada como Coelhinha Playboy e depois escreveu um livro sobre a sua experiência na revista *New York*.

mam defender e apoiar o homossexualismo. As conservadoras culturais opõem-se à divulgação da informação sexual e as feministas escrevem livros como *Our Bodies, Ourselves*.

O resultado é que ambos os lados perderam o que de outro modo seria um numeroso séquito de mulheres e uma base ampla. As que estão na Direita moralizam sobre sexo e erotismo, Estado e família em geral, alienando assim mulheres que querem reverenciar a sua sexualidade enquanto repelem a pornografia. As que estão na Esquerda concentram-se numa batalha jurídica contra a pornografia e, ao amealhar argumentos ou estatísticas, ignoram quem rejeita a idéia de que todas as mulheres são vítimas e todo sexo é estupro. Embora a pornografia exacerbe a discriminação, o ataque jurídico assumiu uma posição insustentável. O "dano" precisa ser legalmente provado, portanto as adversárias perdem tempo tentando mostrar que a pornografia *sempre* conduz à violência, que a pornografia *induz* os homens a estuprar. Os malabarismos de lógica e evidência exigidos para demonstrar a validade da tese não parecem nada convincentes a muitas pessoas e muitos tribunais. Enquanto isso, todos os outros argumentos de cunho feminista, liberal e moderado contra a pornografia perdem força.

Quando pressionadas ou questionadas, muitas pessoas — mesmo as que não gostam de pornografia — repisam como discos riscados argumentos do jargão jurídico ou abstrações irrelevantes. Mas a verdade é que nenhum desses velhos argumentos sobre a pornografia reflete o modo como ela afeta as vidas das pessoas e entremeia as suas relações atualmente. Não há também sugestões para enfrentar a nova realidade de nosso mundo pornificado. De fato, quase ninguém chega a declarar se é contra ou a favor; o consenso cultural parece considerar a matéria além de qualquer debate. Por causa da complacência ou da indiferença, a maior parte dos americanos dá de ombros ou ri do problema como coisa inconseqüente ou irrelevante para as suas vidas. Todavia, como vimos, os custos para os nossos relacionamentos, famílias e cultura são grandes e continuarão a aumentar. Sem dúvida, precisamos descobrir maneiras novas de lidar com o problema.

Conclusão:
A Solução Censura-Não-Censor

Até hoje, os argumentos contra a pornografia passam longe do terreno áspero e pantanoso em que a maioria das pessoas sofre as suas conseqüências. Para muitas, a pornografia acarreta uma devastação emocional, e em alguns casos física, sutil mas palpável. Não é preciso que alguém se oponha à pornografia por razões religiosas ou políticas, não é preciso que alguém conteste quaisquer expressões sexuais para ficar perturbado pela cultura pornificada.

Mesmo aqueles que consomem pornografia às vezes se sentem inquietos pela maneira como essa prática contamina o cotidiano das pessoas. Os homens ficam embaraçados por se masturbar diante do computador horas a fio. Questionam a influência da pornografia em seu desempenho sexual. Lamentam estar perdendo um tempo precioso e alienando-se no processo. A pornografia não só prejudica as relações e interações entre homens e mulheres pessoalmente, profissionalmente e socialmente como faz a mulher se sentir inferior e traída, incapaz de igualar a perfeição maquilada e aprimorada cirurgicamente. As mulheres ficam aturdidas ao ver o marido ou o namorado sucumbir a imagens de comportamento feminino que lembram submissão e fantasia. Acham que não podem competir com a avalanche de orgasmos fáceis que os parceiros conseguem obter a qualquer hora e em qualquer lugar diante de figuras de outras mulheres — e sem o conhecimento destas. Ficam estiradas na cama, à noite, perguntando-se por que a sua vida sexual decaiu tanto, por que o seu marido parece tão distante e por que o Viagra se tornou tão necessário para o seu namorado de trinta e seis anos. Homens e mulheres temem igualmente a influência que a pornografia possa exercer sobre os seus filhos e o modo pelo qual a cultura pornificada vem determinando o amadurecimento sexual dos jovens em nosso país.

A despeito da negação geral e da persistência de racionalizações antiquadas, muitos americanos têm problemas com a disseminação crescente da pornografia. Segundo a pesquisa *Pornified*/Harris, quando indagados sobre o que o governo mais deveria fazer com vistas a refrear a pornogafia, 42% dos americanos declararam que ele precisa regulamentar o material pornográfico da Internet para que crianças não possam acessar sites de classificação X e 13% propuseram que o governo regulamente a pornografia como regulamenta o cigarro — com tarjas de advertência e restrições para minimizar os danos. Fato interessante, os jovens (de dezoito a vinte e quatro anos) são os que mais defendem essas medidas, enquanto casais com filhos não se mostram mais propensos a favorecê-las dos que os que não os têm. Além disso, liberais e conservadores propõem igualmente a regulamentação da pornografia. Enfim, só 1% dos americanos acredita que o governo deve legalizar plenamente todas as formas de pornografia; e só 10% sugerem que o governo não exerça função alguma com respeito à prática pornográfica. Claramente, nem todos sugerem o *laissez-faire* como solução para o problema e *há* espaço para o consenso.

O que, então, se pode fazer? À falta de uma ação concreta por parte do governo, deve-se mobilizar o setor privado. Mas, é claro, as empresas que distribuem ou vendem pornografia fazem pouco ou nada para restringi-la e nenhum grupo consciente de cidadãos tenta compeli-las a isso. No lado empresarial, não há incentivo algum para combater a pornografia. Em primeiro lugar, trata-se de um negócio rendoso e próspero; num mercado sólido e competitivo, há muito, muito dinheiro a amealhar. Em segundo, as companhias mencionam os riscos de impor limitações no fornecimento de material pornográfico; em nossa sociedade litigiosa, um empresário pode acionar durante anos os tribunais em defesa da livre expressão. Em terceiro, dizem as empresas, dado o clima de disputa brutal na economia globalizada, se uma delas — ou mesmo todas as de um país — parar de fornecer pornografia, as outras correrão a preencher o vazio sem olhos para a concorrência, mesmo que isso signifique que os seus produtos vão ter ao mercado negro ou ao estrangeiro. Finalmente, o que também não se deve subestimar, a indústria pornográfica tem feito um ótimo trabalho para manter a nossa atenção longe dos males que os seus produtos disseminam. Frente a todos esses desafios, o alcance da pornografia, fomentado pelo aperfeiçoamento tecnológico e pela receptividade do público, ampliou-se consideravelmente nos últimos dez anos. A maioria dos americanos nem sabe quanto mal está sendo feito.

Aceitar a Realidade da Pornografia

Sim, um mal real está sendo feito. Durante anos, uma outra indústria insistiu em que os seus produtos não eram prejudiciais. Empresários, empregados e consumidores riam dos estudos que mostravam a estreita relação do fumo com o câncer e o enfisema. Capitães de indústria postavam-se diante do Congresso e juravam que o tabaco não vicia. Todos os americanos, sugeriam eles, deveriam ser livres para fumar. Que nada se atravessasse no caminho dessa liberdade! Os cigarros, garantiam os tais sabichões, não é prejudicial; portanto, as companhias que os fabricam não estão aí para espalhar efeitos deletérios. Mais tarde, acossados pelo clamor do público e pela ação do governo, fizeram concessões: o fumo *talvez* fosse prejudicial aos jovens; *talvez* as crianças devessem ser esclarecidas sobre o seu potencial de dano; *talvez* fosse conveniente impor restrições de idade para a compra do produto. Mas tudo devagar e aos pouquinhos. E não que haja nada de errado com o tabaco, continuavam a insistir.

Essa indústria poderia muito bem ser a pornográfica. Os pornógrafos negam a todo transe o dano que infligem — aos usuários, aos relacionamentos, à sociedade em geral — e escapam às regulamentações. Quando o debate se inflama, a atenção se volta para as crianças (e os pais), desviando-se de outros alvos como mulheres e homens adultos. Assim, astutamente, ignoram-se as vastas implicações da cultura pornificada.

A pornografia escapou do nicho em que a sociedade civilizada a relegara pelo bem de adultos e crianças. Mas, embora o seu lugar na sociedade americana haja mudado radicalmente, ninguém — governo, setor privado, sociedade ou instituições culturais — fez nada para lidar com essa mudança. Amenizamos as restrições sociais, práticas e culturais que antes fazíamos à pornografia e ela abriu caminho para a nossa vida, passando a desempenhar um papel mais destacado que nunca antes.

Muitas coisas que nos desgostam e aviltam continuam, assim, disponíveis num mercado e numa sociedade livres. Como tantas outras que sabemos prejudiciais: alimentos gordurosos, álcool, cigarros. Banir a pornografia seria o mesmo que banir programas estúpidos de televisão com os seus roteiros ridículos e os seus personagens inconcebíveis, a dizer tolices. Decerto, seria bem melhor não assistir a esse lixo — mas conviria torná-lo absolutamente ilegal? Claro que não. Os americanos, sobretudo não-fumantes, deploram o tabagismo, mas nem por isso acham que os adultos não devam ter o direito de fumar e padecer as conseqüências de seus atos. De igual modo, não nos cabe demonizar toda pessoa que consome pornografia. A maioria das pessoas condena o *fumo*, não o *fumante*. Assim como no caso do tabaco, não deve haver denúncia nem sentença final irrecorrível, extremismo e extirpação quando se trata dos usuários de pornografia. Mas, também, não deve haver julgamento sumário nem infamação para aqueles que se opõem à pornografia e sua influência.

Qualquer que seja o uso pessoal da pornografia, nós, como sociedade, precisamos confrontar e entender os seus variados efeitos e fazer esforços para minorá-los. Como no caso do álcool, do cigarro e mesmo do alimento industrializado, a pornografia pode e deve ser desestimulada. Aqueles que não se preocupam — ou até mesmo se divertem — com a exibição escancarada de revistas pornográficas nas bancas podem perguntar-se como se sentiriam se o seu filho de sete anos as visse. Talvez achem que a pornografia é boa em tese, mas não quando um marido fica até tarde da noite se intoxicando de obscenidades diante do computador. Devem estar cônscios, isso sim, de que a explosão da pornografia chega não só ao seu e-mail, mas também às caixas de entrada de seus filhos e filhas, sobrinhos e sobrinhas — e isso enquanto eles próprios apagam os arquivos sem cuidar que as crianças podem, sem querer (ou querendo), clicar nos mesmos endereços. Podem achar a pornografia ótima quando entram pela primeira vez num site gratuito; mas repensam essa postura ao ver-se preferindo a companhia do computador à da esposa ou namorada. E devem mesmo repensá-la se examinarem até que ponto a pornografia afeta a namorada ou a esposa, distorcendo conseqüentemente o seu relacionamento.

Deveria ser simples, em casos tais, encontrar uma resposta adequada. Às vezes é mera questão de limitar o consumo pessoal; outras, de reforçar as restrições existentes. As revistas poderiam de novo ser vendidas envoltas em papel fosco, nos fundos da loja ou atrás do balcão. Uma tecnologia aperfeiçoada proporcionaria sistemas de filtragem mais eficazes para barrar o acesso à pornografia *on-line*. Até agora, o *lobby* da pornografia dificultou a regulamentação. Conforme explicou o analista industrial Dennis McAlpine no programa *Frontline* da PBS, quando se trata de aplicar as leis às operadoras a cabo, "É bem mais fácil apanhar alguém que ultrapassa a linha pela primeira vez do que quem já o faz há cinco anos sem que ninguém diga nada, porque então essa linha já se deslocou. À medida que se vai empurrando a linha e ela se torna aceitável, tudo fica mais difícil. [...] Voltar atrás é mais difícil ainda. A linha está sempre se movendo para a frente. E quanto mais se demora a questionar isso nos tribunais, mais a coisa passa a ser aceita".[1]

Contudo, desde que um número suficiente de pessoas acorde para a realidade da vida numa cultura pornificada, compreendendo enfim que as conseqüências são bem mais graves do que a risadinha constrangida diante dos seios de Janet Jackson, os empecilhos para conter a pornografia já não parecem insuperáveis. As pessoas podem pressionar suficientemente os políticos para que contenham os lobistas e façam alguma coisa. Podem até mesmo obrigar o sistema judiciário a aplicar decisões reguladoras tomadas há muito tempo, mas depois ignoradas ou prejudicadas por manobras espúrias da indústria pornográfica. De fato, muitas medidas desse tipo têm ficado no ar. Uma sugestão apresentada no *New York Times* por Jonathan A. Knee, diretor do programa de Mídia da Columbia Business School, criminaliza o pagamento e a recepção de dinheiro por prática de atos sexuais, o que tornaria as leis contra a pornografia consistentes com as que combatem a prostituição. Essa proposta, esclarece ele, contornaria o problema da Primeira Emenda sem exigir novos torneios na redação da lei. Afinal, continua Knee, "a sociedade condena principalmente a objetificação e a comercialização das relações sexuais, mesmo entre adultos e com mútuo consentimento".[2] Outros esforços, que estão sendo empreendidos principalmente na Austrália e na Grã-Bretanha, visam regulamentar a distribuição de pornografia. No Reino Unido, a empresa Vodafone bloqueou recentemente o acesso a sites de material pornô, encontros e jogo, a menos que o usuário prove ser maior de dezoito anos e opte pela recepção desse serviço.[3] Em Israel, a pornografia por celular foi banida.

Entretanto, se a maior queixa contra a cultura pornificada reside em seu suprimento contínuo e fora de controle, é na área da demanda por pornografia que se vislumbra uma solução mais prática e eficiente. Considere-se uma passagem do filme *Girls Gone Wild*. Um grupo de garotas colegiais embriagadas, durante as férias de primavera, decide que é excitante e divertido levantar a blusa e mostrar os seios para uma multidão embevecida. São encorajadas pelos gritos dos rapazes à sua volta na praia. E são induzidas pelo fotógrafo e os produtores do filme, que precisam dessa tomada para justificar os seus salários. Quem começou tudo isso e quem deve ser censurado? Será culpa das mulheres não terem suficiente auto-respeito e coragem para ignorar a turba barulhenta e ir embora? Será culpa dos homens incentivarem as mulheres a comportar-se como imbecis? Ou devemos criticar o fotógrafo e os produtores por explorar cinicamente garotas e mulheres no afã de embolsar alguns dólares? Talvez os três grupos devam ser censurados.

Mas nenhuma dessas pessoas agiria assim caso não houvesse considerável demanda por vídeos como *Girls Gone Wild* entre os telespectadores. Se a demanda não existisse, o produto não seria vendido — e desapareceria do mercado. Os pornógrafos têm culpa; os maiores responsáveis, porém, são os homens ávidos por comprar o que eles oferecem.

Embora o suprimento de pornografia possa ser efetivamente limitado, o grande potencial de mudança reside na demanda e a demanda é sem dúvida o elemento mais fácil de mudar. O governo e o setor privado, a mídia e a cultura popular, os cidadãos e as instituições públicas podem trabalhar juntos para limitar a demanda de consumo. Assim como fumar cigarros foi romantizado e incentivado na cultura popular ao longo da maior parte do século XX, depois desencorajado e regulamentado quando se lhe perceberam os prejuízos, os americanos precisam ser informados a respeito do impacto negativo da pornografia — sobre como a sua aceitação leviana não constitui um passo à frente para as mulheres nem um divertimento inócuo para os homens, e muito menos um avanço rumo a uma sexualidade mais aberta, mais livre.

O que precisamos é de uma mudança de mentalidade pela qual deixemos de ver a pornografia como algo estimulante, divertido e sensual e passemos a encará-la como danosa, patética e decisivamente embotadora. Depois que a pornografia for desacreditada e repelida por homens e mulheres, o consumo se tornará menos excitante e afinal declinará. Imagine um serviço público de televisão advertindo: "Você acha que a pornografia é sexy? Pergunte então à ex-atriz pornô Lara sobre o diretor que a atacou sexualmente. Sobre o fato de ela não conseguir nenhum outro emprego que pague mais ou menos o mesmo salário. Sobre como ela está ferida e magoada, infeliz por não poder ter mais filhos. Ao crescer, Lara queria ser advogada e depois atriz. Em vez disso, vem lutando para criar um filho de três anos e calando sobre a fonte de onde tira dinheiro. Sim, a pornografia é sexy — caso você goste de mulheres desesperadas, deprimidas, derrotadas". Se soubessem em que condições uma garota como Nora Kuzma se transformou na explorada atriz pornô Traci Lords, se percebessem que o comércio pornográfico nada tem a ver com o esfuziante *Boogie Nights*, as pessoas não aceitariam a concepção de sexualidade do mundo da pornografia. Em sua autobiografia *Underneath It All*, Traci Lords se queixa: "Hoje, a pornografia está por toda parte. Vejo-a nas mensagens indesejadas que recebo pelo computador. [...] atrizes pornôs aparecem em programas de televisão, em cartazes publicitários, em entrevistas sobre o quanto a pornografia é 'libertadora' para as mulheres. Acho que ela é tudo, menos isso".

O que uma pessoa pode conquistar mercê de seu próprio comportamento e padrões não deve ser subestimado. Suponha-se que um bom amigo dissesse ao noivo prestes a partir para a sua festa de despedida de solteiro: "Para ser franco, não acho que ir a um clube de *strip-tease* seja uma boa maneira de comemorar o seu casamento. Não é respeitoso para uma esposa ou as mulheres em geral, nem penso que caia bem a você ou a qualquer de nós. E embora eu apóie o seu casamento e esteja ávido por celebrar ao seu lado, essa não é a forma ideal de fazê-lo". Imagine se as mulheres falassem abertamente sobre quanto a pornografia as aborrece e constrange, sobre como os seus parceiros ficam distantes, desligados, solitários, em vez de fingir que concordam e aderem. Imagine se as mulheres consumidoras de pornografia porque ela é considerada picante ou sexy decidissem, ao contrário, que seria mais sexy e picante transarem com um parceiro de carne e osso, plenamente envolvido.

Os Homens e a Realidade da Pornografia

Aos homens se impingiu a idéia de que a pornografia é um divertimento inócuo e uma tendência natural, um direito de passagem e um direito humano. Nada surpreendentemente, essa mensagem é uma cortesia da própria indústria pornográfica, surgida nas primeiras revistas do gênero e consolidada ao longo dos anos. Quando se fizeram algumas objeções à pornografia, os homens foram induzidos a crer que elas provinham apenas das mulheres — e as mulheres, é claro, não entendiam nada do assunto. Questionados, quase todos os homens prontamente reconhecem que a pornografia talvez não seja grande coisa para as mulheres. Mas poucos param para avaliar o que ela acarreta para eles mesmos.

Já é tempo de tomarem consciência. A pornografia produz um efeito corrosivo nas relações dos homens com as mulheres e um impacto negativo tanto no desempenho quanto na satisfação masculina. Vem prejudicando cada vez mais a intimidade. Como nunca, estimula e desencadeia comportamento sexual compulsivo de um modo que pode tornar-se seriamente desagregador e psicologicamente deletério. Homens viciados em pornografia sentem-se inermes e degradados, trocando a si mesmos e aos seus entes queridos pelo hábito. Mesmo aqueles que usam pornografia regularmente, mas não compulsivamente, questionam o efeito que isso causa em sua vida. Para os casados ou monogâmicos, a pornografia não raro suscita desconforto e constrangimento nas relações. Eles escondem o vício das namoradas e esposas, raramente o mencionam aos amigos e mentem a respeito até para si mesmos — minimizando o seu consumo, ignorando o seu impacto, dizendo-se que só cultivam esse hábito durante duas horas seguidas porque estão deprimidos, cansados, entediados. Homens pegos em flagrante pelo patrão ou pela esposa geralmente se sentem humilhados e patéticos. Põem-se na defensiva ou se encolerizam, afastando as pessoas que mais se preocupam com eles. Correm o risco de perder o emprego e comprometer a carreira. Podem estragar o casamento e isolar-se dos filhos. O que encanta por um momento não vale o preço a longo prazo.

A pornografia é degradante também para os homens. Em entrevistas, atrizes pornôs e dançarinas de *strip-tease* referem-se aos seus patrões com asco e desrespeito. Consideram os homens que freqüentam os clubes patéticos, egoístas, misóginos, superficiais, estúpidos, descontrolados, agressivos ou no mínimo grosseirões. No entanto, os consumidores de pornografia são tidos na cultura pornificada como machões, viris, poderosos, gentis ou confiáveis. Aprenderam que podem "pegar" mulheres ao folhear revistas, saracotear com dançarinas pagas ou baixar arquivos de imagens. Na verdade, com quase toda a certeza *não* pegam mulher nenhuma quando estão envolvidos nesse tipo de caçada. Mas então por que eles se deixam manipular dessa maneira? E por que não podem manifestar-se abertamente? Se um homem não vai a uma despedida de solteiro num clube de *strip-tease*, por respeito não só às mulheres, mas também a si mesmo, deve ser cumprimentado e não ironizado. Se muitos homens se decidissem a isso, a pornografia não mais contaria com aceitação em massa.

Um dos grandes mitos espalhados pela cultura pornificada é que todos os homens são consumidores de pornografia. Mas os únicos que acreditam nisso e o declaram em entrevistas são os que a consomem. Segundo a pesquisa *Pornified/ Harris*, só 27% dos americanos concordam com a declaração "Todos os homens vêem pornografia". A verdade é: a despeito do que os adeptos dizem a si mesmos com respeito à ubiqüidade e à necessidade da pornografia, muitos homens não a cultivam e o seu interesse nem sempre se deve a motivos religiosos ou políticos. Nem todos os homens que se abstêm são assexuados ou reprimidos, acovardados ou indiferentes ao "apelo" da obscenidade. Todavia, mostrar repulsa ou desinteresse é considerado vergonhoso ou idiota na cultura pornificada. Os que se opõem à pornografia passam por maricas ou "bichas", controlados por mulheres ou receosos da própria sexualidade. E isso é intrigante quando se considera que, dada a preferência de muitos homens pelo sexo de verdade em vez do virtual, consumir pornografia equivale a declarar-se francamente inepto ou impotente, avesso a relacionamentos com mulheres, imaturo social e emocionalmente, indesejado e solitário. Quando os homens de fato preferem sexo a pornografia, devem ser estimulados e liberados para agir desse modo.

A humilhação por usar pornografia quando ela era muito menos anônima e acessível não decorria exclusivamente da culpa religiosa. Decorria da constatação embaraçosa de que consumir material obsceno denota falta de confiança na própria masculinidade e insegurança quanto ao próprio desempenho sexual. As mulheres da pornografia existem para dizer aos homens: "Quero você" — nós, as mulheres da Ivy League, nós, as estrelinhas de Hollywood, nós, as garotas da casa vizinha, nós, as loirinhas que você nunca vai pegar. O senso de virilidade do homem só é afirmado por sua aquiescência à idéia de que ele não pode ter tais mulheres na vida real, mas precisa achar que pode. Por que os homens são tão patéticos a ponto de se entregar a essas formas ilusórias de auto-estima? A pornografia é vendida como algo para machos e adultos, embora a fantasia pornográfica muitas vezes brote de episódios lamentáveis de rejeição na adolescência. Não é por causa da beleza núbil que os consumidores de pornografia se babam diante de mulheres parecidas com adolescentes. A pornografia se presta também a satisfazer à necessidade emocional do homem de testar-se, de dizer: "Olhe para mim agora, posso ter você se quiser". Muitos homens recorrem à pornografia para retornar às garotas que os rejeitaram na adolescência — eles ainda querem "comer" a rainha da escola. A pornografia lhes permite sentir-se melhores, mais fortes, mais poderosos do que essas mulheres/garotas, espelhando e resgatando a sua vulnerabilidade e o seu medo adolescente de emoções. Ela lhes faculta penetrar num cenário em que o sexo não está rodeado de emoções, medos e riscos. Ela mima o homem maduro e depois pede-lhe que se sinta "viril" com respeito à própria regressão.

Ao pedir-lhes que aceitem os seus mitos, a pornografia subestima os homens e presume neles o que há de pior. A maioria dos homens é inteligente o bastante para separar o material que reverencia as mulheres do material que as denigre; pode reconhecer as imagens que pintam uma sexualidade e uma humanidade saudáveis daquelas que ridicularizam e amesquinham o sexo enquanto privam os envolvidos de sua feição humana. É desrespeitoso para com a capacidade dos homens esperar que eles acedam em consumir uma pornografia em que as mulheres notoriamente aparecem a uma luz negativa, fazendo coisas que em seu entender a maioria delas não gosta de fazer — engolir sêmen, sujeitar-se a dupla penetração dolorosa, ver-se banhadas de esperma de maneira degradante, ser tratadas por vários modos como algo menos que humano.

O usuário de pornografia deve perguntar-se como se sentiria ao ver tais cenas interpretadas por sua filha adolescente, sua mãe, irmã ou esposa. Há, para o mal-estar, um motivo que vai além do fato de a maioria dos homens (e das mulheres) achar a sexualidade e sobretudo a masturbação assuntos de natureza privada. O próprio material não condiz com a exposição pública. Poucos homens querem que a sua esposa saiba exatamente diante do que eles costumam excitar-se. Isso, usualmente, está bem longe das fantasias compartilhadas na cama. Nenhum homem gostaria que a gerente do escritório soubesse que ele passa noites inteiras, em casa, fantasiando sobre a humilhação de incontáveis corpos femininos intercambiáveis. Quase todos os homens se dão muito trabalho para negar ou racionalizar o hábito. E se o homem solitário e isolado, ao navegar pela Internet, desligasse o computador não por ser forçado a isso nem por se sentir pungido pela culpa religiosa ou puritana, mas por reconhecer que continuar *on-line* é uma confissão de derrota?

As Mulheres e a Realidade da Pornografia

Não são só os homens que aprenderam a encontrar um falso senso de poder na pornografia. Alunas liberais de universidades, feministas da terceira onda e mesmo conservadoras realistas da escola dos "rapazes sempre serão rapazes" hoje propalam que a mulher também precisa de pornografia. Alegam que "apropriar-se" da pornografia lhes dá poder e que desenvolver a espertéza sexual lhes dá vantagem. Do mesmo modo que alguns grupos de mulheres perfilharam a causa das prostitutas, exigindo que elas sejam chamadas de "profissionais do sexo" e tenham direitos trabalhistas, o movimento pró-pornografia como instrumento de poder não vê problema algum no fato de as mulheres serem avaliadas pelo corpo — desde que lucrem com isso.

Com efeito, as mulheres pró-pornografia defendem a troca de sexo por dinheiro e denunciam furiosamente as que o ganham de outro modo. Paladinas dessa causa como Melinda Gallagher, fundadora do CAKE, acusam as feministas de sufocar a sexualidade das mulheres: "A mentalidade imperialista das feministas antipornografia, que se metem na vida das outras e dizem 'Você não deveria gostar disso. É mau. Vou impor limites', provocou um enorme dano. O CAKE não se deixará embair por essa mentalidade".[4] Tristan Taormino, roteirista e diretor que se classifica como "pornógrafo feminista", visita *campi* universitários para discursar sobre o direito das mulheres a "pornificar-se". Por ocasião da primeira conferência internacional sobre pornografia, em 1998, numa palestra intitulada "Mulheres e Pornografia: Vítimas ou Visionárias?", os adeptos dessa prática teorizaram que as adversárias da pornografia eram mais responsáveis pela separação de homens e mulheres do que as defensoras. Um deles chegou a atribuir a pornografia degradante às mulheres que se opõem a ela. E Nina Hartley, atriz pornô que apareceu no filme *Boogie Nights*, disse: "Vocês assustaram sexualmente os homens a tal ponto que eles ficaram loucos! Eles já não podem trepar! Eles já não podem ser chupados! Eles já não podem gozar! Por isso vemos cada vez mais mulheres sendo esbofeteadas, escarradas, afogadas em vasos sanitários. Sim, os homens ficaram loucos!"[5]

Quando não acusam as adversárias de responsabilidade pelo material pesado, muitas das novas provedoras feministas de pornografia gritam estar subvertendo a "pornografia patriarcal" em favor de sua própria versão da "pornografia alternativa". Missy Suicide, fundadora do site Suicide Girls, operado por mulheres, explica: "O sexo e a sexualidade é [*sic*] algo de que a mulher não deve se envergonhar, o que entretanto aconteceu por muito tempo, mesmo no seio do feminismo. Trata-se de uma atitude arcaica segundo a qual toda vez que você tira a roupa está sendo objetificada ou explorada. A meu ver, as mulheres do Suicide Girls são corajosas ao dizer 'Sou confiante, sou inteligente, não vejo por que não partilhar a minha sexualidade com o mundo. É exatamente isso o que o corpo quer — e é bonito'. Eis o que devemos reverenciar".[6] Decerto, não se sabe muito bem em que altura, no meio de uma série de poses de nudismo, uma mulher possa expressar inteligência ou confiança. Nem fica claro se a sua mensagem consegue vencer a barreira da pornografia feita para homens, que se ergue lá fora. Há algo de fútil nos novos sites de pornografia alternativa, os quais, ao mostrar mulheres pouco atraentes aos olhos do homem comum, acabam se tornando muito menos populares do que os endereços mais estereotipados. A lição foi duramente aprendida quando o Suicide Girls se integrou ao Playboy.com por vários meses: os assinantes desse último site acolheram os corpos nada convencionais, os *piercings* e os penteados esquisitos do Suicide Girls com cólera e desdém.

Será mesmo desejável, para as mulheres, fazerem-se de produtoras e consumidoras de pornografia? Certamente, não é vantagem alguma para a sexualidade feminina que elas se tornem mais visuais e passem a julgar os seus possíveis parceiros pela aparência física, do mesmo modo que os homens. A igualdade pressupõe guindar as mulheres ao nível em que os homens levam vantagem, não rebaixá-las para que dividam com eles o ônus da obscenidade. Até os homens que gostam de pornografia reconhecem-lhe a natureza degradante. Um deles, de trinta e cinco anos, trabalhador no ramo de carros usados, vê pornografia semanalmente, mas diz com certa impaciência: "*Sem dúvida*, a pornografia é humilhante para as mulheres. Elas são usadas e por isso me desagradam cenas nas quais as atrizes não parecem estar gostando do que fazem. Se parecem gostar, você pode racionalizar, enquanto vê, que estão gostando tanto quanto o homem. [...] Acho que *talvez* elas gostem, mas duvido muito. Além disso, quando você vê pornografia, tenta não prestar muita atenção ao que a mulher está pensando ou ao que pode se passar fora do cenário. De outro modo, não terá nenhuma graça". Ao admitir a pornografia, as mulheres se enquadram no mesmo esquema de negação e racionalização.

Por que, então, as mulheres parecem tão prontas a acatar a pornografia? O movimento feminista durante as décadas de 60, 70 e 80 foi acusado de elitista e alheio às necessidades, pressões e desejos da média das americanas, sobretudo as pobres e incultas. Em parte, o movimento pró-pornografia das mulheres brota da tentativa de corrigir essa pretensa atitude. Em seu esforço para "não julgar", muitas feministas jovens evitam condenar a pornografia tendo em vista que as mulheres nela envolvidas escolheram esse trabalho pressionadas pelo desespero financeiro. Aceitar a pornografia tornou-se quase uma modalidade nova de correção política — Deus me livre de "denunciar" a sexualidade de outra pessoa ou a profissão que ela "escolheu"! Ao comentar o fato de a administração de Harvard ter sancionado a revista pornográfica *H Bomb*, uma de suas fundadoras explicou: "Acho que eles superaram o medo da pornografia". A frase foi cuidadosamente escolhida. A oposição à pornografia só pode ser provocada pelo medo — ou seja, fobia, como em "homofobia" –, nunca por motivos éticos, feministas ou humanistas. Os adeptos chegaram a cunhar um termo para os seus adversários: "pornófobos". Em suma, desaprovar a pornografia é ser intolerante para com outros estilos de vida; quem a condena é, pois, tão fanático quanto um homófobo. Naturalmente, a acusação de intolerância só se aplica aos adversários da pornografia, não àqueles que a perpetuam.

Sob outro ponto de vista, o movimento pró-pornografia é, entre as mulheres, menos uma ação que uma reação. Durante anos, as mulheres que lutavam por seus direitos — sobretudo as que se opunham à pornografia — foram acusadas de não ter senso de humor. Se fossem capazes de rir, diziam os críticos, sem dúvida compreenderiam que a obscenidade é uma boa coisa. Muitas mulheres sucumbiram a essa tese absurda, aceitando a idéia de que, se não considerassem a pornografia alegre, divertida ou irônica, estariam "por fora". As feministas antipornografia foram também acusadas de eternizar a cultura da vitimização: ao denunciar que muitas participantes da produção de material pornográfico sofrem abuso sexual e emocional, as inimigas da pornografia supostamente transformavam todas em vítimas. Mas o verdadeiro alvo de semelhantes acusações não deveriam ser os próprios pornógrafos?

Talvez as mulheres que optam por participar da pornografia ou consumi-la *estejam* mesmo fazendo a sua "escolha". Mas, em vez de fazer escolhas com base num ideal masculino retrógrado de sexualidade e alternativas limitadas, elas poderiam muito bem estear-se em algo além das partes do corpo e do desespero financeiro. Em verdade, a hipocrisia reina no seio do movimento feminista pró-pornografia. Como alegar que não há nada de errado em mulheres explorarem outras mulheres, mas, quando os homens fazem isso, bradar que é uma ofensa, uma vexação, um crime sexual? Algumas feministas pró-pornografia continuam a condenar a prostituição e cerrar olhos para a tenuidade da linha que separa as duas formas de sexo à venda. Outras advogam tanto a prostituição quanto a pornografia, mas opõem-se a outras formas de comércio humano, insurgindo-se contra o tráfico de escravas e batalhando pelos direitos trabalhistas. Com toda a probabilidade, muitas das que equiparam pornografia com liberdade sexual nunca viram o tipo de material que os homens, na quase maioria, acham estimulante: a glorificação da promiscuidade e do adultério masculino, a sujeição feminina, a erotização da dor e, mesmo, cenas tenebrosas de tortura de mulheres. Nesse contexto, a pornografia nada tem a ver com desejo e fantasia, mas sim com hostilidade e vergonha.

As pioneiras do movimento feminista antipornografia dos anos 70 foram, na época, denunciadas como "radicais"; hoje, as feministas pró-pornografia às vezes se referem às suas adversárias como "feministas conservadoras". Teriam as mulheres evoluído tanto a ponto de fazer parecerem retrógradas as mudanças propugnadas na década de 70?

A atual geração, ao que tudo indica, está pronta para chacotear ou rejeitar argumentos contra a pornografia sem examiná-los com seriedade. A verdade é que nós não fomos além dessas idéias supostamente antiquadas — apenas nos resignamos a elas ou as racionalizamos. As mulheres devem perguntar-se: isso é progresso ou enganação? Má coisa que a nossa seja uma cultura na qual a inclusão de atletas olímpicas na revista *Playboy* seja considerada um passo à frente. Que as proezas atléticas das mulheres se reduzam a um instrumento para o prazer masturbatório dos homens, eis um sentimento ironizado ou ignorado. A idéia de que as mulheres são capazes de tudo por uns trocados ou por um fugaz instante de fama não só prevalece ainda como é alardeada pelas próprias mulheres. Embora a pornografia alegue valorizar o corpo da mulher acima de tudo, no fim das contas ela o desvaloriza substancialmente. Vender a imagem *on-line* para quem quiser comprar não reflete exatamente um senso sólido de auto-respeito.

Um dos mais insidiosos ataques contra as mulheres que se opõem à pornografia é etiquetá-las de puritanas e medrosas da própria sexualidade, "inseguras" e "ciumentas". Aterradas ante a perspectiva de passarem por "inimigas do sexo", "caturras" ou "feministas", muitas mulheres deixam de se insurgir contra a pornografia. No entanto, combater a pornografia de modo algum significa negar a sexualidade em todas as suas formas saudáveis e positivas. Mulheres inquestionavelmente seguras e confiantes, que ousam contrariar esse discurso falacioso, são sem dúvida mais fortes que as confundidas pelos mitos da cultura pornificada. Além disso, a idéia de que uma mulher não pode "possuir" ou "explorar" a própria sexualidade sem incorporar a pornografia à sua vida (como preceituam as feministas "sexo-positivas" pró-pornografia) é insultuosa, uma visão espantosamente estreita e coercitiva do sexo.

Ainda persiste a idéia de que as pessoas avessas à pornografia são de algum modo reprimidas, condicionadas por dogmas religiosos ou produto de uma criação conservadora. Isso não é verdade. Ao entrevistar mulheres para este livro, ouvi-as muitas vezes dizer coisas do tipo: "Não quero parecer moralista, mas..." antes de começar a criticar a pornografia, não raro ressaltando: "Eu sou liberal!" Infelizmente, as mulheres parecem ter acolhido a mensagem de que criticar a pornografia é serem antiquadas, indiferentes ao sexo, reacionárias. O fato é que as mulheres que se opõem à pornografia ou sofrem os seus efeitos em nossa sociedade provêm de todas as classes e esposam um amplo leque de ideologias políticas. Muitas são atraentes, solteiras felizes, ativas sexualmente, casadas ou realizadas. São fortes, inteligentes, convictas; mas, quando se trata de expressar os seus sentimentos com relação à pornografia, calam-se amedrontadas. Mostram-se relutantes em queixar-se da pornografia ou em falar abertamente sobre o assunto. Têm medo de enfrentar o namorado ou o marido, ficam nervosas ao falar a respeito com os filhos adolescentes e acabam por aceitar o que, no fundo, sabem ser inaceitável.

Essa reticência é compreensível. Nada mais tentador do que resignar-se a exclamar: "Mas são apenas mulheres peladas! É apenas sexo!" De fato, não há nada de errado com mulheres nuas nem com o sexo. Mas a pornografia não é uma questão de sexo ou de mulheres nuas. Os atos sexuais ali mostrados têm mais a ver com vergonha, humilhação, solidão, frieza e degradação do que com prazer, intimidade e amor. A palavra *pornografia* vem do grego *pórne*, que significa prostituta ou cortesã, e *graphé*, que significa escrita ou descrição. A pornografia é, em substância, a comercialização das mulheres, a transformação dos homens em consumidores e as mulheres em produto a ser usado e descartado. Se a pornografia realmente só dissesse respeito a sexo e corpos nus, não haveria nela nada a criticar; mas aqueles que sabem mais, que se põem a pensar enquanto vêem e examinam a fundo o que se passa na tela deveriam — e devem — ser levados em conta.

Quanto mais ignorarmos o problema da pornografia, pior ele se tornará. A disseminação e a disponibilidade de material desse tipo provocam inevitavelmente cada vez mais aceitação por parte do indivíduo e da sociedade. As pesquisas mostram que quanto mais uma pessoa fica exposta à obscenidade, mais tolerante e favorável se mostra face a esse hábito.[7] O que antes era pornografia leve tornou-se coisa corriqueira; revistas outrora consideradas pornográficas são hoje "revistas masculinas", enquanto as legítimas revistas masculinas aspiram a ser pornográficas. À medida que a obscenidade se insinua na imprensa convencional e na cultura popular, vai eliminando outras formas mais positivas de expressão sexual. E abre cada vez mais caminho para a pornografia "real", que anseia por ultrapassar todas as barreiras éticas, humanísticas e sociais imagináveis. Mulheres grávidas se pornificam, seus torsos nus passam de sites pessoais para sites de "gravidez pornográfica", o incesto torna-se um fetiche, a pornografia infantil se mistura com a adulta no meio-termo sem idade definida da "pornografia adolescente". Todo o senso de tabu se dissipa num mundo pornô aberto a qualquer um.

O consumo de pornografia não só estimula e consagra a cultura pornográfica como apresenta implicações políticas. Estudos mostram que os usuários de grandes doses de material pornográfico não acreditam muito na necessidade de restrições para menores ou de censura nas comunicações.[8] A aceitação passiva da vida numa cultura pornificada ajuda a pornografia a florescer, fato de que a indústria do ramo está bem consciente. Os nossos olhos foram fechados pela pornografia.

A pornografia é um alvo móvel que já é tempo de imobilizar. Durante anos, a indústria pornográfica e a cultura pornificada ordenaram aos seus adversários, homens e mulheres, que calassem a boca ou desviassem os olhos. Acusaram os ativistas antipornografia, ou mesmo aqueles que ousaram questionar os seus lucros, de serem inimigos do sexo e da liberdade. Fizeram isso enquanto criavam um produto anti-sexo que limita a liberdade de homens, mulheres e crianças. Venderam aos americanos uma idéia fantasiosa e incitaram-nos a ignorar a realidade. Os que mantiveram silêncio ajudaram a legitimar a pornografia com a sua omissão. Ergam, pois, a voz os que hoje se calam.

Notas

Introdução: Um Mundo Pornificado

1. Jancee Dunn, "Rock-Porn Connection", Rolling Stone.com, 3 de agosto de 1999.
2. "The Making of Sex Hop", BET.com, 31 de julho de 2003.
3. Lawrence Van Gelder, "Arts Briefing", *New York Times*, 19 de julho de 2004.
4. Mark Caro, "The New Skin Trade", *Chicago Tribune*, 19 de setembro de 2004.
5. Richard Johnson, "Page Six", *New York Post*, 4 de maio de 2004.
6. Johnny Maldaro, "Abu Gag!", Village Voice.com, 6 de agosto de 2004.

1. Coisa de Rapazes: Por Que os Homens Vêem Pornografia

1. Jake (anônimo), "Why Nice Guys Like On-line Porn", *Glamour*, fevereiro de 2004, p. 100.
2. John Schwartz, "Leisure Pursuits of Today's Young Man", *New York Times*, 29 de março de 2004.
3. D. Zillmann, "Pornografie", *in Lehrbuch der Medienpsychologie*, orgs. R. Mangold, P. Vorderer e G. Bente (Göttingen, Alemanha: Hogrefe Verlag, 2004), pp. 565-85.
4. Jake (anônimo), "Jake's Guide to Talking Dirty", *Glamour*, maio de 2004, p. 124.
5. J. Michael Parker, "Sexual Healing: Ministries Help Men with Purity Struggle", *San Antonio Express-News*, 31 de janeiro de 2004, p. 7B.
6. Bobby Ross, Jr., "Dallas Billboards Target Christians Addicted to Porn", Associated Press, 21 de fevereiro de 2004.
7. *Ibid*.
8. Beau Black, "Evangelical Churches Target Porn Addiction", *Orlando Sentinel*, 21 de fevereiro de 2004.
9. Burt Prelutsky, "Mortified and Mystified by This Business of Show", *Los Angeles Times*, 2 de fevereiro de 2004.
10. "Cerberian and SonicWALL Web Usage Survey Reveals 75% Accidentally See Porn at Work", Business Wire, 23 de junho de 2004.
11. Julie Forster, "X-Rated Surfing Common at Work", *Saint Paul Pioneer Press*, 14 de fevereiro de 2004.
12. Associated Press, "State Ousts 23 Employees for Using Computers to Look at Porn", Frankfort, Ky., 22 de maio de 2004.
13. Peter Bacque, "VDOT Computer Abuse Reported", *Richmond Times Dispatch*, 4 de fevereiro de 2004.

14. Forster, "X-Rated Surfing Common at Work".
15. Associated Press, "Report: FBI Reviewing Claims of Porn Web Site Viewing at UTHSC", 3 de fevereiro de 2004.
16. Michael Barron e Michael S. Kimmel, "Sexual Violence in Three Pornographic Media: Toward a Sociological Explanation", *Journal of Sex Research* 37 (maio de 2000): 6.
17. TalkAboutSupport.com, 29 de janeiro de 2004.
18. Robert Jensen, "A Cruel Edge: The Painful Truth about Today's Pornography — and What Men Can Do About It", *Ms.*, primavera de 2004, pp. 55-58.

2. Como Chegamos Aqui: A Vida na Senda da Pornografia

1. David Mura, "A Male Grief: Notes on Pornography and Addiction", *in Men Confront Pornography*, org. Michael S. Kimmel (Nova York: Crown Publishers, 1990), p. 137.
2. Larry Flynt, "Porn World's Sky Isn't Falling — It Doesn't Need a Condom Rule", *Los Angeles Times*, 23 de abril de 2004.
3. Michael S. Kimmel, "'Insult' or 'Injury': Sex, Pornography and Sexism", *in Men Confront Pornography*, p. 317.
4. Michael Barron e Michael S. Kimmel, "Sexual Violence in Three Pornographic Media: Toward a Sociological Explanation", *Journal of Sex Research* 37 (maio de 2000): 2.
5. Dennis McAlpine, entrevista, "American Porn", *Frontline*, PBS, agosto de 2001.
6. John Motavalli, "Columbia House Plans Porn Club", *New York Post*, edição *on-line*, 10 de janeiro de 2005.
7. McAlpine, "American Porn".
8. CBSNews.com, "Porn in the U.S.A., 21 de novembro de 2003.
9. McAlpine, "American Porn".
10. Chris Walsh, "Feeding on Flesh: Colorado Companies Are Making Millions in the Adult Entertainment Business", *Rocky Mountain News*, 3 de abril de 2004.
11. McAlpine, "American Porn".
12. Por exemplo, ver o Vivid Entertainment padrão no Playboy Channel custa $5,95 por período, ao passo que um material mais pesado chega a custar $11,95.
13. Steve Donohue, "Playboy Takes a Soft Approach to Hard Content", *Multichannel News*, 10 de maio de 2004, p. 30.
14. McAlpine, "American Porn".
15. Barron e Kimmel, "Sexual Violence in Three Pornographic Media", pp. 2-3.
16. *Ibid.*, p. 5.
17. "Websense Research Shows On-line Pornography Sites Continue Strong Growth", PRNewswire.com, 4 de abril de 2004.
18. U.S. Government Accountability Office (GAO), "File-Sharing Programs: Peer-to-Peer Networks Provide Ready Access to Child Pornography" (Washington, D.C.: GAO, fevereiro de 2003).
19. Frank Coggrave, "Bugwatch: The Perils of Peer-to-Peer", VNU Business Publications, 31 de março de 2004.
20. Elizabeth Armstrong, "America's New Cubicle Pirates Find Their Loot On-line", *Christian Science Monitor*, 19 de março de 2004.
21. "Porn More Popular than Search", InternetWeek.com, 4 de junho de 2004.
22. John Schwartz, "Google Protests Give Web Site an Audience", *New York Times*, 2 de fevereiro de 2004.

23. Jeffrey Selingo, "Entertaining Miss Daisy", *New York Times*, 22 de abril de 2004.
24. Jennifer L. Schenker, "In Europe, Cellphone Profits Go Up as Clothes Come Off", *New York Times*, 4 de maio de 2004.
25. "Porn Goes Portable", *Chicago Tribune*, 26 de fevereiro de 2003.
26. Mark Evans, "Porn Goes Wireless", *The National Post*, 26 de outubro de 2004.
27. Robert Yager, "The Trouble with Larry", *The Independent*, 22 de fevereiro de 2004.
28. Mireya Navarro, "Dancing in the Lap of Luxury", *New York Times*, 12 de maio de 2004.
29. McAlpine, "American Porn".
30. CBSNews.com, "Porn in the U.S.A.".
31. Reuters, "Janet Jackson's Bare Breast Tops Internet Searches", 4 de fevereiro de 2004.
32. *The O'Reilly Factor*, transcrição, Fox News, 9 de fevereiro de 2004.
33. Rachel Lehmann-Haupt, "Does Sex Still Sell?", *Folio*, 1º de março de 2004.
34. "The Year in Sex: A Groping Governor, Nudity for Peace and Bennifer's Stripper", *Playboy*, fevereiro de 2004, p. 66.

3. Eu e a minha Pornografia: Como a Pornografia Afeta os Homens

1. J. Bryant e D. Zillmann, "Pornography: Models of Effects on Sexual Deviancy", in *Encyclopedia of Criminology and Deviant Behavior*", org. C. D. Bryant (Filadélfia: Brunner-Routledge, 2001), pp. 241-44.
2. D. Zillmann, "Pornografie", in *Lehrbuch der Medienpsychologie*, org. R. Mangold, P. Vorderer e G. Bente (Göttingen, Alemanha: Hogrefe Verlag, 2004), pp. 565-85.
3. Para uma discussão completa do estudo, ver J. Bryant e D. Zillmann, "Pornography, Sexual Callousness and the Trivialization of Rape", *Journal of Communication* (outono de 1982), pp. 10-21.
4. J. S. Lyons, R. L. Anderson e D. Larsen, "A Systematic Review of the Effects of Aggressive and Nonaggressive Pornography", in *Media, Children and the Family: Social Scientific, Psychodynamic, and Clinical Perspectives*, org. D. Zillmann, J. Bryant e A. C. Huston (Hillsdale, N.J.: Erlbaum Associates, 1993), p. 305.
5. Paul Restivo, "Pass on the Porn", *Kansas State Collegian*, 4 de fevereiro de 2004.
6. Edward Donnerstein, Daniel Linz e Steen Penrod, *The Question of Pornography: Research Findings and Policy Implications* (Nova York: Free Press, 1987), p. 29.
7. Robert Jensen, "A Cruel Edge: The Painful Truth About Today's Pornography — And What Men Can Do About It", *Ms.*, primavera de 2004, pp. 55-58.
8. John Schwartz, "The Pornography Industry vs. Digital Pirates", *New York Times*, 8 de fevereiro de 2004.
9. Jensen, "A Cruel Edge", pp. 55-58.
10. "Young Women, Porn & Profits: Corporate America's Secret Affair", *Primetime Live*, ABC, Diane Sawyer, 27 de maio de 2004.
11. D. Zillmann, "Pornographie", pp. 565-85. Grifo do autor.
12. Ryan J. Burns, "Male Internet Pornographic Consumers' Perception of Women and Endorsement of Traditional Female Gender Roles" (Austin, Tex.: Department of Communication Studies, University of Texas, 2002), p. 11.

4. Estrelas Pornôs, Amantes e Esposas: Como as Mulheres Vêem a Pornografia

1. Beth Whiffen, "Confessions", *Cosmopolitan*, março de 2004, p. 44.
2. Kenneth Turan, "Movie Review: A 'Girl Next Door' in Sheep's Clothing", *Los Angeles Times*, 9 de abril de 2004.
3. Susan Dominus, "What Women Want to Watch", *New York Times*, seção Arts & Leisure.
4. Mireya Navarro, "The Very Long Legs of 'Girls Gone Wild'", *New York Times*, 4 de abril de 2004.
5. Mireya Navarro, "Women Tailor Sex Industry to Their Eyes", *New York Times*, 20 de fevereiro de 2004.
6. Michael C. Harris, "Punk-Rock Pinups", *Chicago Tribune*, 18 de fevereiro de 2004.
7. Virginia Vitzthum, "Stripped of Our Senses", *Elle*, dezembro de 2003, p. 187.
8. Ben Flanagan, "Porn Debate Garners Huge Turnout at U. Alabama", *The Crimson White*, 18 de março de 2004.
9. Jennifer Harper, "At Harvard, All the Nudes Are Fit to Print", *Washington Times*, 12 de fevereiro de 2004.
10. Ebonie D. Hale, "Committee Approves Porn Magazine", *Harvard Crimson*, 11 de fevereiro de 2004.
11. Jenna Russell, "BU Students to Get Own Sex Magazine", *Boston Globe*, 6 de outubro de 2004.
12. Rebecca Rothbaum, "Harvard Lifts Vassar's Erotic Idea", *Poughkeepsie Journal*, 17 de fevereiro de 2004.
13. Tara Weiss, "Why Porn Is a Dirty Word at H Bomb", *Hartford Courant*, 13 de fevereiro de 2004.
14. Chris Freiberg, "Indiana U. Investigates New Dorm Porn", *Indiana Daily Student*, 6 de abril de 2004.
15. Maegan Carberry, "Porn's Next Big Market: Women", *Chicago Tribune*, 14 de maio de 2004.
16. Navarro, "The Very Long Legs of 'Girls Gone Wild'".
17. Keith Olbermann, *Countdown*, MSNBC, 23 de fevereiro de 2004.
18. Navarro, "Women Tailor Sex Industry to Their Eyes".
19. Reuters, "To-Do List on Mind When Porn Plays?", 22 de maio de 2004.
20. Anahad O'Connor, "In Sex, Brain Studies Show, 'La Différence' Still Holds", *New York Times*, 16 de março de 2004.
21. *Ibid.*
22. Navarro, "Women Tailor Sex Industry to Their Eyes".
23. Robert Jensen, "A Cruel Edge: The Painful Truth About Today's Pornography — And What Men Can Do About It", *Sexual Assault Report*, janeiro/fevereiro de 2004, pp. 33-34, 45-48.
24. Laura Berman, "Women Warm to Female-Friendly Erotica", *Chicago Sun-Times*, 26 de abril de 2004, p. 56.
25. Roberta Myers, "Editor's Page", *Elle*, fevereiro de 2004.
26. Jane Stancill, "Playboy Visit Sparks UNC Protest", *Raleigh News & Observer*, 6 de abril de 2004.
27. Marjorie Ingall, "31 Essential Sex & Love Experiences", *Glamour*, maio de 2004, p. 232.
28. Julie Polito, "Jump Start Your Sex Life", *Self*, março de 2004, p. 135.
29. "The Help Desk", *New York*, 19 de abril de 2004, p. 125.

30. Amy Dickinson, "Porn Viewing Draws Responses from Readers", *Chicago Tribune*, 6 de fevereiro de 2004.
31. Whiffen, "Confessions", p. 44.

5. Eu, Você e a Pornografia: Como a Pornografia Afeta os Relacionamentos

1. Pesquisa *Pornified*/Harris, 2004.
2. Dr. Gail Saltz, entrevista, *The Today Show*, transcrição, NBC, 3 de março de 2004.
3. Pesquisa *Pornified*/Harris, 2004.
4. E. Jean Carroll, "Ask E. Jean", *Elle*, março de 2004, p. 148.
5. D. Zillmann, "Pornographie", in *Lehrbuch der Medienpsychologie*, org. R. Mangold, P. Vorderer e G. Bente (Göttingen, Alemanha: Hogrefe Verlag, 2004), pp. 565-85.
6. D. Zillmann, "Effects of Prolonged Consumption of Pornography", *in Pornography: Research Advances and Policy Considerations*, org. D. Zillmann e J. Bryant (Hillsdale, N.J.: L. Erlbaum Associates, 1989), p. 155.
7. "Playboy Advisor", *Playboy*, março de 2004, p. 50.
8. Ellie, "His Porn Habit Has Become a Hard-core Problem", *Toronto Star*, 4 de julho de 2004.
9. Brenda Shoshanna, "Help! My Husband Is Addicted to Porn", iVillage.com, 2004.
10. Jennifer Schneider, "Effects of Cybersex Addiction on the Family", *Sexual Addiction and Compulsivity* 7 (2000): 31-58.
11. Susan Dominus, "Our Love/Hate Affair with Our Bodies", *Glamour*, maio de 2004, p. 219.
12. Jo Revill, "The New Nose Job: Designer Vaginas", *The Observer* (Londres), 17 de agosto de 2003.
13. TalkAboutSupport.com, 29 de janeiro de 2004.
14. Schneider, "Effects of Cybersex Addiction on the Family".
15. Harlan Cohen, "Help Me, Harlan: Does Porn Have a Place in Their Lives?", *Saint Paul* (Minn.), *Pioneer Press*, 20 de abril de 2004.
16. Lynn Harris, "Stop Him Before He Clicks Again!", Salon.com, 15 de abril de 2004.
17. Women On-line Worldwide, www.wowwomen.com.
18. "Dear Abby", *Contra Costa* (Calif.), *Times*, 17 de abril de 2004, p. F4.
19. Ruth Westheimer, "Have I Been Replaced by Porn?", iVillage.com, 2004.
20. Patti Britton, "Porn: Fantasy or Filth?", iVillage.com, 2004.

6. Nascidas na Pornografia: As Crianças numa Cultura Pornificada

1. Mark Prigg e Paul Sims, "Truth About Dangers of Net as Half of Children Are Exposed to Porn", *The Evening Standard* (Londres), 3 de setembro de 2004.
2. Das 177 imagens baixadas, 61 eram de pornografia adulta, 24 de desenhos obscenos, 13 de erotismo infantil e 2 de pornografia infantil. U.S. Government Accountability Office, "File-Sharing Programs: Peer-to-Peer Networks Provide Ready Access to Child Pornography" (Washington, D.C.: GAO, fevereiro de 2003).
3. Diana Russell, "Children's Access to Child and Adult Pornography", obra em preparação.
4. Editorial, "Protecting Kids On-line", *Washington Post*, 1º de julho de 2004.
5. Stephen Jones, "Opinion — Young Voices: Libraries Should Put Permanent Blocks on Porn", *The Columbian* (Vancouver, Wa.), 15 de março de 2004.
6. Desses incidentes, 472 envolveram crianças que acessaram pornografia nos computadores da biblioteca, 106 foram situações nas quais adultos expuseram crianças à pornografia na biblioteca, 23

foram casos em que se deixou propositalmente pornografia para crianças e 113 foram casos em que pornografia foi deixada na impressora ou na tela do computador. Outros 26 casos foram de crianças que viram acidentalmente pornografia na biblioteca.

7. Associated Press, "High School Teacher Accused of Downloading Pornography, Assault", 11 de fevereiro de 2004.

8. Mel Melendez, "North High Math Teacher Faces Firing", *Arizona Republic*, 6 de março de 2004.

9. Associated Press, "Teacher Gets Seven Years for Showing Students Pornography", 3 de fevereiro de 2004.

10. Terry Webster, "Parents Say Porn Accessed in Class", *Fort Worth Star Telegram*, 4 de abril de 2004.

11. Courtney C. Radsch, "Teenagers Sexual Activity Is Tied to Drugs and Drink", *New York Times*, 30 de agosto de 2004. Mais: um adolescente cercado de amigos que fazem isso tem três vezes mais probabilidades de fumar, beber ou consumir drogas ilegais do que outro cujos amigos não se comportam assim.

12. National Center on Addiction and Substance Abuse, "National Survey of American Attitudes on Substance Abuse IX: Teen Dating Practices and Sexual Activity" (Nova York: Columbia University Press, 2004), p. 23.

13. Benoit Denizet-Lewis, "Friends, Friends with Benefits and the Benefits of the Local Mall", *The New York Times Magazine*, 30 de maio de 2004, p. 30.

14. Tor Thorsen, "Take-Two, Sony, and Microsoft Sued Over 'The Guy Game'", Gamespot.com, 21 de dezembro de 2004.

15. Associated Press, "Boy Not Allowed to Bring Porn Star to Prom", 7 de junho de 2004.

16. Klepal, Dan, "Two Students Accused of Selling Video Porn", *Cincinnati Enquirer*, 13 de fevereiro de 2004; UPI, "Two 14-Year-Old Drunk Girls Videotaped", 25 de junho de 2004.

17. Thomas Lake, "Stripper Pole in JU Dorm Draws Crowd", *Florida Times-Union*, 23 de setembro de 2004.

18. Joseph Ax, "Experts Say Culture, Technology to Blame", *Journal News* (Westchester County, N.Y.), 25 de junho de 2004.

19. Strawberry Saroyan, "The XXX Files", *Los Angeles Times*, 11 de setembro de 2004.

20. Associated Press, "Closing Arguments Held for Orange County Teens Charged with Raping Unconscious Girl", 23 de junho de 2004.

21. Lisa McPheron, "Porn Actresses May Testify in O.C. Rape Trial", *Inland Valley Daily Bulletin*, 1º de junho de 2004.

22. R. Scott Moxley, "Hail Your Daughters", *OC* (Orange County), *Weekly*, 7-13 de maio de 2004.

23. Deepa Bharath, "Adult Film Star Denied from Stand", *Los Angeles Times*, 4 de junho de 2004.

24. Richard Jerome, "The Cyberporn Generation", *People*, 26 de abril de 2004, p. 74.

25. Associated Press, "Student Suspended Over Tape of Herself and Classmates Having Sex", 28 de fevereiro de 2004.

26. Associated Press, "Teen Girl Charged with Posting Nude Photos on Internet", 29 de março de 2004.

27. Alison Pollet e Page Hurwitz, "Strip Till You Drop", *The Nation*, 12 de janeiro de 2004, p. 20.

28. David K. Li, "Prince of Porn Hustling After Cable, NY Presence", *New York Post*, 16 de março de 2004.

29. Cynthia Littleton, "Hugh Hefner, Stan Lee to Hop to 'Superbunnies'", *Reuters/Hollywood Reporter*, 7 de setembro de 2004.
30. Chris Morris, "Video Games Get Raunchy", CNNMoney.com, 12 de maio de 2004.
31. Jerome, "The Cyberporn Generation", p. 72.
32. Susan Clairmont, "Porn Gave Kids Know-how to Assault Their Friends", *Hamilton Spectator* (Ontario), 25 de março de 2004.
33. Steve Sternberg e Anthony DeBarros, "Abstinence-Only Support Often Reflects State Politics", *USA Today*, 29 de junho de 2004.
34. Russell, "Children's Access to Child and Adult Pornography".
35. David B. Caruso, "Internet Fuels Child Porn Trafficking", Associated Press, 15 de janeiro de 2005. Os casos subiram de 113 no ano fiscal de 1996 para 2.645 no ano fiscal de 2004.
36. PRNewswire.com, "Global Campaign Against Child Pornography Is Launched", 22 de abril de 2004.
37. Bob Purvis, "Pedophiles Still Taking Internet Bait", *Milwaukee Journal Sentinel*, 6 de julho de 2004.
38. GAO, "File-Sharing Programs".
39. *Ibid.*
40. *Ibid.*
41. PRNewswire.com, "Telenor and KRIPOS Introduce Internet Child Pornography Filter", 21 de setembro de 2004.
42. GAO, "File-Sharing Programs".
43. CTV News, 15 de junho de 2004.
44. Tim Ross e Ben Mitchell, "Disgraced Former Judge: I Downloaded Child Porn", Press Association News, 16 de junho de 2004.
45. CP, "Kiddie-Porn Suspect Worked with Children", *Edmonton Sun*, 26 de maio de 2004.
46. Frank Curreri, "Man's Arrest Surprises Neighbors", *Las Vegas Review-Journal*, 18 de fevereiro de 2004.
47. Mike Robinson, "Chicago School Principal Charged with Kiddie Porn", Associated Press, 29 de março de 2004.
48. Gail Gibson, "Jury Finds Man Guilty in Teen-Sex Sting Case", *Baltimore Sun*, 24 de março de 2004.
49. Peter Franceschina, "Ex-Youth Leader Receives 17½ Years for Child Porn", *Sun-Sentinel* (Fort Lauderdale), 22 de janeiro de 2004.
50. Associated Press, "Former Christian Radio Employee Pleads Guilty in Child Porn Case", 13 de fevereiro de 2004.
51. Sheridan Lyons, "Halethorpe Man Charged in Child Pornography Case", *Baltimore Sun*, 14 de fevereiro de 2004.
52. Nicole Martin, "BT Blocks 20,000 Attempts a Day to Access Child Porn", *Daily Telegraph* (Londres), 21 de julho de 2004.
53. Marc Hansen, "Imprisoned by the Internet", *Des Moines Register*, 16 de janeiro de 2005.
54. Jonathan Athens, "Teen Admits to Downloading Child Porn", *Netwark* (Ohio), *Advocate*, 30 de janeiro de 2004.
55. Patrick Goodenough, "On-line Porn Driving Sexually Aggressive Children", site CNS News Web, 25 de novembro de 2003.

56. Richard Oakley e Jan Battles, "Cork to Research Teen Porn Addicts", *Sunday Times* (Londres), 25 de janeiro de 2004.
57. Martha Linden, "Parents Unaware of Children's On-line Activities", Press Association News, 21 de julho de 2004.
58. PRNewswire.com, "Global Campaign Against Child Pornography Is Launched".
59. Pesquisa *Pornified*/Harris.
60. Associated Press, "Couple Sues Blockbuster After Child Views Pornographic Images on Video", 24 de janeiro de 2004.
61. T. M. Shultz, "Porn Replaces Youth Football Web Site", *Lansing* (Mich.), *State Journal*, 26 de julho de 2004.
62. Pollet e Hurwitz, "Strip Till You Drop".
63. Editorial, "Chipping Away at Web Porn", *Los Angeles Times*, 1º de julho de 2004.

7. Fantasia e Realidade: A Compulsão Pornográfica

1. Christopher S. Stewart, "God Loves Us All, Even You Sex Freaks", *GQ*, junho de 2004, p. 98.
2. Al Cooper, "In-Depth Study Outlines Reasons Men and Women Engage in On-line Sexual Activities" (San Jose, Calif.: San Jose Marital and Sexuality Center, s. d.).
3. www.pointlesswasteoftime.com/pornoff.html.
4. David Mura, "A Male Grief: Notes on Pornography and Addiction", in *Men Confront Pornography*, org. Michael S. Kimmel (Nova York: Crown Publishers, 1990), p. 125.
5. D. Zillmann, "Pornographie", in *Lehrbuch der Medienpsychologie*, org. R. Mangold, P. Vorderer e G. Bente (Göttingen, Alemanha: Hogrefe Verlag, 2004), pp. 565-85.
6. Victor B. Cline, "Pornography's Effects on Adults and Children" (Nova York: Morality in Media, s. d.).
7. Jennifer Schneider, "Effects of Cybersex Addiction on the Family", *Sexual Addiction and Compulsivity* 7 (2000): 31-58.

8. A Verdade Sobre a Pornografia

1. www.extremeassociates.com.
2. Anne Kingston, "Porn of Another Kind: To Sexually Humiliate Someone Is to Destroy His Sense of Self", *National Post* (Ontario), 11 de maio de 2004.
3. Dan Savage, entrevistado na CNN, *Paula Zahn Now*, transcrição, 4 de março de 2004.
4. Amy Dickinson, "Porn Viewing Draws Responses from Readers", *Chicago Tribune*, 6 de fevereiro de 2004.
5. D. Zillmann, "Pornografie", in *Lehrbuch der Medienpsychologie*, org. R. Mangold, P. Vorderer e G. Bente (Göttingen, Alemanha: Hogrefe Verlag, 2004), pp. 565-85.
6. Christopher D. Hunter, "The Dangers of Pornography? A Review of the Effects Literature" (tese de Ph.D., Annenberg School for Communication, University of Pennsylvania Press, março de 2000).
7. T. L. Stanley, "The Porno-ization of American Media and Marketing", AdAge.com, 26 de janeiro de 2004.
8. Justin Vann, "Ashcroft Heading Anti-Porn Thrust", UniversityWire.com, 14 de abril de 2004.
9. Stanley, "The Porno-ization of American Media and Marketing".
10. "Porn in the U.S.A.", CBSNews.com, 5 de setembro de 2004.
11. David Bowman, "Citizen Flynt", Salon.com, 8 de julho de 2004.

12. Robert Yager, "The Trouble with Larry", *The Independent* (Londres), 22 de fevereiro de 2004.
13. *Ibid.*
14. David G. Savage, "Court Rejects Law Blocking Internet Porn", *Los Angeles Times*, 30 de junho de 2004.
15. Pesquisa nacional por telefone Wirthlin Worldwide, março de 2004. A pergunta: Desde 1995, a World Wide Web expandiu-se rapidamente e hoje, ao que se calcula, contém cerca de quarenta milhões de sites. Bom número desses sites divulga pornografia pesada. A Suprema Corte declarou que quem distribui pornografia pesada pode ser processado nos termos das leis sobre obscenidade. O Congresso ampliou o alcance das leis federais pertinentes, tornando criminosa a distribuição de material obsceno pela Internet. Em sua opinião, devem as leis federais contra a obscenidade pela Internet ser aplicadas com rigor?
16. General Social Survey of the National Opinion Research Center, 2000 e 2002.
17. Warren Richey, "Court Hears Case on Regulating the Web", *Christian Science Monitor*, 2 de março de 2004.
18. Andy Bull, "After the Fall", *The Times Magazine* (Londres), 17 de julho de 2004, p. 39.
19. Anderson Cooper, *360 Degrees*, CNN, 13 de abril de 2004.
20. Michael S. Kimmel, *Men Confront Pornography* (Nova York: Crown Publishers, 1990), p. 13. Grifo do autor.

Conclusão: A Solução Censura-Não-Censor

1. Dennis McAlpine, entrevista, "Porn America", *Frontline*, PBS, agosto de 2001.
2. Jonathan A. Knee, "Is That Really Legal?" *New York Times*, 2 de maio de 2004.
3. Jonathan Prynn, "Vodafone Restricts Sex Sites", *Evening Standard* (Londres), 2 de julho de 2004.
4. Virginia Vitzthum, "Stripped of Our Senses", *Elle*, dezembro de 2003, p. 188.
5. Carina Chocano, "Scholars of Smut", Salon.com., 5 de outubro de 1998.
6. Neva Chonin, "Pretty in Porn: Alterna-Porn Is Challenging the Playboy Body Ideal", *San Francisco Chronicle*, 25 de julho de 2004.
7. No experimento de Zillmann-Bryant, os sujeitos foram instados a avaliar um filme pornô após seis semanas de exposição (ou não-exposição, no caso do grupo de controle) a material pornográfico. Entre o grupo de alta exposição, somente 26% acharam ofensivo o filme selecionado, contra 75% dos que não haviam visto nenhum filme do gênero durante o período de seis semanas. De igual modo, apenas 29% dos sujeitos do grupo de alta exposição consideraram o filme pornográfico, enquanto 70% dos integrantes do grupo de controle foram dessa última opinião.
8. Dolf Zillmann e Jennings Bryant, "Pornography, Sexual Callousness, and the Trivialization of Rape", *Journal of Communication* 32 (agosto de 1982): 10-21.

Agradecimentos

Em primeiro lugar, estou em débito para com todos os homens e mulheres que concordaram em passar horas sendo entrevistados por mim. Para muitos, tratava-se de um assunto pessoal e delicado, mas todos foram acessíveis e honestos de um modo que eu jamais poderia supor. Sou grata às pessoas anônimas que me concederam com tanta generosidade parte de seu tempo livre.

Eu gostaria também de agradecer aos sociólogos, advogados, psicólogos e outros acadêmicos e profissionais que responderam às minhas perguntas e me permitiram observá-los em seu trabalho. O meu muito obrigado, em particular, a Robert Jensen, Bryant Jennings, Gary Brooks, Mark Schwartz, Aline Zoldbrod, Judith Coché, Michael Kimmel e David Marcus.

A Harris Interactive foi de imensa valia para mim. Agradeço a Ria Ignacio, Robyn Bald, Nancy Wong e, em especial, Humphrey Taylor, da Harris. Humphrey, você disse sim quando poderia muito bem ter dito não. Este livro de modo algum seria o mesmo sem a sua lucidez, boa vontade e generosidade. Jamais poderei agradecer-lhe o bastante.

A presente história começou com um artigo para a revista *Time*, publicação na qual qualquer escritor sonha colaborar e a que esta autora, em especial, se sente profundamente grata. O livro não existiria sem o passo inicial que foi "The Porn Factor". Quero agradecer a Steve Koepp, Priscilla Painton e Jan Simpson por me encorajarem a escrever para a *Time*. Um agradecimento especial a Claudia Wallis — sem hipérbole, a editora ideal e a mais valiosa das mentoras.

Muitos amigos, colegas escritores e editores ajudaram-me tanto pessoal quanto praticamente na elaboração do livro. Obrigada a Alysia Abbott, Hilary Black, Victoria Camelio, Rachel Combe, Holly Gordon, Rachel Lehmann-Haupt, Ariel Levy, Mindy Lewis, Vanessa Mobley, Annie Murphy Paul, Pauline O'Connor e Ericka Tullis pelas sugestões, assistência e apoio. Gostaria de agradecer também a

Annie Paul e Alissa Quart, bem como aos companheiros Stacy Sullivan, Heidi Postlewait, Sherri Fink, Susan Burton, Debbie Siegel, Paul Raeburn, Elizabeth DaVita-Raeburn, Rebecca Segall, Christine Kenneally, Abby Ellin e Katie Orenstein: formamos um grupo incrível.

Talvez a decisão mais inteligente que tomei com respeito a este livro foi confiar a sua publicação à Times Books. Todos ali — Paul Golob, Christine Ball, Denise Cronin, Heather Florence, Chris O'Connell, Eva Diaz, Richard Rhorer, Maggie Richards e, sobretudo, o meu editor Robin Dennis — foram compreensivos, generosos e muito, muito perspicazes sobre o modo de trabalhar o livro. Meus agradecimentos também, é claro, à brilhante Lydia Wills, que para lá me levou. Estou absolutamente certa de que tenho a melhor agente do mundo.

Finalmente, quero agradecer às pessoas mais próximas de mim, a minha família de origem — mamãe, papai, Carol, Roger, Brian e Suzanne, Nick, Erik e Debbie, e Kirsten — e à memória de minha querida tia Madelyn. Sou muito grata à minha segunda família — Debra e David, Emily e Jeremy, Jessica e Sina. E à minha própria família, agora e para sempre, Michael e Beatrice. Michael, você sabe que o livro não teria sido escrito sem você. Conforme eu disse num dia bastante especial de julho, as palavras não bastam. Estou feliz por você e Bee me terem acompanhado ao longo do caminho.